*Interest Groups and
Trade Policy*

当 代 世 界 学 术 名 著

利益集团与贸易政策

G.M.格罗斯曼（Gene M. Grossman）/著
E. 赫尔普曼（Elhanan Helpman）
李增刚/译

中国人民大学出版社
·北京·

"当代世界学术名著"
出版说明

  中华民族历来有海纳百川的宽阔胸怀，她在创造灿烂文明的同时，不断吸纳整个人类文明的精华，滋养、壮大和发展自己。当前，全球化使得人类文明之间的相互交流和影响进一步加强，互动效应更为明显。以世界眼光和开放的视野，引介世界各国的优秀哲学社会科学的前沿成果，服务于我国的社会主义现代化建设，服务于我国的科教兴国战略，是新中国出版工作的优良传统，也是中国当代出版工作者的重要使命。

  中国人民大学出版社历来注重对国外哲学社会科学成果的译介工作，所出版的"经济科学译丛"、"工商管理经典译丛"等系列译丛受到社会广泛欢迎。这些译丛侧重于西方经典性教材；同时，我们又推出了这套"当代世界学术名著"系列，旨在迻译国外当代学术名著。所谓"当代"，一般指近几十年发表的著作；所谓"名著"，是指这些著作在该领域产生巨大影响并被各类文献反复引用，成为研究者的必读著作。我们希望经过不断的筛选和积累，使这套丛书成为当代的"汉译世界学术名著丛书"，成为读书人的精神殿堂。

  由于本套丛书所选著作距今时日较短，未经历史的充分淘洗，加之判断标准见仁见智，以及选择视野的局限，这项工作肯定难以尽如人意。我们期待着海内外学界积极参与推荐，并对我们的工作提出宝贵的意见和建议。我们深信，经过学界同仁和出版者的共同努力，这套丛书必将日臻完善。

中国人民大学出版社

译者序言

《利益集团与贸易政策》(Interest Groups and Trade Policy)收集了格罗斯曼(Gene M.Grossman)和赫尔普曼(Elhanan Helpman) 20世纪90年代在《美国经济评论》、《政治经济学杂志》等著名学术刊物上发表的8篇论文：前3篇主要讲述了利益集团影响政策制定所使用的工具，后5篇则是这些工具在贸易政策制定中的运用，代表了内生贸易政策(endogenous trade policy)理论的最新发展。在这篇序言中，笔者首先简单介绍格罗斯曼和赫尔普曼的生平与主要著作；然后回顾利益集团与贸易政策形成的文献，即内生贸易政策理论的发展进程，以彰显格罗斯曼和赫尔普曼理论的突出地位。

一、格罗斯曼和赫尔普曼的生平和主要著作

格罗斯曼和赫尔普曼是当前国际贸易政策理论研究的两个重要代表，与克鲁格曼（Paul R.Krugman）一起被称为国际贸易理论研究的杰出代表。

（一）生平

格罗斯曼1955年12月11日生于美国纽约。1973—1976年在耶鲁大学学习，获经济学学士学位；1976—1980年在麻省理工学院学习，获经济学博士学位。从1980年开始在普林斯顿大学任职，先后担任经济学与国际事务助理教授、副教授和教授等职务；从1992年开始，担任雅克布·瓦伊纳国际经济学教授。从1981年开始，他担任美国国家经济研究局、英国经济政策研究中心等研究机构的研究员。他还是《经济学季刊》、《国际经济评论》、《国际经济学杂志》、《经济展望》等杂志的副主编，多个研究机构如经合组织（OECD）、世界银行等的顾问。从1978到2002年，格罗斯曼共发表各种文章70多篇，出版专著4部，主编著作7部。

赫尔普曼1946年3月30日生于前苏联的Dzalabad，1957年移居以色列并加入该国国籍。1966—1971年在以色列的特拉维夫大学（Tel Aviv）学习经济学和统计学，获得经济学学士和硕士学位；1971—1974年在哈佛大学学习，获得经济学博士学位。从1974年开始在特拉维夫大学任教，先后担任讲师、副教授、教授等；从1981年起担任经济系主任和多个研究所的所长；从1986年开始，赫尔普曼在美国国家经济研究局、英国经济政策研究中心、加拿大高级研究所等担任研究员；1997年开始，赫尔普曼成为哈佛大学经济学教授；2002年成为国际贸易Galen L.Stone教授。从1976年开始，赫尔普曼就在加利福尼亚大学伯克利分校、罗切斯特大学、哈佛大学、麻省理工学院等多所大学担任访问教授。目前，

他担任特拉维夫大学和哈佛大学经济学教授,并且主要致力于国际贸易理论、国际贸易政策、国际金融、经济增长等问题的研究。从1974年到2002年共发表各种文章120多篇,出版专著6部,主编著作8部。

格罗斯曼与赫尔普曼从1989年开始合作发表文章,到2002年底,两人共同署名发表的文章有23篇,合作出版专著3部。他们在进行合作之前,都已经在合作领域做出过一定贡献。赫尔普曼从1974年开始发表论文,特别是在20世纪80年代出版的几本关于国际贸易理论的著作奠定了其在国际经济学领域的地位;格罗斯曼从1978年开始发表关于国际贸易理论和政策等的论文,也奠定了其在国际贸易领域的地位。在这一时期,他们的思想观点主要是将不完全竞争、规模收益递增、产品多样化等引入国际贸易理论。从其理论基础上看,他们与迪克西特(Avinash Dixit)、克鲁格曼等人在20世纪70年代末提出的国际贸易新理论一脉相承。

(二) 赫尔普曼早期的成就及其与克鲁格曼的合作

在20世纪70年代,赫尔普曼主要研究一般均衡以及国际金融和国际贸易的福利分析等问题。80年代之后,赫尔普曼在国际金融和国际贸易理论方面都有所贡献。在国际贸易理论方面,他主要集中于垄断竞争、递增收益等在国际贸易理论中的应用。虽然这方面的开创性工作不是由赫尔普曼做出的,但他却为这个领域的充实、发展、完善做出了突出贡献。他在这方面的论文有《产品多样性、规模经济和垄断竞争条件下的国际贸易:张伯伦—赫克谢尔—俄林方法》、《可变规模收益与国际贸易:两个一般化结论》、《递增收益、垄断竞争和要素流动:福利分析》、《递增收益、不完全市场和贸易理论》等。他与克鲁格曼合作出版的《市场结构与对外贸易》和《贸易政策与市场结构》[①]更是奠定了其重要地位。《市场结构与对外贸易》被称为国际贸

---

① Helpman, Elhanan, and Krugman, Paul. R., *Market Structure and Foreign Trade*, Cambridge, MA: The MIT Press, 1985; *Trade Policy and Market Structure*, Cambridge, MA: The MIT Press, 1989.

易理论方面的"重大突破",是"我们每个人的书房里都需要的里程碑式的书"①。在这本书中,他们对报酬递增和不完全竞争在国际贸易理论中的应用进行了系统研究,重新回答了贸易理论的两个古典问题:国际贸易的模式是由什么决定的?国际贸易是否有益?他们的结论为:比较优势理论仍然是国家间贸易的主要原因,但不是惟一原因;即使在各国嗜好、技术和要素禀赋完全相同时,规模经济也可以导致对外贸易。国际贸易潜在的额外得益有四个原因:本身的生产效应、生产集中、合理化和多样化。《贸易政策与市场结构》可以看作《市场结构与对外贸易》的姊妹篇。如果说后者侧重于贸易理论的实证方面,前者则侧重于国际贸易规范方面的研究。赫尔普曼与克鲁格曼明确指出,该书是要对不完全竞争市场中贸易政策影响的模型作系统回顾。他们分析了不完全竞争情况下的贸易保护,如关税、配额、战略性出口和进口政策等内容。

(三)格罗斯曼的早期成就

格罗斯曼早期主要集中于国际贸易政策的福利分析以及战略性贸易政策等的研究,如《跨境税收调整:它们歪曲了贸易吗?》、《来自发达国家和发展中国家的进口竞争》、《战略性贸易政策:问题回顾与早期分析》、《寡头垄断下的最优贸易和产业政策》等。

从格罗斯曼与赫尔普曼在20世纪80年代的主要成就看,他们都与克鲁格曼有一定关系。赫尔普曼与克鲁格曼共同出版了两部国际贸易新理论的重要著作;而克鲁格曼作为战略性贸易政策理论的创立者和代表人物,格罗斯曼在这方面的研究不可能不受其影响。

(四)20世纪90年代以来两人的合作研究

到20世纪80年代末期,格罗斯曼与赫尔普曼都对增长和技术进步、研发等问题产生了兴趣,这奠定了两人合作的基础。此后,两人

---

① 上述评价是由迪克西特、巴格瓦蒂(Jagdish Bhagwati)、萨缪尔森(Paul Samuelson)等人给出的。参考该书的中译本,上海三联书店,1993年版,"译者的话",6页。

译者序言

的主要成果几乎都是在合作中完成的。他们的合作可以分为两个阶段：第一阶段主要是在贸易、技术进步与增长领域；第二阶段主要是在利益集团与贸易政策领域。

1990年，格罗斯曼与赫尔普曼合作发表《贸易、创新与增长》，开始了他们第一阶段的合作。此后，二人合作发表了《比较利益与长期增长》、《增长理论中的质量阶梯》、《贸易、知识外溢与增长》、《质量阶梯与生产循环》、《增长理论中的内生创新》等一系列论文。后来，他们共同出版了《全球经济中的创新与增长》。他们在该书前言中指出，他们试图融合国际贸易理论和经济增长理论，假设新技术源于经济决策者面对市场诱因做出的理性行为，在开放的世界经济中，这些市场诱因必然反映国际贸易的一个方面，而他们可以在讨论经济增长时关心技术进步的经济决定因素；在讨论国际贸易理论时侧重比较优势的动态演进以及全球技术竞争背景下的国际贸易。这样，他们将不完全竞争与规模经济存在下的国际贸易理论和经济增长理论结合了起来。

从1994年开始，两人在国际贸易政策领域合作，发表了一系列影响深远的论文，对利益集团与贸易政策选择的逻辑进行了系统分析。主要的论文有：《保护待售》、《贸易战与贸易谈判》、《自由贸易协定的政治学》、《选举竞争与特殊利益政治学》、《内生保护下的对外投资》、《共同代理与合作：一般理论及其在政府政策制定中的运用》、《竞争赞同》等。

在研究贸易政策选择的过程中，他们对利益集团影响政策选择的逻辑发生了兴趣。他们试图找出利益集团影响政策选择的一般理论，这就是《特殊利益政治学》一书要解决的问题。这本书荣获美国政治学会政治经济学分会的"政治经济学威廉·里克（William H. Riker）最佳图书奖"。在这本书中，他们有两个基本假定：(1) 个人、集团和政党根据自身利益行事，并且他们的行为不存在系统错误；(2) 政治结果可以等同于均衡的博弈论概念。均衡包括三层含义：第一，政

· 5 ·

治行为主体认识到他们如何在策略环境中行事以及预测到其他行为主体如何对他们的行为做出反应；第二，在多阶段博弈中，行为主体具有前瞻性，并且认识到他们当前的选择会影响随后阶段博弈的条件和结果；第三，在参与者不具有完美信息的博弈中，他们运用对所观察到事物的一致解释更新自己的信念。在此基础上，他们采用从简单到复杂的递进方法分析了：(1) 直接民主制到代议制民主下的选民与选举问题，作为选民的利益集团的行动；(2) 作为信息提供者的利益集团，从无成本的简单游说到有成本游说，进而到向选民提供信息；(3) 运动捐助、购买影响、竞争影响等问题。他们从经济学的简单假定出发，由浅入深地解释了民主制下政策选择的政治过程。[1]

在这一时期，两人除了进行合作研究外，也分别在各自关注的领域进行了大量研究。赫尔普曼的研究主要集中于国际金融领域、研发、技术溢出与经济增长等问题，如"汇率体系：新视角"、"债务减免下的税收信贷"、"内生宏观经济增长理论"、"创新率的国际联系"、"创新、模仿与知识产权"、"国际研发溢出效应"等。格罗斯曼则主要集中于环境与经济增长的研究，如"北美自由贸易协定的环境影响"、"污染与增长"、"经济增长与环境"等。

二、利益集团和贸易政策：内生贸易理论的发展

经济学家和政治学家很早就开始关注利益集团对贸易政策形成的影响，这方面最早的文献至少可以追溯到20世纪30年代沙斯施奈德（Schattschneider, E.E.）的《政治学、压力和关税》[2]。在这本书中，沙斯施奈德对利益集团在1929—1930年的美国斯穆特-霍利法案（Smoot-Hawley Act）形成的影响进行了研究，开创了研究美国利益

---

[1] Grossman, Gene M., and Elhanan Helpman, *Special Interest Politics*, The MIT Press, 2001.

[2] Schattschneider, E.E., *Politics, Pressures and the Tariff*, New York: Prentice-Hall, 1935.

集团在贸易政策形成中发挥重要作用的先河。50年代，查尔斯·金德尔伯格发表"集团行为与国际贸易"①。他提出，在某些情况下，对国际贸易的分析可以从国家层次上的集团行为中找到有用的工具。沙斯施奈德和金德尔伯格对利益集团影响贸易政策形成的分析主要是借鉴社会学和政治学的研究方法。

20世纪50—60年代公共选择理论产生以后，就有学者对利益集团影响贸易政策的问题进行了深入分析。戈登·塔洛克（Gordon Tullock）就明确提出了关税是利益集团游说结果的观点②。到70年代，特别是80年代之后，许多学者研究了贸易保护的内生形成过程，提出了不同的政治经济学模型。这些模型建立在经济学自利方法之上，即选民、利益集团和政策制定者都追求自身福利最大化。按照马吉（Stephen Magee）的解释，从行为主体追求利益最大化出发，是内生贸易政策模型的主要特征③。

（一）关税形成函数模型

在该模型中，游说集团恳求政府以获得对自己有利的贸易政策。这类模型是由芬德利和威利兹（Findlay and Wellisz, 1982）、芬恩斯特和巴格瓦蒂（Feenstra and Bhagwati, 1982）几乎同时提出来的。二者的差别在于：在芬德利和威利兹模型中，他们假定利益集团的游说只使用"劳动"一种要素；在芬恩斯特和巴格瓦蒂模型中，利益集团游说使用的资源不仅仅是劳动，还有资本。他们假定，存在不变规

---

① Kindleberger, C.P., "Group Behavior and International Trade", *The Journal of Political Economy*, Vol.59 No.1, Feb.1951, pp.30-46.

② 塔洛克是在研究了关税造成的福利损失后提出这一观点的。他认为，政府一般不会自动地征收保护性关税，它必定是在一些集团（如国内的生产者）的游说或施加压力下才这样做，而这些政治活动是要耗费资源的；而另一些集团为了抵制关税导致的价格提高以及由此引起的财富转移，也会投入资源来阻止政府做出征收关税的决策。Gordon Tullock, "The Welfare Costs of Tariffs, Monopolies, and Theft", *Western Economic Journal*, 1967, 224-232.

③ 马吉曾解释了"内生政策"的含义。他指出，"内生"（endogenous）的含义是"从内部成长"，"内生政策就是源于行为者追求狭隘自利的政策"。

模收益和完全竞争的两个部门，两个部门在生产过程中都运用可以流动的劳动力和部门专用性资本。进口产业集团为进口关税而游说，出口产业为自由贸易而游说。关税水平随着进口竞争产业的游说努力而不断提高，随着出口产业的游说努力而下降。在这个过程中，贸易政策是两个游说集团投入资源的函数，两个游说集团游说策略的纳什均衡决定保护水平。

（二）政治支持函数

希尔曼（Arye L. Hillman）借鉴斯蒂格勒（George J. Stigler, 1971）和佩茨曼（Sam Peltzman, 1976）[①] 研究管制理论时提出的政府支持模型，研究了处于衰退的产业寻求贸易保护的问题。[②] 他认为，政府对衰退产业的保护反应不是为了寻求社会福利目标，而是为了政治支持最大化的自利动机。政府虽然最终要对选民负责，但是消费者并不能够直接对价格做出政治上的反应，因为选举是一系列问题的结果，而且消费者组织起来影响价格和产业组织影响价格的交易成本相差悬殊。他提出，关税税率的选择可以看作一个最优化问题的解，政府在制定政策的时候要权衡从工业利益集团中获得的政治支持和由于消费者的不满而失去的选票。工业利益集团能够获得的利润越多，它们能够提供的捐献也就越多；而消费品价格越低，消费者就能够给政府越多的选票支持。因此，为了对某些衰退产业进行保护，提高关税水平，就会引起国内价格的上升，这虽然能够从工业利益集团中得到更多的支持，但从消费者那里得到的支持会下降。

[①] 斯蒂格勒的主要结论在于各种管制政策是政府为满足利益集团的要求而制定的。后来，有人将斯蒂格勒的这种观点归纳为"俘虏理论"，即将政府看作利益集团的俘虏。Stigler, George J., "The Theory of Economic Regulation", *Bell Journal of Economics*, Spring 1971, No.2, pp.3-21. 中译文见斯蒂格勒：《产业组织与政府管制》，上海三联书店、上海人民出版社，1996年版，210~241页。Peltzman, Sam, "Towards a More General Theory of Regulation", *Journal of Law and Economics*, August 1976, pp.211-240. 在这两篇文章中，斯蒂格勒和佩兹曼暗含的假定是政府追求政治支持最大化。

[②] Hillman, Arye, "Declining Industries and Political-Support Protectionist Motives", *American Economic Review*, 1982, pp.1180-1187.

后来，朗和沃斯登（Long and Vousden, 1991）在一般均衡框架中对希尔曼的方法进行了模型化。他们假定存在两种产品经济，包括三个利益集团：两个产业专用性要素的所有者和可流动要素——即劳动——的所有者。他们运用政府的政治支持函数，包括三个集团的间接效用函数，以及每个集团在政府决策中的影响大小，即外生权重，反映了政府对三个集团的偏好。他们运用政府支持最大化的条件得出关税水平。他们的结论也证实了希尔曼的结论——衰退工业将继续衰退。

（三）政治竞争模型

马吉、布洛克（William A. Brock）等人很早就开始研究贸易保护政策形成中的政党竞争问题。他们假定存在两个政党，在选举前对关税政策持有不同态度：一个支持高关税；另一个支持自由贸易。两个政党的目标都是为了赢得选举。支持高关税的政党为了最大化当选的可能性，就会不断提高保护水平，直到它们能够从支持贸易保护的利益集团获得的选民和资源增加恰好等于失去的选民和资源。同时，支持自由贸易的政党会选择相反的主张，以使支持贸易保护的政党当选的可能性最小化。这样，它就会采取较低的关税，直到自由贸易者提供的选票和资源数量的边际增加恰好等于失去的选票和资源量。如果支持自由贸易的政党得到的捐献和选民支持较少，它也可能采取与另一个政党相同的政策。因此，每个政党做出自己的决策时，都会考虑对方政党的反应，其均衡结果就是古诺—纳什均衡解。

后来，马吉、布洛克和杨（Magee, Brock and Young, 1989）深化了这个分析，提出了正式模型（以下简称"MBY模型"）。他们同样假定存在两个政党，在不同的利益集团进行捐献之前就表明自己的政策偏好。不同利益集团的政治捐献不影响其政策立场，而只影响不同政党当选的可能性。一个政党当选的可能性取决于自己和对方能够得到的捐献数量和双方的贸易政策，而能够得到的捐献数量又受到双方贸易政策的影响。因此，一个政党能够当选的可能性主要取决于双

·9·

方选择的贸易政策。假定不同的利益集团从不同的贸易政策中得到的收益不同,他们的目标就是最大化收益的期望值,它最终取决于不同政党所采取的贸易政策。求解两个利益集团最大化期望收益和两个政党最大化当选的可能性的均衡解,就可以得出两个政党选择的贸易政策。假定存在一个支持贸易保护的游说集团,它通过捐献等游说政府提高关税,当游说的边际成本等于收益时,其捐献量达到最优水平。得到捐献的政党需要给利益集团以关税保护,当关税上升造成的扭曲效应减少的选票等于捐献增加赢得的选票时,政党提供的关税水平达到最优。

后来,希尔曼和厄斯普恩格(Hillman and Ursprung, 1988)在政治竞争中引入了外国利益集团的影响,扩展了MBY模型。他们认为,外国利益集团与国内利益集团一样,都通过运动捐献对候选人表达支持;候选人为了当选的可能性最大化,也会对外国利益集团的游说活动做出反应。在此基础上,他们认为,作为贸易保护工具,关税可能会引起两国冲突,而自动出口限制则可能对双方是互利的。因此,如果自动出口限制是可行的,候选人一般不使用关税作为贸易政策工具。

(四)直接民主方法

迈耶(Wolfgang Mayer, 1984)在鲍德温模型、布洛克和马吉模型以及芬德利和威利兹模型的基础上,提出了关税形成的直接民主模型。他指出,三个模型的共同特点是,关税水平反映了选民、利益集团、政治家以及其他贸易政策决策者的自我经济利益。他特别赞成鲍德温的模型,并以此作为自己模型的基础,甚至得出的结论也相同。迈耶首先以H-O-S模型为基础,分析了消费者偏好、要素分布和关税收益分配在给定的条件下,个人的最优关税税率。他得出三个结论:(1)对进口产品密集使用的要素禀赋良好(较差)者的最优关税为正(负);(2)个人与整个国家的要素禀赋情况差别越大,他就追求与自由贸易相差越远的关税(或补贴);(3)如果个人拥有的资本—劳动比率与整个国家的相同，那么其最优关税率为零。在此基础上，他分析了多数票情况下的最优关税决定。实际关税通常被看作是多数票制的结果，投票结果反映了那些有能力并且愿意参与关税形成过程的主体的经济利益。在 H-O-S 模型下分析关税形成，强调要素所有权分配、投票成本和投票人资格的作用，而要素用在什么地方无关紧要。他认为，在 H-S-O 模型下讨论关税形成适用于分析长期关税政策。然而，它非常不适合于解释单个产业为获得关税保护而进行的短期努力。特别是，它不能够解释损害大多数选民利益情况下的单个产业关税水平的上升。然后，他引入了多部门模型分析了多数票制如何导致小型产业获得关税保护的情况，这验证了鲍德温的假说。

（五）"保护待售"模型：格罗斯曼和赫尔普曼的分析

20 世纪 80 年代，许多学者提出了贸易保护的政治经济学模型，但这些模型都有程度不同的缺陷。格罗斯曼和赫尔普曼最早在 1992 年提出了"保护待售（protection for sale）模型"，此后他们利用这一模型进行了一系列研究。[①]

他们首先对政治竞争和政治支持最大化模型进行了简要回顾，然后提出了他们自己模型的思路。他们采用政治支持最大化方法，假定当权的政治家做出政策选择，并且知道这会影响其再次当选的可能性。他们指出，以前的模型都采用了简化形式的政治家目标函数，假定政府赋予社会中不同利益集团的福利水平以确定的权数；而在他们的模型中，政府目标函数中选民福利或者利益集团的运动捐献的权数是内生的，并且明确了政府关注不同的特殊利益的过程。有组织的利益集团提供政治捐献，政治家评价其在未来选举中的价值。游说集团将其捐献水平与政府选择的贸易政策联系起来；而政府的关税政策使

[①] 格罗斯曼与赫尔普曼的"保护待售模型"，最早是以 NBER 工作论文的形式出现的。见 Grossman and Helpman (1992)。后来关于这方面的研究如 Grossman and Helpman (1994, 1995, 1996, 2000), Helpman (1997), 或者见 Grossman and Helpman (2002)。

社会总福利与总捐献的加权和最大化。同时，在给定其他游说集团捐献水平的情况下，每个游说集团的捐献将达到最优。每个利益集团不考虑其捐献与选举结果的关系，而受到将要影响政策的预期的激励去进行捐献。正是从这个意义上，格罗斯曼与赫尔普曼将其模型命名为"保护待售模型"或者"影响驱动的捐献模型"（influence-driven contribution）。①

格罗斯曼和赫尔普曼提出的"保护待售模型"受到了广泛关注，既有学者从理论上扩展，也有学者进行实证检验。②戈德堡（Pinelopi K.Goldberg）和马吉最早用美国1983年的数据进行了检验；贾旺德（Gawande）和班迪帕迪埃（Bandyopadhyay）用非关税壁垒作为工业保护的替代进行了研究，结论认为政治行动委员会（political action committee）的捐献与贸易流量存在正相关的工业部门组织良好；米塔（Mitra）等人对土耳其1983年到1990年的数据研究了贸易保护的形式；麦卡考曼（McCalman）则对澳大利亚的数据进行了研究。贾旺德、克里什纳（Krishna）和罗宾斯（Robbins）则对格罗斯曼和赫尔普曼模型进行了扩展，分析了外国利益集团捐献存在的情况下，一个国家贸易政策的问题，其结论认为，外国利益集团在美国贸易政策制定中起重要作用。

相对于其他模型而言，格罗斯曼与赫尔普曼的模型从贸易政策的需求方（利益集团）和供给方（政府）分析了贸易政策的形成过程。在这个过程中，政府和利益集团都按照自身利益最大化原则行事。目前，格罗斯曼与赫尔普曼的保护待售模型是最主要的内生贸易政策模型。格罗斯曼与赫尔普曼也将保护待售模型扩展到国际层次。他们也意识到国际贸易政策不仅仅是国内利益集团游说的结果，还涉及国家

---

① "影响驱动的捐献模型"的这一名称，见 Helpman（1997）。
② 关于不同学者对保护待售模型的验证和扩张，参考 Grossman, G.M.and Helpman, H., "Introduction", *Interest Groups and Trade Policy*, Princeton and Oxford: Princeton University Press, 2002, pp.17-20。

之间的关系，特别是大国的贸易政策制定，影响的不仅仅是本国，它还会引起他国的反应。他们还分析了国家间的贸易谈判、贸易战（1995）和自由贸易协定（1995）等问题。他们的分析将贸易政策制定的国内政治与国际政治结合了起来，既考虑了政府与国内利益集团之间的关系，又考虑了国家之间的关系。

通过综述利益集团和贸易政策关系的相关理论，我们可以看到格罗斯曼和赫尔普曼提出的模型有超过前人之处。

本书翻译是我在中国社会科学院研究生院读博士期间开始的。2002年下半年，我开始准备博士论文开题，选定的题目是《利益集团、国家利益和国际贸易政策选择》，搜集了大量的内生贸易政策理论文献，其中包括格罗斯曼和赫尔普曼的这部著作和2001年出版的《特殊利益政治学》及其他一些论文。在论文阅读和写作期间，产生了翻译《利益集团和贸易政策》的想法，后经过中国社会科学院世界经济与政治所所长助理何帆先生向中国人民大学出版社推荐，马学亮先生联系了版权，确定了翻译出版该书的计划。我在博士论文完成之后，就开始翻译该书。博士毕业后，我到山东大学经济研究中心工作，并完成了该书译稿。在该书即将出版之际，感谢何帆和马学亮先生对该书出版做出的努力和给予的支持。

李增刚

目　录

导论 ……………………… (1)
  0.1　特殊利益政治学 ……… (2)
  0.2　本文集中的论文 ……… (7)
      0.2.1　第Ⅰ部分：
          方法论 ………… (8)
      0.2.2　第Ⅱ部分：应用
          于贸易政策 …… (12)
  0.3　经验验证 ……………… (19)
  参考文献 …………………… (23)

第Ⅰ部分　影响工具

第1章　共同代理和协作：一般理论及其在政府政策制定中的应用 (27)
- 1.1　引言 (27)
- 1.2　一般理论 (30)
  - 1.2.1　均衡 (31)
  - 1.2.2　真实均衡 (34)
  - 1.2.3　准线性偏好 (37)
- 1.3　在政府政策制定中的应用 (38)
- 参考文献 (45)

第2章　选举竞争与特殊利益政治学 (47)
- 2.1　引言 (47)
- 2.2　相关文献 (49)
- 2.3　模型 (51)
  - 2.3.1　选民 (51)
  - 2.3.2　政党和政府 (53)
  - 2.3.3　特殊利益 (54)
  - 2.3.4　政治均衡 (56)
  - 2.3.5　函数形式 (57)
- 2.4　一个游说者时的均衡 (58)
  - 2.4.1　单一影响动机下的捐献 (60)
  - 2.4.2　选举动机何时有效？ (63)
- 2.5　多个游说者时的均衡 (65)
- 2.6　本章结语 (71)
- 附录 (74)
  - 严格多数票规则 (74)
- 参考文献 (80)

第3章　竞争赞同 (83)
- 3.1　有关政治赞同的文献 (87)
- 3.2　模型与基准 (89)
- 3.3　中性结果 (94)
- 3.4　有效率赞同 (96)
  - 3.4.1　机械性赞同 (97)
  - 3.4.2　策略性赞同 (104)
- 3.5　福利 (107)
- 3.6　结论 (110)
- 附录 (112)
  - 假说4的阐述和证明 (112)
  - 假说5的证明 (118)
- 参考文献 (124)

第Ⅱ部分　贸易政策

第4章　保护待售 (129)
- 4.1　总体观点 (132)
- 4.2　模型框架 (134)
- 4.3　保护结构 (137)
- 4.4　政治捐献 (144)
- 4.5　为什么游说集团偏向贸易政策？ (150)
- 4.6　结语与扩展 (152)
- 参考文献 (157)

第5章　贸易战与贸易谈判 (160)
- 5.1　引言 (160)
- 5.2　模型框架及其与现有文献的关系 (162)
- 5.3　正式模型 (164)
- 5.4　贸易战 (169)

5.5　贸易谈判 ………………………………………… (179)
5.6　结论 …………………………………………… (189)
参考文献 ……………………………………………… (195)

第6章　政治学和贸易政策 …………………………… (199)
6.1　引言 …………………………………………… (199)
6.2　政治经济学的分析方法 ………………………… (201)
　　6.2.1　直接民主方法 …………………………… (201)
　　6.2.2　政治支持函数方法 ……………………… (205)
　　6.2.3　关税形成函数 …………………………… (207)
　　6.2.4　选举竞争 ………………………………… (210)
　　6.2.5　影响驱动捐献 …………………………… (212)
6.3　双层博弈 ……………………………………… (217)
　　6.3.1　贸易战 …………………………………… (218)
　　6.3.2　贸易谈判 ………………………………… (219)
　　6.3.3　自由贸易协定 …………………………… (221)
参考文献 ……………………………………………… (227)

第7章　自由贸易协定的政治学 ……………………… (230)
7.1　分析框架 ……………………………………… (232)
　　7.1.1　经济和政治主体的目标 ………………… (233)
　　7.1.2　政治博弈 ………………………………… (235)
　　7.1.3　FTA下的经济均衡 ……………………… (236)
　　7.1.4　FTA对经济利益的影响 ………………… (238)
7.2　单边情形 ……………………………………… (240)
7.3　均衡协定 ……………………………………… (245)
7.4　产业例外 ……………………………………… (252)
　　7.4.1　单边情形 ………………………………… (252)
　　7.4.2　对产业例外的讨价还价 ………………… (257)
7.5　结论 …………………………………………… (262)

附录 ································· (263)
  对外国政府的捐献 ··················· (263)
参考文献 ······························· (268)
第8章　内生保护下的对外投资 ············· (270)
 8.1　引言 ··························· (270)
 8.2　基本模型 ······················· (273)
  8.2.1　消费与生产 ················ (274)
  8.2.2　特殊利益集团与政府 ········· (276)
  8.2.3　跨国公司 ·················· (278)
 8.3　DFI和保护 ······················ (279)
  8.3.1　关税反应曲线 ·············· (279)
  8.3.2　利润差异曲线 ·············· (281)
  8.3.3　进入 ······················ (281)
  8.3.4　均衡DFI和保护 ············· (282)
 8.4　DFI对一般选民有利吗？ ··········· (286)
 8.5　工人与资本家 ··················· (287)
 8.6　结论 ··························· (291)
 参考文献 ························· (294)

索引 ································· (296)

导　论

利益集团在所有的民主社会中都发挥着异常突出的政治作用。它们的活动多种多样：游说政治家；向公众提供相关问题或候选人的信息；参加公众游行；进行运动捐助；鼓励选民参与投票，特别是通过其成员或其他对某个问题感兴趣的人。通过以上及其他方式，利益集团试图影响政治过程，以增加其成员的利益。有时候，它们的活动也服务于一般公众，但在大多数情况下，并不如此。

所有的指标都显示，利益集团参与政策过程在美国和其他国家与地区都在迅速增长。近年来，在华盛顿、布鲁塞尔和其他首都城市，专门代表某一集团利益的组织的数目呈"爆炸式"增长。登记注册的游说集团数目也是如此。在美国，游说开支也在迅速上升，政治行动委员会（Political Action Committees，PACs）的运动捐献总量也是如此。政治广告也呈现上升趋势。媒体甚至也更加频繁地报道特殊利益集团的所谓的影响，以及对运动改革的需要。经济学家和政治科学家更好地解释特殊利益集团在政策制定过程中的作用更显重要。这是我们多年来关注的重要问题，当然其他许多人也有所关注。

本书收录了我们以前发表的8篇论文。我们将这些论文重印，是为了给我们最近出版的专著《特殊利益政治学》（MIT Press，2001）提供一个姊妹篇。鉴于《特殊利益政治学》分析了利益集团影响政策决定的不同机制，本文集主要包含该理论在重要政策领域的应用。需要特别指出的是，本书有5篇论文考察了贸易政策在面对竞争性政治压力时是如何制定的，以及私人或公共行为者在政治现实中是如何行事的。我们预想，这两本著作能够为政治科学和政治经济学的研究生课程提供相互补充的材料；同时，本文集也可以成为国际贸易理论的研究生课程的补充阅读材料。

本章其余部分包括三方面内容：第一，对《特殊利益政治学》进行简要概述，解释本文集与那本专著之间的关系；第二，我们将描述本文集重印论文提出的问题和介绍某些重要的发现；第三，我们将描述最近某些运用我们方法的经验研究，证明我们发展的抽象理论在贸易政策实践中找到了支持。

0.1 特殊利益政治学

正如上面提到的，我们的专著《特殊利益政治学》研究了利益集团影响政策结果的不同机制。我们的分析集中于利益集团及其成员在政策过程中扮演的三种截然不同的角色,包括投票人、信息传播者和政治运动的捐献者。这三种不同的角色将我们的著作划分为三个部分。

在"导言"一章中,我们提供了特殊利益集团活动的数据,概括了全书的主要观点。此后,我们开始对投票和选举进行实证分析。我们有选择地回顾了有关投票的文献,这些文献很少或根本不涉及特殊利益集团的作用。具有相似或相同目标的投票者组成的利益集团——甚至他们没有被组织起来并采取集体行动——在代议制民主中可能会特别走运,这有三个方面的原因。第一,利益集团的选举参与率不同。我们认为,最好采用集团的社会规范来解释投票人的出席情况,讨论这种规范在某些投票者集团比其他集团更加有效的原因。第二,不同利益集团的成员对选举中的候选人和需要解决的问题能接触到不同数量的信息。我们表明,在某些情况下,当选候选人实施的政策将支持信息更加充分的投票者集团,然而在其他情况下可能并不如此。第三,利益集团有不同的党派倾向。一个具有党派倾向的投票人对基于意识形态和固定立场的特殊政党非常忠诚,并且他很可能投该党的赞成票,除非其对手对选举中有竞争性的新的并且易受影响的问题许诺特别有利的条件。没有政治倾向的利益集团在选举竞争中会特别走运。因为对于那些具有明确政治倾向的选民组成的利益集团,一个政党要么认输,要么会想当然地认为可以得到其选票,然而对于由更大比例摇摆不定的选民组成的利益集团来说,任何政党都会不遗余力地争取其支持。

《特殊利益政治学》的第Ⅱ部分集中于组织起来的利益集团对信息的运用。组织起来的利益集团可能会很好地处理信息,至少有两个方面的原因。第一,利益集团很可能会获得许多政策问题的相关专业知识,这涉及它们的产业、专业和业余爱好。例如,对于医疗卫生改革来说,医生和医院管理者知道的细节肯定比大多数政治家多,撇开投票公众中的特殊成员不谈。第二,利益集团成员能够积聚资源以获得产生集体收益的信息。既然信息具有公共产品的特征———一旦获得，它就可以被许多人不降低其价值地使用，因此对于组织起来的利益集团的成员而言，就更有理由来分担获取这些信息的固定成本。

特殊利益集团向政治家和投票者提供信息，因此我们考察了分别向这两种听众传递信息的活动。在关于"游说"的一章中，我们研究了一个或多个具有知识的团体向更不具备政策环境信息的政治家传递信息的活动。这个分析的前提是，集团和政治家的利益没有完全联系在一起。我们模型化了作为"廉价谈话"（cheap talk）的游说活动。也就是说，游说者能够不费成本地向政治家传递信息，而政治家没有独立的方式验证游说者的主张。在这种环境下，一个精明的政治家将会对其听到的信息打一折扣，除非自利的游说者能够提供颇具说服力的论证。当游说者希望其言辞被作为表面价值接受时，我们通过考虑游说者说实话的动机，来评价其观点的说服力。由于廉价谈话，代表单一利益集团的游说者能够传达某些关于政策环境的信息，但这种传达一定比利益集团实际知道的细节更少。由于几个利益集团为得到政治家的支持而进行竞争，就存在政策制定者运用利益集团作为相互衬托的可能性。令人惊奇的是，比起一个利益集团对政治家传递的观点没有受到任何挑战的情况，如果存在另一个具有相反观点的集团也表达其主张，那么它可能会更加幸运。

《特殊利益政治学》第Ⅱ部分的第 2 章考察了游说有成本的情况。游说可能是有成本的，这是因为，一方面，集团在收集和提供信息时会有不可避免的成本；另一方面，作为对其观点提供信用的一种方式，利益集团会选择承担不可避免的成本。关于"信号传递"的经济学文献提供了彰显有成本游说的宝贵洞见。比起廉价谈话来，当谈话有成本时，游说会更加有效率。因为利益集团将会运用承担游说成本的意愿，表明那些条件能够确保有效的政策反映；并且由于游说运动规模的自由变动，比起游说成本固定时，利益集团可能会向政治家传递更多的信息。我们也考察了政治家收取接见费（采取运动捐献的形式)作为游说条件成本的情况。政治家可能会出于以下三个原因中的一个而收取接见费。他们可能需要资源来运作其选举运动,并且愿意牺牲某些有价值的信息来获取这些资金;或者他们可能会将其时间作为一种稀缺资源,并且限制那些只有相对更少价值的利益集团的造访;或者在他们无法确知不同代表性利益集团的偏向或偏好时,可能会使用接见费作为辨别游说者的方式。

在《特殊利益政治学》的第二部分,我们还考察了利益集团向投票者传递信息的情况。利益集团尽力使公众获取信息,以赢得对它们政策观点的更大同情。它们也试图向其成员传递信息,以便这些成员能够更好地投票以支持集团的公共事业。但是,随着游说的增加,利益集团的主张就不能够被选民们按其表面价值接受。在候选人宣布它们的立场前,利益集团有扩大的动力,使投票人相信利益集团自己偏好的政策就是社会所期望的。如果它们能够成功地做到这一点,候选人之间的选票竞争将使他们采取更偏向利益集团的主张。甚至在候选人确定了立场之后,利益集团也有动力扩大其主张,因为它希望使更加支持自身事业的那个候选人或政党赢得胜利的期望最大化。一个组织起来的利益集团通常面临着信誉问题,即使其成员传递信息时也如此,因为组织希望说服尽可能多的个人来投票赞成更好地服务于其成员的候选人,然而某些成员可能有党派偏向,倾向于投不同的票。

《特殊利益政治学》的第三部分处理了特殊利益集团的运动捐献问题。除了用于支付接见费之外,利益集团可能会运用捐献作为影响政策制定者决定和提高其最喜欢的候选人或政党当选预期的手段。我们考虑了在不同的背景下,利益集团不得不购买影响和投资于其最偏好的候选人的动机。我们也考察了当几个或许多个利益集团在竞争影响或支持时将会出现的情况。

我们从单一利益集团寻求影响开始分析。这样的利益集团可能会向政策制定者传递一个信息,即他们针对不同的政策选择的支付意愿。一个潜在捐助者将会给政治家提供一系列提议。这些提议,不需要显性化，而只需要将捐献规模与不同的政策选择联系起来。政治家根据他们为运动筹资的潜在作用评价捐献，但是许多人也希望通过实施对公众有利的政策，以提高他们在具有良好信息的公众中的形象，或满足他们的社会责任感。利益集团应该怎样构筑其提议呢？政治家怎样在得到捐献的期望和做好事的期望之间权衡呢？从利益集团提供的最优政策安排和政治家的最优反映中将会得出什么样的政策呢？这就是我们的分析将要涉及的问题。

接下来，我们考察利益集团之间的竞争。这种竞争的形式与经济学中的"共同代理"问题非常相似。在委托—代理关系中，委托人必须为代理人设计激励机制以引导其采取反映委托人利益的行动。在共同代理中，代理人的行为同时影响几个委托人的福利状况。然后，他们中的每一个都必须提供激励，代理人必须权衡不同委托人之间的利益。与此相似，在压力政治学中，政治家的政策选择将会影响几个利益集团，包括一般公众。利益集团提供捐献，引导政治家支持自己而不是其他利益集团。共同代理博弈中的均衡是一系列激励安排，每个委托人都有一个，并且具有这样的特征，即：给定其他利益集团的安排和代理人期望的最优反应，每个安排对提供它的那个利益集团是最优的。我们捐献博弈中的均衡也采取了这种形式。每个集团根据对其他利益集团捐献的期望，设计最优反应，并且都认识到政治家最终将选择最大化其自身政治福利的政策。

当决策由不受制于任何强烈政治纪律的立法团体成员做出时，影响将变得更加复杂。在《特殊利益政治学》的第Ⅲ部分，我们将扩展共同代理方法，以考虑不存在当权联合政党的情况。在描述了某些可供选择的方法之后，我们模型化了采用多数票规则进行选择的立法过程，这种规则是由议程设计者或者给定现状安排的。议程设计者是有权提议立法的机构的成员。例如，在美国参议院中，金融委员会的成员就有权对其司法管辖权内的问题进行提议。对影响的竞争涉及利益集团对议程设计者的考虑进行竞标，这些利益集团甚至会对内阁中当选代理人得到的选票进行竞标。一直到议案提出来，某些利益集团还可能希望看着其通过，并且为意愿支持者提供捐献。然而其他人偏好于现状和试图使法案失败。但是站在最终获胜一方的那些人不希望比为确保政治获胜支付得更多。最终失败的那些人不希望购买不能够使其处境更好的投票。因此，博弈具有有趣的结构，即利益集团必须随机选择它们的策略。这种随机化就使得任何给定法案通过的预期具有不确定性。在这种不确定条件下，议程设计者在决定哪个议案被提出时，就需要进行权衡；并且利益集团在决定选择如何影响议程设计者时也需要考虑这个问题。

《特殊利益政治学》的最后一章考察了在选举捐献过程中利益集团捐献的动机。利益集团为了影响政党的政策立场可能会向其提供捐献。它们在对政党进行捐献时也可能不考虑提高其选举预期。政党选择它们的立场以获得具有充分信息的选民的投票，但是它们也考虑捐献提供，因为资金能够用于运动支付，而那可能会吸引易受影响的投票人。这个案例中的均衡是一个捐献安排，对利益集团来说，考虑到其面对的捐献提供和对手期望得到的立场，它能够对其他利益集团的提供以及追求当选可能性最大化的政党的双重立场做出最优反应。我们得出了几个论断，包括利益集团对两个政党的捐献模式；利益集团认识到捐献选举激励的不可能程度，以及许多集团给某个政党慷慨捐献时，其当选在望的可能性，因为它们预期其他利益集团也会这样做。

0.2 本文集中的论文

在此重印的论文可以归为两类。该书第一部分的论文说明，利益集团如何运用政策工具，按照其提议来影响和形成政策过程。这些论文形成了《特殊利益政治学》某些模型的基础，并且有时提供了比那本专著中可能包括的更多细节。本书第Ⅱ部分的论文是那些理论对国际贸易政策问题的运用。这些论文表明，在第Ⅰ部分和《特殊利益政治学》中描述的工具是如何运用于实践问题的。当然，这些论文的结果按自身价值都具有实质利益，因为它们提供了关于贸易保护结构、贸易谈判结果，以及贸易流量与对外直接投资针对政治诱发的贸易政策做出反应的预期。

0.2.1　第Ⅰ部分：方法论

在"共同代理和协作：一般理论及其在政府政策制定中的应用"（第1章）中，我们与阿维纳什·迪克西特（Avinash Dixit）一起，将完全信息下的共同代理理论扩展到不可转移效用的情况。就像我们在前面提到的，共同代理理论提供了一个有用的工具来检验利益集团对政治影响的竞争。这个理论——就像贝纳姆和惠斯顿（Bernheim and Whinston, 1986）发展的——假定货币转移附加性地进入代理人和委托人的效用函数。换句话说，所有参与人都具有恒定的边际收入效用。这个假定对贝纳姆和惠斯顿的思想在许多产业组织的运用相当合理。然而，对于再分配政治学中的重要问题，这是一种存在争论的方法。这种政治学涉及税收和转移支付的决定，而这注定具有一般均衡含义，它可能以不可忽略的方式改变了收入的边际效用。

我们对这个理论的扩展保留了贝纳姆-惠斯顿分析的大部分性质。特别地，我们想像了一种完全信息环境，其中，代理人必须采取某些涉及几个委托人福利的行动。每个委托人设计一种支付安排以诱使代理人按其利益行事。这些安排表明了非负转移，那是委托人为代理人每次可能采取的行动进行的支付。当委托人期望代理人采取对所有支付做出反应的效用最大化行动时，均衡是一系列具有相互最好反应的支付安排。我们与贝纳姆和惠斯顿的差别仅在于，我们假定委托人和代理人的效用函数是行动和转移支付的一般非线性函数。

在这种情况下，我们可以得出许多与贝纳姆和惠斯顿得出的结论相同的结果。我们的均衡的一个特征与他们的相同。我们也表明，委托人的最好反应区间包含了贝纳姆和惠斯顿意义上的"真实"支付安排，并且在《特殊利益政治学》中我们将其命名为"补偿"。当所有委托人运用具有补偿性的激励安排时，由此导致的均衡从共同行动的委托人和代理人的立场来看是有效率的。

对政府政策制定的运用源于这样的假定，代理人（原文为"委托人"。——译者注）是一个政治家，其福利依赖于政策选择和收到的捐献；委托人是一些利益集团，其福利依赖于政策选择和支出。这种专业化形成了我们《特殊利益政治学》第7、8章分析的基础。在迪克西特的这篇文章中，我们得出了一个重要的结果，即政治家的福利仅通过政策对政治组织成员福利的影响而依赖于政策。只要政治家的福利随社会中每个成员的效用上升，捐献博弈的一个真实（或补偿性的）均衡必定对整个社会是有效率的。换句话说，不存在其他的运动捐献和政策组合；在这种组合下，如果不使其他人的福利变坏，就不能使政治家和其他公众成员的福利更好。一个中间含义就是，如果政府能够通过一次性转移支付影响收入再分配，在政治均衡中，它就不会被诱导使用歪曲性的政策工具，比如生产补贴、消费税或贸易政策。当政府确实使用这些工具时，那意味着一次性转移支付是不可能的，或者政治规则已经设定，将这种转移支付作为一种政策选择排除在外。

我们的论文"选举竞争与特殊利益政治学"（第2章）提出了一种原创性思想。《特殊利益政治学》第10章的内容就是据此改写而成的。在这篇论文中，我们发展了一个选民、利益集团和政党之间相互影响的模型。利益集团向政党提供捐献，以影响其政策立场和帮助它们偏爱的政党赢得更多选票。政党在一些易受影响的政策问题上设定其立场，以吸引利益集团的捐献和得到具有信息的选民的选票。在这篇论文中，我们假定它们的目标是最大化选票数量。最后，既存在具有信息的选民——他们投票是为了最大化自身的预期效用，也存在易受影响的选民——他们根据政党的运动开支做出反应。

9 在这个模型中，利益集团让政党面临着多种捐献安排。每种捐献安排都将关于易受影响问题的立场与潜在的运动捐献联系起来。换句话说，我们将政党和利益集团的关系看作一个共同代理问题。组织代表了针对易受影响政策问题具有共同偏好的选民集团，但他们面对另一个固定问题却可能有不同的偏好。在均衡中，如果利益集团向政党提供的捐献恰好是引致它选择特定立场所必需的，我们就说利益集团对运动捐献只有"影响动机"。相反，如果利益集团的捐献不只这一个目标，我们就说它也具有"选举动机"。这篇论文关心的一个主要问题就是解释这些动机中的每一个在何时起作用。

通过首次努力模型化利益集团、政党和选民之间完整的相互关系，得出了一些有趣的结论。第一，我们得出了政党在均衡状态下行事的条件，好像它们正在最大化包括运动捐献总数量和社会总福利在内的目标函数。这修正了我们在许多论文（和专著）中使用的关于政治家的简化形式的福利函数，而在那些论文和专著中我们没有正式模型化选民和选举。第二，我们区分了政治家在政治目标函数中赋予运动捐献和社会总福利相对权重的决定因素。政党赋予捐献的权重越大，易受影响投票人的比例越大，运动支出对吸引选民就越有效率，具有信息的选民关于政党固定立场的相对期望的观点就越分散，具有固定立场的政党相对于对手而言就越受欢迎。

当许多利益集团竞争影响时，它们几乎没有激励拥有捐献的选举动机。事实上，最偏向特定政党的利益集团将会有激励给出超过影响其立场所必需的捐献。在这个均衡中，大多数政党只有一种影响动机，并且会给予两个政党。利益集团将会给预期能够赢得大多数选民的政党更多捐献。但是，既然利益集团不能够就运动捐献进行协调，它们的集体行动将完全有可能使事先失败的政党成为获胜者。那么，它们对预期能够获得大多数选票的政党进行最慷慨捐助的独立决策将会成为自我实施的预言。

在"竞争赞同"(第3章)中,我们考虑了利益集团运用信息作为政治影响工具的情况。我们想像了一个两党竞争的情况,每个政党宣布其政策立场,但选民不能够很好地理解易受影响问题,以确切知道哪种立场能够为其提供更大福利。一小队选民是利益集团的成员,并且集团组织知道成员在易变政策中的共同利益如何服务于不同的政策观点。为了向其成员传递信息,利益集团会"赞成"其中一个政党作为它们选举中最喜爱的政党。

我们假定政党在设定自己的立场时会预期组织的行动。在某些环境下,利益集团的赞成将会为特定政党赢得选票。然后,政党将会利用集团,以希望赢得其赞成。通过诱发为获得赞成而进行的竞争,一个利益集团有时候会向能够支持其成员的政治过程倾斜。

赞同作为影响工具并不总是有效的。例如,在利益集团成员和非成员组成的投票人口中,一般的理想政策对世界的不可知状态是独立的(对选民而言),那么当赞同不可能时,政党对赞同的立场就是相同的。在这种环境下,通过选择更接近利益集团偏好的立场来迎合利益集团,这样的政党在获得利益集团的赞同时将取得成功。赞同将引导集团的成员意识到,政党的立场与他们的理想最接近,因此某些利益集团将把选票投向迎合它们的政党。但是,不是利益集团成员的选民将意识到,对集团成员有利的并非普遍对他们有利。因此,利益集团的赞同将给并非利益集团成员的那些人带来损失。在讨论的基准案例中,赞同没有对总选票数产生影响。那么,政党就没有理由为获得赞同而展开竞争。

我们这篇论文的大部分内容集中于这样的情况,对于不是利益集团成员的典型选民来说,理想的易受影响政策独立于利益集团的理想政策。在这种情况下,利益集团的成员确实能够从他们组织起来、宣布赞同的能力中获益,就像政党为尽力赢得其口头支持而迎合利益集团一样。对于一组基本上可以描述选民不确定性随机变量的值而言,政党既可以宣布利益集团的理想的易受影响政策作为其关于特定问题的立场，同时利益集团成员也能够猜测政策对其最优时的均衡。如果组织的信息表明，极端的政策选择是对利益集团成员来说最好的一个选择，那么政党将不会给其成员提供理想政策。同时，比起组织没有机会宣布其赞同时将会产生的结局而言，政策结果将对成员是最优的（而对非集团成员的普通选民却是最坏的）。

赞同仅是利益集团运用优先信息推进其政治目标的一个实例。在《特殊利益政治学》第6章中，我们研究了利益集团向其成员和其他选民发送的大量信息。如果利益集团可以通过比如发布广告，或时事通讯和贸易出版物的更长篇报道等传递信息，那么这些信息可能包括比简单"选A"或"选B"更多的细节。在那本专著中，我们考虑了利益集团在政党能够宣布其主张立场——伴随着赞同——前发布报告的情况，利益集团在政党宣布其主张后就会随之传递信息。令人惊奇的是，政党主张在宣布之后，由利益集团传递的大多数信息相当于从两条单词信息中选择一个进行传播。因此，一旦信用限制被考虑在内，利益集团在向选民传递信息时，赞同能够与更长篇报告做得一样好。

0.2.2 第Ⅱ部分：应用于贸易政策

在第Ⅰ部分重印的论文中，特别是在我们的专著《特殊利益政治学》中，我们发展了一系列工具用来分析特殊利益集团的政治影响。当然，这些工具的价值只有通过在特定用途中的适用性才能判断出来。在第Ⅱ部分，我们收录了关于对外经济政策的形成的5篇论文来说明这个问题。在这里，模型产生了能够经得起经验检验的特殊论断。

"保护待售"（第4章）是我们第一次涉足政治经济学。我们写这篇论文是受到了观察的驱动，因为规范贸易理论的大量描述与政府在现实中实际做的很少相符。我们不是这种判断的开创者，但我们不满意于前人的模型。在他们的模型中，一个典型的特征是将政治过程视为"黑箱"。我们的方法强调了政治家的存在,他们对运动捐献和总福利进行评价。我们的方法还考察了他们与代表产业利益的利益集团之间在共同代理中的相互关系。

政治模型应用于贸易政策(或者其他任何特定领域)需要有关经济环境的详细的专门知识。第4章考虑了一个具有多种产业多种要素的小国开放经济。在一个部门中,产品由劳动单独生产,规模收益不变。在所有其他产业,产品是由劳动和部门专用要素生产的。一系列组织起来的利益集团代表了某些(或全部)专用性要素所有者的特殊利益。每个利益集团向政策制定者提供一个捐献安排,以尽力影响其对进口关税和出口补贴的选择。

我们的模型得出了几个关于跨部门贸易保护结构的可检验论断。政治均衡的特征是,由组织良好的利益集团代表的所有产业得到正的保护率,而没有这种利益集团代表的产业得到负的保护率。政策制定者赋予政治捐献的权重越大,某些组织起来的集团或其他集团代表的人口比例越小,组织起来的产业得到的保护率就越高。国内产出占贸易额比例高、贸易流量对国内价格不敏感的那些产业,得到的保护在现实中较高。保护模式反映了政策制定者以最低社会成本获得既定数额运动融资的努力。

尽管所有组织起来的产业成功地购买了保护,但它并未造成所有利益集团都从寻求政治影响中获益的情况。恰当的例子是,每个人都属于某一利益集团时的情形。在政治均衡中,资源配置反映出自由贸易下的情况。但是,只有当利益集团对政策制定者做出代价高昂的捐献时,才可能出现政治僵局,那意味着实现政治均衡时,每个人的福利状况比捐献不可能时更差。组织起来的利益集团将会对政策制定者进行捐献以诱致一系列中性的贸易政策,因为对它们来说,如果不进行这种捐献,政策结果导致的处境将会更差。

在"贸易战和贸易谈判"(第5章)中,我们将分析扩展到两个大国的情况。在这里,国内政治与对外关系相互作用。在每个国家,政策制定者从国内特殊利益集团得到捐献提供。这些提供与其对总福利的考虑相互联系，引发了对关税和出口补贴向量的政策偏好。在"贸易战"中，政策制定者在制定国家的贸易政策时是非合作的，每一方都最大化其政治目标函数，都将对方国家的预期行为看作给定的。当存在"贸易谈判"时，政策以合作方式进行选择，以便对两个政治家产生联合效率。我们假定，利益集团知道政策是以合作还是非合作方式进行选择，并且它们据此做出捐献安排。

在非合作政策均衡中，运用于给定产业的贸易政策形成有两个组成部分。一个部分与第 4 章相同，它反映了在给定某产业产品国际价格的条件下，政策制定者将保护扩展到特定产业时，意识到的政治利益和经济成本之间的均衡。另一个部分是，外国进口需求和出口供给弹性的倒数。这个术语在规范的国际贸易理论中众所周知，就像具有仁慈政府的大国的"最优关税"所表示的。模型预示了每个产业的保护率，它只是在固定贸易条件下某个国家的政治竞争导致的保护之和，并且也是在世界市场上最优地运用其垄断力的政策。我们预言，政治上组织良好的利益集团将比福利最大化政府之间的贸易战产生更高的关税，更低的出口税率。

我们的分析也表明了"贸易谈判"的政治解释。典型的是，多边谈判被看作是经济无效率的反应，那是国家在世界贸易中利用其垄断力时造成的。但在我们的模型中，进行贸易谈判的政治家并不仅仅考虑总福利。他们虽然对谈判有热情，因为非合作均衡对它们来说在政治上是无效率的；换句话说，可能存在其他贸易政策，以替代由贸易战产生的至少能够给一个政策制定者带来更高的福利，同时不对其他人造成伤害的贸易政策。当政策制定者就国内利益集团形成的偏好进行谈判时，每一部分的结果都反映了工业集团在两个国家的相对政治实力。在一个小国经济的政治均衡中，如果某个产业能够得到更好的保护，在某种意义上，就说明这个产业更具实力。

"政治学和贸易政策"（第 6 章）对模型化关税形成的五种方法进

行了比较。这五种方法包括我们的共同代理模型，迈耶（Mayer, 1984）的直接民主制下政策形成模型，希尔曼（Hillman, 1982）"政治支持函数"的详述，芬德利和威利兹（Findlay and Wellisz, 1982）"关税形成函数"的详述，以及马吉、布洛克和杨（Magee, Brock and Young, 1989）的选举激励运动捐献模型。为了进行有意义的比较，政治过程的不同模型都采用相同的经济语言进行阐述。经济模型与我们第 4 章中采用的模型相同；它假定一个具有许多产业的小国，除了一个产业外，其余所有产业都采用劳动和一种专用要素进行生产。

在直接民主制中，政策是由中间选民的偏好决定的。投票均衡表明，当持有某些产业专用性投入的中间选民超过平均值时，所有这些产业都得到正的保护；在相反的情况下，那些产业就只能得到负的保护。由于部门繁多和要素所有权的集中，这意味着，即使不是全部，绝大多数部门也只能得到负的保护。希尔曼的政治支持函数［源于斯蒂格勒（Stigler, 1971）和佩茨曼（Peltzman, 1976）］是政策制定者政治福利的简化形式。它包括某些或所有产业的利润以及涉及的总福利。在最大化这个函数时，政治家要权衡受保护产业通过保护政策能够得到的超额利润和由于价格扭曲造成的总福利损失。模型预言，在政治家的支持函数中，得到正权重的所有产业都能够得到正的保护水平；而在这个函数中，政治家没有赋予权重的产业得不到任何保护。

关税形成方法假定，给产业提供的保护和用于支持或反对保护的游说资源之间存在简化关系。反过来，游说支出是支持和反对保护的利益集团非合作博弈的解。在均衡中，正的保护率提供给这样的产业，即：在关税形成函数中，支持和反对保护力量的边际替代率超过 1 的产业。在我们的产业专用要素模型中，这意味着正的保护率提供给所有组织良好的产业，而没有组织起来的产业只能得到负的保护。

马吉等人的选举竞争模型很难融合进其他人的一般框架。在他们的模型中，两个政党为选举进行竞争。他们假定，一个政党与支持进口关税的利益集团联系在一起，另一个政党则与偏向出口补贴的利益集团紧密相关。政党首先许诺政策偏向，然后利益集团对它们的政治合作者进行捐献，以改变选举的不利局面。政党当选的可能性，随着它相对于对手能够得到的捐献数量而上升。模型给出了某些反事实的预言，这将在第6章中有所讨论。

双边贸易谈判的政治可行性是"自由贸易协定政治学"（第7章）的主题。我们考虑了与关贸总协定第24章相符的协定。它考虑了只有在参加国大幅度降低双边贸易的所有壁垒时的优惠政策。自由贸易协定（FTA）被假定受某些产业利益集团的支持，而受其他利益集团的反对。我的问题是，如果贸易协定必须被每个国家的政策制定者接受，并且政策制定者受制于组织起来的利益集团的政治压力，那么两个小国还能形成这种贸易协定吗？

15　　我们从考虑没有排他性部门时自由贸易协定的可行性入手。如果协定获得通过，国家将允许来自自由贸易协定方的、所有满足原产地规则的产品免税进入其市场。然而，它们会继续向该集团之外的其他国家征收现行关税。协定的一种替代方式是，在最惠国待遇的基础上继续征收现行关税。

这种政治环境的显著特征在于政策选择的双边性质。每个政策制定者要么都支持该协定，要么都反对它。我们将受压力下的立场看作政策制定者为应对运动捐献的提供而采用的。如果政策制定者预期其他国家的政府反对这个协定，它会采取最大化其捐献的立场，因为它自己的立场不能够改变提议的命运。在这些环境下，利益集团将会被愚弄而提供正的捐献。当政策制定者预期其他国家的政府支持自由贸易协定时，更加有意思的情况就出现了。那么，能够实现的均衡是，当且仅当总福利和所有产业压力集团（包括支持和反对自由贸易协定两方）的福利加权和在自由贸易协定下高于现状时，政策制定者站在施加压力方的立场上采取自由贸易协定。

接下来，我们考察了当前贸易均衡的特征如何影响双方政策制定者在政治均衡时达成自由贸易协定的可能性。首先，我们表明，如果自由贸易协定潜在一方的关税一律高于另一方，提出的协定就没有获得通过的可能性。在高关税国家，如果自由贸易协定不能为国内利益集团创造任何弥补性的收益时，它将造成关税收入的损失。既然它会造成总福利损失，而且不存在利益集团施加的压力，政策制定者当然会反对这种提议。

当每个国家在某些产业具有较低关税，而在另一些产业具有较高关税时，就存在自由贸易协定被成功谈判的可能性。代表低关税产业的组织起来的利益集团将支持该提议，因为自由贸易协定允许它们在集团内部按照优惠条件自由出口。既然自由贸易协定对方国的最初国内价格比本国高，协定实际上将提高对这些生产者的保护。我们发现，当且仅当潜在双方的当前贸易足以平衡时，双边自由贸易协定才是可行的。双方政策制定者对自由贸易协定的接受要求足够数量的贸易转移，那意味着，当自由贸易协定对社会有害时，最可能行得通。

在第7章的最后一部分，我们考察了少数产业例外的自由贸易协定的前景。这种例外存在于许多双边协定中，并且对某些产业来说，同样的影响在长期中也会出现。我们表明，排除能够使某些在其他条件下行不通的协定在政治上具有可行性。共同代理方法也得出哪些部门将成为双边自由贸易协定的例外的预言，细节将在那一章中给出。

最后一章"内生保护下的对外投资"（第8章）讨论了预期存在保护主义政策时将会出现的跨国投资。巴格瓦蒂（Bhagwati, 1987）对这类活动给出了一个名称，叫做"替代性对外投资"（quid pro quo foreign investment），并且用它来描述20世纪80年代日本企业在美国和欧洲的大多数对外直接投资的动机。我们的论文发展了一个正式模型，以理解它何时发生以及对总福利将会产生什么影响。

在我们的模型中，外国企业可以将生产设备建在母国，或者通过出口满足母国市场。为了在母国市场上运行，它们必须承担一个额外的固定成本，就像某种额外的生产成本。然而，事实证明，如果母国政府决定保护母国市场，它们这样做就可能有利可图。外国企业基于母国政府的政策预期，做出它们单独的区位决策。反过来，政策制定者选择政策，作为对国内利益集团捐献提供的反应，当然它也要考虑国内福利。既然国内福利随外国企业在母国市场的运作而变化，政策决定将会随外国企业的投资选择而发生变化。在均衡时，给定母国政府政策反应的理性预期，外国投资行为一定是最优的；并且给定母国利益集团提供的捐献，关税对母国政策制定者一定是最优的。

我们假定，代表国内产业的利益集团是惟一的对影响政策决定提供捐助的集团。然后，这可能会引出几个不同类型的均衡，包括外国企业对生产区位选择无差异时的均衡、这些企业在国外投资生产和在国内生产的比例。在这些均衡中，跨国行为的程度和其他事务依赖于政策制定者对运动捐献的兴趣。当政策制定者赋予捐献较高价值时，外国企业预期关税将会较高，否则它们中的相对多数将选择在母国生产。在这种情况下，预料到的对外投资将会大大提高。但是，当政策制定者对捐献的兴趣很高时，均衡关税率不可能如此高。因为具有优先权的外国投资将起缓和国内生产者保护需求的作用。

在这种情况下，通过在文献中经常意识不到的机制，外国投资可能会提高国内福利。这类活动的潜在收益源于国内政府的均衡反应。在替代性投资规避高关税的意义上，它将会产生消费者收益，这与通常所说的外国企业在母国生产也可能对本国居民有益的原因只有非常小的关系。

这篇文章的最后一部分处理了这样一种情况，即国内股东和具有产业专用性知识的工人都被组织成立一个集团。考虑到关税税率，两个利益集团共享相同的利益。然而，它们在限制外国直接投资方面具有相反的利益。我们将描述更复杂的条件下的这种权衡，并且表明政治压力是如何发出的。

0.3 经验验证

我们的模型产生了对贸易保护模式和贸易政策其他方面的精确预言。通过检验这些预言在贸易政策实践中适用的程度来评价这些理论工具是可能的。最近的一些经验研究就在试图做这方面的工作。在这里，我们对这些论文进行一个简单综述。[1]

大多数这类研究的起点是我们关于小国经济中保护结构形成的模型（第4章）。我们的分析得出了一个方程，它将产业 i 的关税率与下列变量联系起来：产业 i 的产量与进口量之比，产业 i 的进口需求弹性，表明产业 i 使用的专用性要素所有者在政治上是否组织起来的虚拟变量。方程中的指数反映了政策制定者在其政治目标函数中赋予运动捐献的权数，以及属于组织起来的利益集团的人口比例。

戈德堡和麦格（Goldberg and Maggi, 1999）首先检验了基于这个方程的经验模型，他们使用的是美国1983年的数据。既然美国的关税是在数次多边贸易谈判回合过程中形成的，他们运用非关税壁垒的涵盖率（在贸易类别中，运用非关税壁垒的此类比例）作为给某个产业提供的任意保护的替代。戈德堡和麦格回归了这个变量与进口需求弹性的乘积对该产业产出与进口比率的关系，并且回归了对相同的变量在与虚拟变量相互影响时的关系，该虚拟变量表明该产业在1983年的时候在政治上是否已经组织起来。政治上组织起来的产业被定义为政治行动委员会，它在运动捐献上的支出超过产业收益的最低份额。模型预言，虚拟变量与销售和进口之比乘积的系数为正号，单独的比例变量的系数为负号，并且两个系数之和为正号。戈德堡和麦格发现这个模式在数据中得到了证实。然而，当他们增加额外的回归量——它们是从经常包括在美国保护结构的经验模型中的回归量中选择出来的——时，发现这些额外变量缺乏解释力。重要的是，他们注意到，先前关于保护和进口渗透率（进口量与国内生产加进口量之比）之间正相关关系的发现具有误导性。第 4 章的模型表明，这种相关关系在政治上组织起来的产业和没有组织起来的产业之间应该是不同的。戈德堡和麦格的回归验证了这一预言。然而，以前的经验研究者没有进行这种区分。这意味着它们估计的相关关系没有得到详细说明，并且难以解释。

戈德堡和麦格估计的回归系数允许他们计算模型结构指标的估计——更详细地说，就是运动捐献和由利益集团代表的人口比例在政策制定者心中的权重。他们估计，政策制定者对总福利的权重是捐献权重的 50 倍到 70 倍，是由利益集团代表的人口比例权重的 84%～88%。这些发现尚未解释清楚，因为这些数字好像出奇得高。

更相关的研究是由贾旺德和班迪帕迪埃（Gawande and Bandyo-padhyay, 2000）做出的。他们也使用非关税壁垒的涵盖率作为产业保护的替代，但他们以某种不同的方式区分了政治上组织起来的产业。他们将政治行动委员会的捐献与贸易流量有实际关系的产业看作是组织起来的产业。

贾旺德和班迪帕迪埃的研究与戈德堡和麦格的研究之间有两个主要的差别。第一，贾旺德和班迪帕迪埃对关税形成模型进行了扩展，允许在这些产品的生产者和中间投入的进口者之间存在冲突；第二，他们不仅运用这些模型估计了贸易保护的决定因素，也估计了产业捐献的决定因素。

像戈德堡和麦格的研究一样，贾旺德和班迪帕迪埃的研究也支持了理论预言，即产量与进口量比例高的、组织良好的产业将比这个比例低的产业得到较高的保护，并且比较以另一种方式支持了不积极寻求影响的产业。他们的理论扩展也预言，给最终产品生产者提供的保护率与运用于中间投入的比率之间存在积极联系。这个预言也得到了数据支持。

在贾旺德和班迪帕迪埃对运动捐献模式的考察中，他们发现，政治行动委员会的捐献，随着产业保护造成的无谓损失的提高而上升，随着存在政治代表的下游产业运用某产业产量份额的提高而上升。这两个发现可以成为理论。两位作者也没能发现许多额外变量在解释保护模式时的重要作用，尽管具有高集中率的产业在政治博弈中好像特别走运。像戈德堡和麦格的研究一样，贾旺德和班迪帕迪埃计算的某些指标值也难以令人置信，尽管符号与预言相同。

米塔、托马库斯和乌卢巴苏鲁（Mitra, Thomakos, and Ulubaşoğlu, 2002）用土耳其从1983年到1990年的多年数据检验了贸易保护模式。他们不仅使用了测量产业保护的覆盖率，而且使用了名义和实际关税保护率。由于存在几年的数据，他们能够运用组数据技术（panel data techniques）来对模型进行估计，并且能够比较不同政治体制下的保护率。由于缺乏运动捐献的数据，这些作者划分了组织起来的部门，或不以是否属于土耳其工商联合会成员为基础的部门。

与其他作者一样，这些作者对系数估计模式的符号也支持了那个模型。而且，政策制定者加在总福利上的权数，相对于捐献的权数而言，在民主时期比在军事独裁时期高得多。属于利益集团的人口比例在民主制度中的估计要低得多。这个发现支持了米塔（1999）的预言，他将第4章的模型扩展到利益集团内生形成的情况。米塔表明，当政策制定者对捐献的兴趣下降时，只有更好的组织形成，同时从寻求影响中得到的收益更少。

沿着这个思路进行的进一步研究，是麦卡考曼（McCalman, 2002）对澳大利亚保护模式的考察。麦卡考曼运用的是澳大利亚从20世纪60年代后期到90年代初期的产业关税率。作者特别感兴趣地留意了用政治经济方法能否解释澳大利亚在这段时期经历的保护率的迅速下降。他认为，贸易自由化反映了组织起来的利益集团所代表的个人比例的明显上升，以及澳大利亚的政治家对总福利赋予的权重的长期上升。

最后，贾旺德、克里什纳和罗宾斯（Gawande, Krishna, and Robbins, 2001）将第4章的模型扩展到考虑外国利益集团的捐献。扩展模型的一个预言是，如果一个外国组织起来的集团积极寻求影响美国的贸易政策，在这种产业中的贸易保护应该比不存在这种情况时更低。运用最近编辑的关于美国存在外国游说的数据，作者发现了对这个预言的证实和对扩展理论的更广泛支持。因此，外国利益集团在美国贸易政治学中的确起重要作用。

沿着不同的思路，贾旺德、桑桂尼蒂和伯哈拉（Gawande, Sanguinetti, and Bohara, 2001）从经验上验证了第 7 章模型中提出的关于互惠贸易协定例外的产业模式的一些预言。运用阿根廷、巴西、巴拉圭和乌拉圭签订的 Mercosur 贸易协定的数据，作者发现了对模型预言的支持，即例外将是那些政治上组织起来的产业，即具有较高国内生产与进口比率以及较低进口需求弹性的产业。作者得出这样的结论，阿根廷和巴西之间的贸易协定除了例外产业外是不可能的，并且例外产业被选择出来主要是为了产生对阿根廷协定的政治支持。

最后，布兰斯泰特和芬恩斯特（Branstetter and Feenstra, 1999）运用第 8 章的框架，研究中国省际之间对外直接投资模式的基础。他们发现，政治经济学的简化模型能够解释各省之间对外直接投资流量的大多数变量。他们的估计表明，中国政府在其目标函数中赋予消费者福利的权重，只是赋予国有企业利润权重的大约一半。

尽管要使理论与证据相符合尚有许多工作要做，但根据数据得出的结果是令人振奋的。形成贸易政策的政治力量的简化模型得出的预言，与在不同时期、不同政治体制下许多国家观察到的贸易政策好像广泛一致。很明显的是，某些现实特征在模型中被忽略了，因为观察到的保护率倾向于比理论预言的更低，而这是由于描述政策制定者目标函数和在政治竞争中被代表人口的比例的合理指数造成的。被观察到的壁垒很可能反映了贸易谈判的结果，它是根据第 5 章的模型预言的，但是在对数据的经验研究中只起很小的作用。在任何情况下，我们都需要辩白的是，考虑到政策制定者被模型化为最大化的代理人，为理解政策制定者面临的激励所做的努力都能够提高关于政策结果的合理预期。

【注释】

[1] 关于贸易政策政治经济学最近的经验研究,参看贾旺德和克里什纳(Gawande and Krishna, 2002),它包含了下文描述的研究的更详细细节。

参考文献

Bernheim, B. Douglas, and Whinston, Michael D. (1986). Menu auctions, resource allocation, and economic influence. *Quarlerly Journal of Economics* 101 (February): 1−31.

Bhagwati, Jagdish N. (1987). Quid pro quo DFI and VIEs: A political-economy theoretic analysis. *International Economic Journal* 1 (spring): 1−14.

Branstetter, Lee, and Feenstra, Robert C. (1999). *Trade and FDI in China*. Working Paper No. 7100. National Bureau of Economic Research.

Findlay, Ronald, and Wellisz, Stanislaw. (1982). Endogenous tariffs and the political economy of trade restrictions and welfare. In Jagdish Bhagwati, ed., *Import Competition and Response* (Chicageo: University of Chicago Press for the National Bureau of Economic Research).

Gawande, Kishore, and Bandyopadhyay, Usree (2000). Is protection for sale? A test of the Grossman-Helpman theory of endogenous protection. *Review of Economics and Statistics* 89 (March): 139−152.

Gawande, Kishore, and Krishna, Pravin (2002). The political economy of uade policy Empirical approaches. In James Harrigan, ed., *Handbook of International Trade* (Oxford and *Malden, Mass.: Blackwell Publishers*).

Gawande, Kishore, Krishna, Pravin, and Robbins, Michael (2001). Foreign lobbies and U.S. trade policy. University of New Mexico, Manuscript.

Gawande, Kishore, Sanguinetti, Pable, and Bohara, Alok K. (2001). Exclusions for sale: Evidence on the Grossman-Helpman theory of free trade agreements. University of New Mexico, Manuscript.

Goldberg, Pinelopi K., and Maggi, Giovanni (1999). Protection for sale: An empirical investigation. *American Economic Review* 89 (December): 833-850.

Hillman, Arye L. (1982). Declining industries and political support protectionist motives. *American Economic Review* 72 (December): 1180-1187.

Magee, Stephen P., Brock, William A., and Young, Leslie (1989). *Black hole tariffs and endogenous policy theory: Political economy in general equilibrium* (London: Cambridge University Press).

Mayer, Wolfgang (1984). Endogenous tariff formation. *American Economic Review* 74 (December): 970-985.

McCalman, Philip (2002). Protection for sale and trade liberalization: An empirical investigation. *Review of International Economics*, forthcoming.

Mitra, Devashish (1999). Endogenous lobby formation and endogenous protection: A long-run model of trade policy determination. *American Economic Review* 89 (December): 1116-1134.

Mitra, Devashish, Thomakos, Dimitrios D., and Ulubasoğlu, Mehmet A. (2002). Protection for sale in a developing country: Democracy versus dictatorship. *Review of Economics and Statistics*, forthcoming.

Peltzman, Sam (1976). Towards a more general theory of regulation. *Journal of Law and Economics* 19 (August): 211-240.

Stigler, George J. (1971). The Theory of economic regulation. *Bell Journal of Economics and Management Science* 2 (spring): 3-21.

第Ⅰ部分
影响工具

第1章 共同代理和协作：一般理论及其在政府政策制定中的应用*

1.1 引　言

共同代理是一种多边关系。在这种情况下，几个委托人同时努力影响一个代理人的行为。这种情况经常发生，特别是在制定经济政策的政治过程中。例如，立法者要应对来自各方的压力，包括选民、捐

---

* 本文由 A. 迪克西特、G.M. 格罗斯曼和 E. 赫尔普曼共同完成。最初发表于《政治经济学杂志》第 105 卷（1997 年 8 月），752～769 页。版权属芝加哥大学出版社所有。这里重印得到了许可。我们感谢 Timothy Besley, Stephen Coate, Chaim Fershtman, Giovanni Maggi, David Pines 和一位评阅人对本文早期版本的评论，以及国家自然基金和美—以两国科学基金的财政支持。

助者以及政党官员。对立法者负责的行政官员，在现实中要受到法院、媒体、不同利益和游说集团的影响。在欧盟，几个主权政府在布鲁塞尔处理共同的政策问题。在美国，经济权力下放给州和地方政府，就使得这些不同层次的政府处于同联邦政府相关的委托人地位。

与只有一个委托人的代理机制类似，在共同代理中，信息不对称是一个重要问题。然而，即使具有完全信息，多个代理人的存在也引起了许多新的问题，如，能否达成对参与者（委托人和代理人一起）集团有效率的结果？在参与者之间如何分配有效的剩余？贝纳姆和惠斯顿（Bernheim and Whinston, 1986）表明，委托人之间的非合作菜单拍卖有一个有效均衡。他们的模型已经找到了多种用途，包括对游说关税形成的研究（Grossman and Helpman, 1994）、对消费者和生产者征税与补贴的研究（Dixit, 1996）等。

然而，贝纳姆-惠斯顿模型假定准线性偏好，因此货币转移对多个委托人及共同代理人的可转移效用等价。贝纳姆-惠斯顿模型最初建立时，在产业组织的局部均衡分析中经常见到，而且广为接受。但在其他大多数需要更一般均衡分析的经济背景下，却通常不恰当。在经济政策模型中，不论是规范的还是实证的，准线性分析的最主要缺陷是对分配问题只给出了不完整也不真实的分析。例如，它假定政策制定者将边沁（额外）社会福利函数作为目标。既然准线性意味着收入的边际效用为常数，政策制定者就不必考虑分配本身。在现实中，领导人经常关心收入不平等。接下来，在最近政治经济模型的共同代理框架中，政治上组织起来的利益集团形成了委托人，而政府成为代理人，政府的隐含目标是效用的加权和。其中，有利或组织起来的集团的权数较高。然后，政府通过有效的转移手段，使不利或没有组织起来的集团的效用处于最低生存水平；但是，有利或组织起来的集团中的分配是不确定的。这两个特征都不现实（关于这个问题，进一步的讨论见 Dixit（1996））。最后，准线性使得代理人的行动独立于委托人之间损益的分配。[1]简言之，准线性假定使这个模型不适于分析

第 1 章　共同代理和协作：一般理论及其在政府政策制定中的应用

在公共财政和政治经济学中非常重要的分配和转移政策。

在大多数的经济应用中，货币的确是可转移的，但参与者的损益却不是货币线性的。效用对货币收入的严格凹性使得政治均衡中的转移水平是确定的和非极端的。在这篇文章中，我们一般化了共同代理理论，以处理这些情况。从而，我们希望扩大这个理论的应用范围。

我们首先刻画共同代理问题的一般均衡。然后，我们表明，即使效用在参与者之间不可转移，代理人的活动实现均衡时，也能够达成对参与者团体（多个委托人及其代理人）有效率的结果。当然，活动不再独立于参与者损益的分配，而且，均衡时两个系列的大小必须同时决定。[2]

接下来，我们在共同代理框架下考虑经济政策制定的政治过程。所有个人中的一部分允许游说政府，并且许诺以捐献作为对政策支持的回报。政府关心根据所有个人（不论游说的还是不游说的）效用定义的社会福利，以及能够从游说集团那里得到的收益。然后，有效性定理说明，政府按照帕累托有效的方式运用可以利用的政策工具。

为说明该分析的含义，我们将结果运用于税收政策形成的实证模型。我们的模型类似于大家熟悉的戴蒙德和米尔利斯（Diamond and Mirrlees, 1971）的规范模型。我们使用的政策工具是商品税或补贴政策与个人化的一次性转移支付，并且政策过程许可上面描述的那类游说。在这里，效率结果意味着，只有非扭曲的一次性转移支付用于政治均衡，而不是消费或生产的税收与补贴。然而，争取转移的游说博弈最终导致了游说者的囚徒困境。事实上，在适当的附加假定下，我们发现，政府攫取了共同代理关系中的所有收益。这表明，如果游说集团事先参与制定游说的"宪法"，它们可能会达成一致，不对一次性转移支付进行游说。这就为经济上低效率政策的工具——如生产补贴——的运用开辟了道路。在政治均衡中，这也违反了生产有效性原则，而与规范均衡中重要的一般特征相反（Diamond and Mirrlees, 1971）。

1.2 一般理论

考虑如下问题。存在委托人集合 L。对于 $i \in L$，委托人 i 都有连续偏好 $U^i(\mathbf{a}, c_i)$，其中，向量 $\mathbf{a}$ 表示代理人的活动，标量 c_i 表示委托人 i 对代理人的支付。每个委托人的偏好函数是其对代理人支付的减函数。代理人的连续偏好函数为 $G(\mathbf{a}, \mathbf{c})$，其中，$\mathbf{c}$ 是委托人的支付向量。函数 G 随 $\mathbf{c}$ 中的每个元素递增。这样，对任何给定的活动而言，每个委托人都不愿意捐献，而每个代理人却愿意收到捐献。一般情况下，他们关于活动的偏好并没有限制，但是我们将会对下面的结果给出某些特殊限制。我们将函数值 $U^i(\mathbf{a}, c_i)$ 和 $G(\mathbf{a}, \mathbf{c})$ 分别定义为委托人和代理人的效用水平。

委托人 i 可以从集合 $\mathscr{C}_i$ 中选择支付函数 $C_i(\mathbf{a})$，代理人可以从集合 $\mathscr{A}$ 中选择 $\mathbf{a}$。集合 $\mathscr{C}_i$ 和 $\mathscr{A}$ 描述了可行性和制度约束。例如，从可行性考虑，$\mathscr{C}_i$ 可能只包括提供给委托人 i 非负的收益；或者，它只包含一个非负函数，这意味着委托人要支付给代理人，而不是相反，从而描述了一种制度约束；它可能只包含支付的递增函数，从而描述了另一个制度约束。同样，$\mathscr{A}$ 可能描述了对代理人活动的制度和可行性约束。例如，如果 $\mathbf{a}$ 中的元素等于 1 加从价税率，那么可行性要求 $\mathscr{A}$ 只包含非负向量。

对于可行的支付函数集合，我们始终坚持以下假定：

假定 1：如果 $C_i \in \mathscr{C}_i$，那么对于所有的 $\mathbf{a} \in \mathscr{A}$，满足 $C_i(\mathbf{a}) \geqslant 0$。其中，每个支付函数 C_i^* 满足：（ⅰ）对于所有的 $\mathbf{a} \in \mathscr{A}$，$C_i^*(\mathbf{a}) \geqslant 0$；（ⅱ）对于所有的 $\mathbf{a} \in \mathscr{A}$，$C_i^*(\mathbf{a}) \leqslant C_i(\mathbf{a})$，并且 C_i^* 也属于 $\mathscr{C}_i$。

解释：委托人对代理人的支付必须是非负的，并且如果支付函数是可行的，所有"更小"的支付函数也是可行的。这符合大多数相关经济应用的要求。

第1章 共同代理和协作：一般理论及其在政府政策制定中的应用

1.2.1 均衡

我们的目标是构建和研究两阶段博弈的均衡概念。在第二阶段，给定所有委托人的支付函数，代理人按照最优原则选择活动。在第一阶段，每个委托人选择支付安排，并且知道所有其他委托人也同时、非合作地选择他们自己的支付安排，并且能够预测第二阶段代理人的反应。

我们将采用上标° 表示与均衡相关的变量。既然博弈是非合作的，我们必须从"候选人"开始分析这类均衡，并且研究允许策略从此衍生的结果，一次研究一个参与者。为达到这个目的，我们将建立以下表达方式：$\mathbf{C}°(\mathbf{a})$ 表示元素为 $C_j°(\mathbf{a})$ 的捐献向量，其中所有的 $j \in L$；$(\{C_j°(\mathbf{a})\}_{j \neq i}, c)$ 表示第 i 个元素被 c 替代的向量，并且对于所有其他元素 $j \neq i$ 都表示为 $C_j°(\mathbf{a})$。有时候，c 自身也表示委托人 i 的其他支付函数 $C_i(\mathbf{a})$ 的值。

我们从定义委托人的最优反应策略开始。

定义1：支付函数 $C_i° \in \mathscr{C}_i$ 和活动 $\mathbf{a}_i° \in \mathscr{A}$ 是委托人 i 对其他委托人支付函数 $\{C_j°\}_{j \in L, j \neq i}$ 的最优反应，如果

$$\mathbf{a}_i° \in \arg\max_{\mathbf{a} \in \mathscr{A}} G[\mathbf{a}, \mathbf{C}°(\mathbf{a})]$$

并且不存在支付 $C_i \in \mathscr{C}_i$ 和行动 $\mathbf{a}_i \in \mathscr{A}$，使得（i）$U^i[\mathbf{a}_i, C_i(\mathbf{a}_i)] > U^i[\mathbf{a}_i°, C_i°(\mathbf{a}_i°)]$ 和（ii）$\mathbf{a}_i \in \arg\max_{\mathbf{a} \in \mathscr{A}} G[\mathbf{a}, (\{C_j°(\mathbf{a})\}_{j \neq i}, C_i(\mathbf{a}))]$。

解释：在候选人均衡的点，对委托人 i 的最优反应计算假定了所有其他委托人同时选择的策略（支付函数）固定不变，并且意识到，在第二阶段，与委托人 i 提出的任何偏函数一起，代理人将针对所有的支付函数最优化。将代理人的预期反应考虑在内，如果委托人 i 不能找到将为其带来更好结果的其他可行支付函数，那么对委托人 i 而言，最初的备选支付函数 $C_i°$ 对所有其他委托人的备选函数 $C_j°$ 将是最优反应。如果代理人的最优反应并不惟一，我们让委托人在代理人

的最优反应集合中指定活动。

接下来,我们定义均衡。这是两阶段子博弈精炼纳什均衡的标准定义;在上面刚刚提到的非惟一性情况下,对于均衡,我们要求所有的委托人将自愿指定同一个活动 $\mathbf{a}^\circ$。

定义 2:共同代理问题的均衡包含可行支付函数向量 $\mathbf{C}^\circ = \{C_i^\circ\}_{i \in L}$ 和政策向量 $\mathbf{a}^\circ$ 使得对任何 $i \in L$,支付函数 C_i° 和行动 $\mathbf{a}^\circ$ 都是委托人 i 对其他委托人支付函数 $\{C_j^\circ\}_{j \in L, j \neq i}$ 的最优反应。

下面的结果提供了一个对均衡的描述。

命题 1:支付函数向量 $\mathbf{C}^\circ = \{C_i^\circ\}_{i \in L}$ 和政策向量 $\mathbf{a}^\circ$ 形成均衡,当且仅当:(ⅰ) $C_i^\circ \in \mathscr{C}_i$,其中,所有的 $i \in L$;(ⅱ) $\mathbf{a}^\circ = \arg\max\limits_{\mathbf{a} \in \mathscr{A}} G[\mathbf{a}, \mathbf{C}^\circ(\mathbf{a})]$;(ⅲ) 对任何的 $i \in L$,

$$[\mathbf{a}^\circ, C_i^\circ(\mathbf{a}^\circ)] \in \arg\max\limits_{(\mathbf{a},c)} U^i(\mathbf{a}, c) \tag{1}$$

其中,$\mathbf{a} \in \mathscr{A}$,对某些 $C_i \in \mathscr{C}_i$,满足 $c = C_i(\mathbf{a})$,并且

$$G[\mathbf{a}, (\{C_j^\circ(\mathbf{a})\}_{j \neq i}, c)] \geqslant \sup\limits_{\mathbf{a}' \in \mathscr{A}} G[\mathbf{a}', (\{C_j^\circ(\mathbf{a}')\}_{j \neq i}, 0)] \tag{2}$$

解释[3]:条件(ⅰ)和(ⅱ)必须满足于形成最优反应的所有支付安排和行动。要求(ⅲ)是命题 1 的关键方面:它集中于代理人和其中一个委托人的关系,并且有助于决定均衡实现时该关系中的多个潜在代理人如何得到分配。

从委托人 i 的视角来检验这个情况。他将其他所有委托人 $j \neq i$ 的策略给定,考虑自己的选择。他给代理人提供的效用水平至少必须等于该代理人能够从外部获得的效用,即当委托人 i 不提供任何东西时,对所有其他委托人提出的支付函数做出最优反应。这是约束条件(2)所表达的内容。在这个约束条件的限制下,委托人 i 可以向代理人提出活动建议,以及最大化自身效用的可行支付。那是等式(1)的内容。命题 1 表明,每个委托人受约束的最大化与以前定义的均衡等价。

第1章 共同代理和协作：一般理论及其在政府政策制定中的应用

我们结果背后的直观感觉可以在图1—1的帮助下得到说明。为了直观，假定行动都是标量。曲线 G_iG_i 描述了行动的集合 **a**（用横轴表示）和委托人 i 的支付 c_i（用纵轴表示），它反映了在其他委托人捐献函数给定时，代理人的固定效用水平。图中的无差异曲线描述了，委托人 i 不论什么情况都不捐献时（其支付函数与横轴一致），代理人能够得到的最高福利；然后代理人选择与图中 A_{-i} 点相关的行动。阴影矩形描述了可行行动与可行支付水平的联合（存在关于支付的递增曲线，支付必定是非负的，并且行动被限制在线上与线下）。如果考虑到代理人选择采取行动 A_{-i}，委托人 i 所能做的最优事情就是设计一个制度安排，诱导代理人选择阴影区域中位于无差异曲线 G_iG_i 上面或其中的点。假定委托人的福利随行动不断上升，那么，他的无差异曲线就向右上方倾斜。在这种情况下，他将选择 G_iG_i 曲线上升部分的可行点，该点表示委托人的最高福利水平，即无差异曲线 U_iU_i 和 G_iG_i 的切点 A。从图中可以很容易地看出，委托人是如何构造诱导代理人选择 A 点的支付计划的。例如，他可能提供一个与横轴一致的计划直到 A_{-i} 右边的某些点，并且上升到与 G_iG_i 在 A 点相切，但不穿过那条曲线。

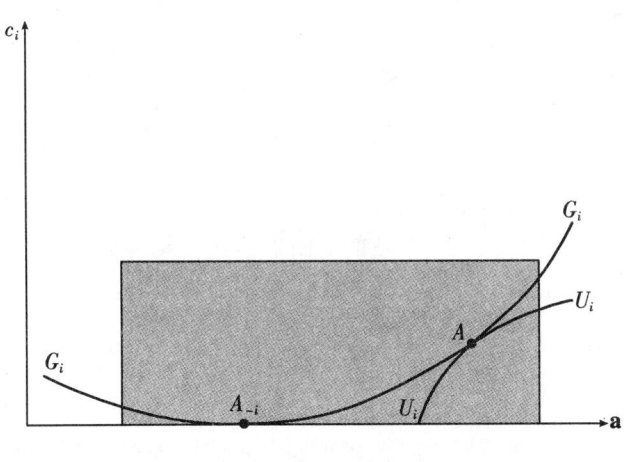

图 1—1

命题 1 的推论：让 ($\mathbf{C}^\circ$, $\mathbf{a}^\circ$) 表示均衡，那么对每一个 $i \in L$，

$$G[\mathbf{a}^\circ, \mathbf{C}^\circ(\mathbf{a}^\circ)] = \sup_{\mathbf{a} \in \mathscr{A}} G[\mathbf{a}, (\{C_j^\circ(\mathbf{a})\}_{j \neq i}, 0)]$$

解释：这说明，均衡时代理人的效用水平与任何一个委托人捐献为零时他能够得到的效用相同，同时所有其他人都保持他们的均衡支付函数，而代理人选择其最优行动来应对这种背离。这一直觉知识隐含在命题中对条件（ⅲ）的讨论上。每个委托人必须确保代理人得到与其外部机会相等的效用；根据委托人的利益，不再向代理人捐献更多。

1.2.2 真实均衡

上面的模型有多个子博弈精炼纳什均衡，其中一些可能是无效率的。就像在贝纳姆和惠斯顿（1986），我们现在发展选择均衡的精炼方法，这些均衡能够实现帕累托有效行动（帕累托有效概念当然受到有效行动集合的约束）。

我们考虑每个委托人都给代理人提供一个真实支付函数时可能出现的均衡。对委托人 i 而言，真实支付函数为代理人从每次行动变化中得到的回报，假定代理人行动变化前后支付都严格为正，那么回报的数量将恰好等于委托人福利的变化量。换句话说，支付安排的形状反映了委托人无差异曲面的形状。然后，委托人为所有能够诱致正支付 $C_i(\mathbf{a}) > 0$ 的行动 $\mathbf{a}$ 得到同样的效用；支付恰好就是补偿变量。我们表明，共同代理博弈有均衡，其中，所有委托人追随真实策略，并且这样一个均衡是帕累托有效的。我们称这个均衡为真实均衡。

集中于真实均衡好像是受严格限制的，但能够以几种方式进行调整。首先，对 $L-1$ 个委托人的任何可行的而非对委托人 i 的最优反应策略集合，包含一个真实支付函数。这样，每个委托人实际上都不承担源于真实策略的成本，不论他对其他参与者的预期如何。那么，真实策略中的均衡能够实现帕累托有效行动，这一结果可能使这类策

第1章 共同代理和协作：一般理论及其在政府政策制定中的应用

略集中于委托人集团。第二，既然集合中不存在不完全信息，参与者就"没有什么隐瞒的"，并且真实策略提供了实现效率的简单工具，没有任何一个参与者放弃为自己获取尽可能多利益的权利。

还要注意，我们不将可行的支付函数空间在一开始就限定在真实空间中；在真实均衡中，当可行支付函数的空间是假说 1 中较大的一个时，每个委托人的真实策略对其竞争对手都是最优反应。这样，当这个策略恰好真实时，我们就有了完全意义上的均衡。

现在，我们接着模型化这种思想和结果。

定义 3：对于委托人 i 而言，如果

$$C_i^T(\mathbf{a}, u_i^*) \equiv \min\{\overline{C}_i(\mathbf{a}), \max[0, \varphi_i(\mathbf{a}, u_i^*)]\}$$

$$\text{对所有} \quad \mathbf{a} \in \mathscr{A} \qquad (3)$$

那么，支付函数 $C_i^T(\mathbf{a}, u_i^*)$ 相对于不变效用 u_i^* 是真实的。

其中，φ_i 通过隐函数定义，对所有的 $\mathbf{a} \in \mathscr{A}$，满足 $U^i[\mathbf{a}, \varphi_i(\mathbf{a}, u_i^*)] = u_i^*$；并且对所有的 $\mathbf{a} \in \mathscr{A}$，$\overline{C}_i(\mathbf{a}) = \sup\{C_i(\mathbf{a}) | C_i \in \mathscr{C}_i\}$。

解释：φ_i 的定义是补偿变量的基本含义。等式（3）只是确保真实支付函数也满足可行支付的上下限。注意：真实策略中的竞争归结为不变函数 $\{u_j^*\}_{j \in L}$ 的非合作选择，这决定了委托人的均衡支付。

命题 2：委托人 i 对其他委托人支付函数 $\{C_j^o(\mathbf{a})\}_{j \in L, j \neq i}$ 的最优反应包含真实支付函数。

解释：这个结果可以通过前面提到的图 1—1 来说明。除 i 外，委托人通过其支付提供，造成代理人的无差异曲线 G_iG_i。这些提供也许是真实的，也许不是。在任何情况下，对委托人 i 的最优反应集合包含了所有引致与 A 点相关的行动和捐献的支付函数。这个集合中的一个真实策略是与横轴一致的支付函数，从原点一直到其与 U_iU_i 的交点，并且此后与 U_iU_i 完全一致。

定义 4：真实均衡是一个均衡，其所有支付函数相对于均衡福利水平是真实的。

命题 3：让 $(\{C_i^T\}_{i\in L}, \mathbf{a}^\circ)$ 表示真实均衡，其中，对所有的 $i\in L$, u_i° 表示委托人 i 的均衡效用水平。接下来，$(\{u_i^\circ\}_{i\in L}, \mathbf{a}^\circ)$ 的特征为：（ⅰ）$\mathbf{a}^\circ = \arg\max\limits_{\mathbf{a}\in\mathscr{A}} G[\mathbf{a}, \{C_i^T(\mathbf{a}, u_i^\circ)\}_{i\in L}]$；（ⅱ）对所有的 $i\in L$,

$$G[\mathbf{a}^\circ, \{C_i^T(\mathbf{a}^\circ, u_i^\circ)\}_{i\in L}] = \max_{\mathbf{a}\in\mathscr{A}} G[\mathbf{a}, (\{C_j^T(\mathbf{a}, u_i^\circ)\}_{j\neq i}, 0)]$$

解释：对真实均衡的情况而言，这只是对命题 1 推论的重述，是对上面给出解释的应用。附加的优点在于其实际应用。如果我们尽力运用那个推论决定均衡，我们将不得不同时解决所有支付函数的条件，这是一个复杂的定点问题，并且会有很多解。在命题 3 中，等式的反应集合涉及均衡效用量。因此，它们构成了更简单的同时发生的相等问题，它们的解通常是局部决定的，并且在应用中通常是惟一的。我们将在下一部分考虑这一应用。

现在，我们分析真实均衡策略中的均衡实施有效行动的问题。

命题 4：让政策向量 $\mathbf{a}^\circ$ 和与关于效用水平 $u_i^\circ = U^i(\mathbf{a}^\circ, C_i^\circ(\mathbf{a}^\circ))$ 的真实支付函数向量 $\mathbf{C}^\circ$ 构成一个真实均衡。那么，不存在行动和支付向量，使得下列条件满足：（ⅰ）可行性：对所有的 $i\in L$, $\mathbf{a}^* \in \mathscr{A}$; $0 \leq c_i^* \leq \bar{C}_i(\mathbf{a}^*)$；（ⅱ）帕累托改进：

$$G(\mathbf{a}^*, \mathbf{c}^*) \geq G[\mathbf{a}^\circ, \mathbf{C}^\circ(\mathbf{a}^\circ)],$$
$$U^i(\mathbf{a}^*, c_i^*) \geq U^i[\mathbf{a}^\circ, C_i^\circ(\mathbf{a}^\circ)], \quad \text{其中，} \quad i\in L$$

至少存在一个严格不等式。

解释：假定存在这类行动 $\mathbf{a}^*$ 和支付向量 $\mathbf{c}^*$。既然委托人 i 必须至少与均衡时 $\mathbf{a}^*$ 和 c_i^* 一样好，并且既然其均衡支付安排是真实的，c_i^* 可能不比均衡安排下行动 $\mathbf{a}^*$ 引致的支付更大，即 $c_i^* \leq C_i^T(\mathbf{a}^*, u_i^\circ)$。因此，具有货币正边际效用的代理人，不可能严格偏好 $\mathbf{a}^*$ 和 $\mathbf{c}^*$，而不选择均衡值，因为 $\mathbf{a}^*$ 和 $\{C_i^T(\mathbf{a}^*, u_i^\circ)\}_{i\in L}$ 的联合是有效的，并且他已经选择了 $\mathbf{a}^\circ$ 和 $\mathbf{C}^\circ(\mathbf{a}^\circ)$。因此，可以得出：是委托人 i

严格偏好 $\mathbf{a}^*$ 和 c_i^*，而不选择均衡行动和均衡支付。但是，委托人没有遵守命题 1 的要求（ⅲ）：他应该通过捐献 c_i^* 要求代理人选择 $\mathbf{a}^*$。代理人很愿意这样做，因为他也愿意从所有其他委托人 j 得到真实捐献 $C_j^T(\mathbf{a}^*, u_j^\circ)$，这个捐献将大于或等于上面讨论到的 c_j^*。因此，不存在这样的 $(\mathbf{a}^*, \mathbf{c}^*)$。

1.2.3 准线性偏好

当所有参与者的偏好对支付都是线性的时候，上面的均衡可能会受到进一步约束。特别是，在这个案例中，行动独立于分配。

命题 4 的推论 1：让偏好函数具有准线性形式：

$$U^i(\mathbf{a}, c_i) = \omega^i(\mathbf{a}) - \kappa_i c_i, \quad \text{其中所有的 } i \in L$$

并且

$$G(\mathbf{a}, \mathbf{c}) = \Gamma(\mathbf{a}) + \gamma \sum_{i \in L} c_i$$

考虑一个真实均衡。其中，行动是 $\mathbf{a}^\circ$，所有支付都在内部：$0 < C_i^\circ(\mathbf{a}^\circ) < \bar{C}_i(\mathbf{a}^\circ)$，那么，

$$\mathbf{a}^\circ = \arg\max_{\mathbf{a} \in \mathscr{A}} \frac{\Gamma(\mathbf{a})}{\gamma} + \sum_{i \in L} \frac{\omega_i(\mathbf{a})}{\kappa_i}$$

解释：由于是准线性偏好，均衡行动最大化了委托人和代理人总福利水平的加权和。这个结果在应用于像格罗斯曼和赫尔普曼（1994）这样的政治经济学中是有用的。在那篇文章中，代理人是制定关税政策向量的政府，委托人是代表特殊部门生产要素所有者的利益集团。政府的目标被假定为对投票人的总福利和能够从特殊利益集团中收到的总运动捐献是线性的。这个推论预测了使投票人和利益集团简单加权和最大化的保护结构。

1.3 在政府政策制定中的应用

就像我们在"序言"中提到的,共同代理经常出现于形成经济政策的政治过程中。政策制定者经常被看作是代理人,并且他们中的一些或全部被看作委托人。在某些对有效政策和可行支付的预定限制内,委托人能够通过许诺以政策作为回报的支付,"游说"政策制定者。支付可以采取非法贿赂的形式,也可以采取更加典型的、比较隐蔽的(因而是合法的)运动资助形式。在这些背景下,我们会很自然地认为政府的目标函数涉及前面讨论的社会福利和总捐献收益。政府关心社会福利,可能是因为伦理原因,也可能是希望改善选民的生活水平以提高再次当选的预期,也可能是为了保持平民百姓足够安康以防动乱,等等。这类捐献可能会进入政府的目标中,因为它们会影响其再次当选的机会,或者仅仅作为治理精英私人消费的效用。因此,我们假定 $G(\mathbf{a}, \mathbf{c}) = g(\mathbf{u}, c)$,其中,$\mathbf{u}$ 表示所有个人效用的向量,并且 $c = \sum_{i=1}^{n} c_i$ 表示政府得到的总捐献。在所有讨论中,我们假定 g 严格递增且严格准凹。[4]

让 L 表示能够为获得特殊优待而游说政府的个人集合。我们假定 L 是外生的:某些个人可能与政治家有个人联系,或者某些个人集团能够解决集体政治行动中的搭便车问题,而其他不能。[5] 如果 $i \notin L$,那么 $C_i(\mathbf{a}) \equiv 0$。对于 $i \in L$,可行的捐献上限 $\bar{C}_i(\mathbf{a})$,是通过 $U^i[\mathbf{a}, \bar{C}_i(\mathbf{a})] = \underline{u}_i$ 隐含定义的,其中对个人 i 而言,$\underline{u}_i$ 是最低或保留效用水平。

对这个游说博弈的结果,命题 4 具有特别重要的含义。

命题 4 的推论 2:让代理人的偏好由 $G(\mathbf{a}, \mathbf{c}) = g(\mathbf{u}, c)$ 给出,其中,$c = \sum_{i=1}^{n} c_i$。鉴于 $i \notin L$,$C_i(\mathbf{a}) \equiv 0$,让个人集合 $L \subset \{1, 2, \cdots, n\}$ 提供支付安排 $\{C_i(\mathbf{a})\}_{i \in L}$。最后,对于 $i \in L$,关于效用

第1章 共同代理和协作：一般理论及其在政府政策制定中的应用

水平 $u_i^o = u_i[\mathbf{a}^o, C_i^o(\mathbf{a}^o)]$，政策向量 $\mathbf{a}^o$ 和支付函数向量 $\mathbf{C}^o$ 是真实的，它们构成真实均衡，当 $i \notin L$ 时，$u_i^o = u_i(\mathbf{a}^o, 0)$。那么，不存在其他政策向量 $\mathbf{a}' \in \mathscr{A}$，使得对所有的 $i \in \{1, 2, \cdots, n\}$ 而言，$u_i(\mathbf{a}', c_i^o) \geqslant u_i^o$。其中，对某些 i 而言，不等式严格成立。

解释：推论是说，即使在来自有组织特殊利益集团子集合游说的压力下，对社会福利进行某些考虑的政府也会从可行的政策集合中做出帕累托有效的选择。由于真实支付安排，政府有激励接受捐赠，并且这样做是有效率的。如果政府的目标明确权衡社会所有成员的福利状况，那么对政府和游说者的效率会在总体上转变为帕累托有效的政策。[6]

区分前面命题4和推论2意义上的效率是重要的。在前面，只考虑了博弈中积极参与者（游说集团或政府）的福利。当后台存在其他人，并且不是策略参与者（游说博弈中的委托人）时，他们福利中的无效率可能会得以保持，这种情况完全可能存在。在命题4的推论2中，政府的目标函数赋予这些个人的福利水平某个权重，因此，不论游说是否发生，对得自游说集团的收益水平，都将采取对所有个人有效率的行动。

我们结果的含义可以在简单而熟悉的经济应用中最清楚地看出。现在我们考虑一个按照戴蒙德和米尔利斯（Diamond and Mirrlees, 1971）方式分析的税收和转移支付规范理论的实证类比情况。我们将他们分析的情况扩展到政府不仅关心总福利，而且关心能够得到运动捐献的情况。[7]

为简化说明，我们假定的例子是一个开放经济的小国。$\mathbf{p}^\omega$ 是表示世界价格的外生向量，$\mathbf{q}$ 和 $\mathbf{p}$ 分别表示国内消费者和生产者面临的价格向量。那么 $\mathbf{q} - \mathbf{p}^\omega$ 表示消费税率（负元素表示补贴）的隐含向量，$\mathbf{p} - \mathbf{p}^\omega$ 表示生产者补贴率（负元素表示税收）的隐含向量。因此，政府的税收和补贴政策等价于选择 $\mathbf{q}$ 和 $\mathbf{p}$。政府也能够对任何或所有个人进行一次性转移支付或征收一次性税收；让由元素 t_i 组成

的 **t** 表示这种转移支付（负元素为税收）的向量。为简化起见，我们不考虑其他任何政府行动。

存在几个企业 $f \in M$，利润函数为 $\psi^f(\mathbf{p})$。个人 i 拥有企业 f 的外生份额 ω_{if}，并因此能够获得利润收入 $\pi^i(\mathbf{p}) = \sum_{f \in M} \omega_{if} \psi^f(\mathbf{p})$。让 c_i 表示个人 i 对政府的游说支付，其中 $i \in L$。如果 $i \notin L$，则 $c_i \equiv 0$。个人 i 的收入为 $I_i \equiv \pi^i(\mathbf{p}) + t_i - c_i$，并且我们可以将间接效用函数记为 $u_i = V^i(\mathbf{q}, I_i)$。我们假定每个 V^i 对 I_i 都是严格递增、严格凹性的。这些一次性总付的收入 I_i 不必是非负的，因为个人从要素服务的销售中得到额外收入。存在其他一些对 I_i 的游说者限制。[8]然而，我们假定"稻田条件"，当接近更低限时，收入的边际效用 $V^i_I(\mathbf{q}, I_i)$ 趋向无穷大。因此，边界限制永远不可能达到，在下面的分析中我们将忽略这一点。

我们应该强调游说的支付不进入政府的税收和支付预算。这个预算反映了政府行为的"公共"或政策部分进入独立的"私人"或政治公共基金。他们也可能被执政党用于再选举运动或者被执政的独裁者用于自己消费。

现在，我们可以认为，政府选择 $\mathbf{a} = (\mathbf{q}, \mathbf{p}, \mathbf{t})$ 来最大化（公共的和政治的）预算约束条件下的 $g(\mathbf{u}, c)$。这就把问题放在了我们关于政府政策制定模型的框架中。命题 4 的推论 2 告诉我们，在一个补充性的问题中，均衡行动实现了帕累托效率结果，游说支付被固定在均衡水平；政府选择是标准规范的最优税收和转移支付问题。其中，我们知道，如果一次性总付的转移支付是有效的，扭曲性的商品税和补贴将不会被运用。因此，我们已经表明，政治均衡也保持 $\mathbf{q} = \mathbf{p} = \mathbf{p}^\omega$，并且只运用一次性转移支付 **t**，为的是从游说中得到捐献，并满足政府对没有参与游说的个人之福利的考虑。

在读者形成我们已经建立的对税收政策政治过程普遍有效分析模型的信念之前，我们已经提出警告，分析尚不完全。还未检验政治均

第 1 章 共同代理和协作：一般理论及其在政府政策制定中的应用

衡中游说和政府之间的收益分配问题；那个分析可能引起对有效率均衡作为政治现实描述的怀疑。

命题 3 的条件（ⅱ）有助于我们计算个人效用水平 u^o 和政府从游说中得到的收益。这个条件说明，在均衡中，政府的效用应该等于它能够得到的，而这是通过对所有游说者——除了一个游说者什么也不捐献之外——的均衡支付计划做出最优化反应的结果。这样形成的等式将得到同时解决。

运用我们的有效率结果，设定 $\mathbf{p} = \mathbf{q} = \mathbf{p}^{\omega}$，并且从不同的函数中省略这些争论。让 $U^i(I_i) = V^i(\mathbf{p}^{\omega}, I_i)$。定义 $\pi_i = \pi_i(\mathbf{p}^{\omega})$，将其看作个人禀赋。最后，对经济中的总禀赋而言，让 $\pi \equiv \sum_{i \in N} \pi_i$，并假定为正。那么，非游说者的收入为 $\pi_i + t_i$，并且游说集团的真实捐献计划为 $C_i(t_i, u_i^o) = \max[\pi_i + t_i - E^i(u_i^o), 0]$，其中，支出函数 E^i 是效用函数 U^i 的反函数。

我们发现，当存在两个或者更多个游说集团时，其中任何一个与政府的代理关系都没有经济控制力。的确，结果确实好像是政府可能为获取政治基金而直接攫取官方预算，而根本不依赖于任何游说及其捐献。如果给予政府这方面的较多权力，它能给予任何集团任何东西的惟一原因在于其直接关心社会福利，就像关注自己的消费一样。换句话说，这样一个"不完全仁慈的独裁"政府将解决下面的最大化问题。

问题 A：$\max_{I,c} g(U^1(I_1), \cdots, U^n(I_n), c)$，其中，$c \geq 0$；$\sum_{i \in N} I_i + c \leq \pi$。

给定我们的假定，所有函数 $U^i(I_i)$ 满足严格递增和严格凹性，并且函数 $g(\mathbf{u}, c)$ 严格递增和拟凹，这个问题有惟一解。因为我们已经假定稻田条件，即每个个人的效用接近保留效用水平时，边际效用趋近无穷大，我们不需要再对 I_i 施加任何最低约束。

我们分析政治均衡和下面结果中不完全仁慈独裁者的选择是等

价的。

命题 5：假定集合 L 至少有两个成员。问题 A 的惟一解产生一个真实均衡。而且，如果所有的函数 $U^i(\cdot)$ 和 $g(\cdot)$ 是可微分的，那么任何真实均衡可以解决问题 A（并且因此是惟一的）。

解释：在代理关系中的政府力量源于这样一个事实，如果任何一个游说集团从其行动中退出，政府将从与其他游说者的交易中获得同样多的总捐献。政府只需将对不同游说集团的转移支付缩减一个等于那个游说者捐献数量的数量，并且改变对其他一些游说集团的优待。既然其他所有人都有真实支付安排，政府将收回调整后的转移支付的总数量作为从它们那里得到的额外捐献。因而，从政府的角度看，所有的游说作为捐助的源泉都是完全可以相互替代的，因而，它们其中任何一个抽回捐助都不会对政府造成伤害。政府将隐含地运用可置信威胁，将任何一个游说集团排挤出交易，而对其本身不会有任何成本。[9]

思考这个问题的一个可替代方式是，真实安排在游说集团之间形成伯特兰类型的竞争（Bertrand-like competition）。在这个结果均衡中，它们为了得到政府转移支付中的每一美元而相互出更高价格，直到每一方的出价都等于其能够得到的全部美元为止。

如果游说集团不游说，而其他非游说集团积极游说，其结果对游说集团而言不会乐观。这对某些游说集团来说是个可悲的结果。每个游说集团单方面断绝其游说活动可能会得到同样的结果。然而，这种所有游说者单方面断绝游说的情况将不是均衡结果，因为从这一点开始，每一方都希望游说，这构成了囚徒困境的核心！

注意，我们的结果要求至少存在两个游说集团：如果一方出现背离，政府能够找到另一个替代以"完成该交易"。如果只存在一个游说集团，如果那个游说集团出现背离，政府不能将其转移支付给予另一个捐献者，并收回其支付出去的每一美元。政府能够做的最好的事情就是扩展其转移支付以最大化社会福利，在均衡中，这样做不可能最好，否则它就已经这样做了。简言之，单一游说集团将获得其与政府关系中的全部剩余。[10] 但只要存在两个或更多个游说者，每个都将失去所有权力，并且政府将以捐献的形式获得全部剩余。

我们也看到，一次性总付转移支付的存在在这个讨论中非常重要。如果所有有效的再分配工具都是扭曲性的，那么为了弥补其中一个游说集团背离造成的捐献损失，政府必须提高赞成其他游说集团手段的水平。这将引起越来越大的边际扭曲，因此对政府是有代价的。额外成本是每个潜在偏差都出现在与政府交易中的权力，这种额外扭曲的等价变量等于游说者能够从均衡中攫取的剩余量。在格罗斯曼和赫尔普曼（1994）对关税和迪克西特（1996）对生产补贴的分析中，这一点得到了阐述。

这样，我们的结果——即更有效率的工具有效时就能够得以运用——支持了贝克尔（Becker, 1983）的观点，两个模型的扭曲含义是完全不同的。在贝克尔的文章（第385~386页）中，一种更有效率的工具对较低效率的工具的替代，通常允许游说者得到同样或者更好的结果，即在发挥政治压力时运用更少的资源。在我们的模型中，政府对行动的选择实现了效率，因为政府指定社会福利的权重。当应用更有效率的工具时，游说集团在竞争中实际上将很不走运。这些集团中的每一个都只得到不游说时能够得到的效用，但某个或某些集团在游说，那将比一点也不游说时甚至更遭。

最后，比较两种可以选择的政策制度，一个存在非扭曲性的一次性总付税或转移支付，另一个存在扭曲性的以交易为基础的税收或转移支付。前者中的政治均衡有更多的总产出，对每一方而言，那应该解释为更高的市场收入。但是，在这种制度中，政府得到全部剩余，它可以通过对社会中没有组织起来的集团的收税进行汲取。在另一种制度中，所有的集团通常只得到更低的市场收入，但是有组织的集团能够从政治行动中得到某些剩余。可以想像的是，在平衡状态，组织起来的利益集团在后一种制度中会更好，因此它们将一致认同将政府

· 43 ·

限制在无效率再分配政策的宪法规则上。这样，我们的模型表明了一种新的方式，通过它，扭曲的政策可能作为政治均衡出现。[11] 这好像是一个值得将来认真研究的有趣问题。

【注释】

[1] 这一点与科斯定理类似，在准线性效用下（不存在收入对活动的影响），资源配置与产权的初始分配无关。

[2] 与科斯定理类似或者其核心与不可转移效用类似也应该是明显的。然而，我们应该强调，我们的结果是非合作博弈均衡，而不是合作解概念。

[3] 为节省篇幅，我们在这里只给出对这个假说的口头和直观解释；更正式的证明可参照我们的工作论文（Dixit, Grossman, and Helpman, 1996）。

[4] 经常在经济模型中出现的特殊情况是，个人效用通过伯格森-萨缪尔森形式的社会福利函数表达出来：

$$w = W[u_1(\mathbf{a}, c_1), u_2(\mathbf{a}, c_2), \cdots, u_n(\mathbf{a}, c_n)]$$

并且 $G(\mathbf{a}, \mathbf{c}) = g(w, \mathbf{c})$。但是，就我们的目的而言，更一般的形式 $g(\mathbf{u}, \mathbf{c})$ 足矣。

[5] 实际上，大多数游说是通过这类联盟进行的。在我们的模型中，如果个人集团能够安排最优的内部转移计划，它可以被看作是萨缪尔森形式的总体"个人"。

[6] 从命题4也能够得出，不存在政策向量 $\mathbf{a}$ 和捐献 $\mathbf{c}$，能够使政府和所有游说者与非游说者至少与在政治均衡时一样好，并且某些个人或政府福利得到严格改善。在这个意义上，政治结果达到有效政策工具集合给出的次优效率。

[7] 这里省略了这个模型，更详细的分析见我们的工作论文（Dixit et al, 1996）。

[8] 这个约束可能依赖于价格向量 $\mathbf{q}$，并且由条件 $V^i(\mathbf{q}, I_i) = \underline{u}_i$ 定义，其中，$\underline{u}_i$ 是最低或保留效用水平。

[9] 在博弈论意义上，这不是一个明显的威胁，因为政府没有采取任何形成其暂时反应的先验行动；正确的反应碰巧是其事后的最优行动。

[10] 单一游说集团从其假定的赢者通吃提供的能力中获得权力。如果游说者和政府对捐献的规模进行谈判，那么它们就在双边关系中分享剩余。

第 1 章　共同代理和协作：一般理论及其在政府政策制定中的应用

[11] 哈蒙德（Hammond, 1979）认为，由于信息原因，个人化的一次性总付转移支付是可行的。对信息原因的讨论也可以看 Coate and Morris（1995），对政治过程为何运用无效率工具的原因探讨可以参考 Dixit and Londregan（1995）。

参考文献

Becker, Gary S. (1983). A theory of compensation among pressure groups for political influence. *Quarterly Journal of Economics* 98 (August):371–400.

Bernheim, B. Douglas, and Whinston, Michael D. (1986). Menu auctions, resource allocation, and economic influence. *Quarterly Journal of Economics* 101 (February):1–31.

Coate, Stephen, and Morris, Stephen (1995). On the form of transfers to special interests. *Journal of Political Economy* 103 (December): 1210–1235.

Diamond, Peter A., and Mirrlees, James A. (1971). Optimal taxation and public production. 2 pts. *American Economic Review* 61 (March): 8–27;(June):261–278.

Dixit, Avinash K. (1996). Special-interest lobbying and endogenous commodity taxation. *Eastern Economic Journal* 22 (fall):375–388.

Dixit, Avinash K., Grossman, Gene M., and Helpman, Elhanan (1996). Common agency and coordination:General theory and application to tax policy. Discussion paper no.1436. Centre for Economic Policy Research.

Dixit, Avinash K., and Londregan, John B. (1995). Redistributive politics and economic efficiency. *American Political Science Review* 89 (December):856–866.

Grossman, Gene M., and Helpman, Elhanan (1994). Protection for sale. *American Economic Review* 84 (September):833–850.

Hammond, Peter J. (1979). Straightforward individual incentive compatibility in large economies. *Review of Economic Studies* 46 (April):263–282.

第 2 章　选举竞争与特殊利益政治学*

2.1　引　言

在许多代议制民主国家，特殊利益集团对公共政策的形成发挥着巨大作用。许多工业化国家的贸易政策支持服装、纺织

---

* 本文由格罗斯曼和赫尔普曼共同完成。最初发表在《经济研究评论》（*Review of Economic Studies*）第 63 卷（1996 年 4 月号）：265～286 页。版权（1996）属《经济研究评论》。这里得到许可重印。我们感谢 T. 贝斯雷、A. 迪克西特、I. 杰维特和 T. 皮尔森（Tim Besley, Avinash Dixit, Ian Jewitt, Torsten Persson）和两位匿名审稿人的有益评论与建议。感谢国家科学基金和美—以两国科学基金的资助。格罗斯曼同时感谢 John S.Guggenheim 纪念基金会、Sumitomo 银行基金、Daiwa 银行基金和普林斯顿大学的国际研究中心。本文的一部分是作者在访问意大利米兰的 Innocenzo Gasparini 经济研究所、意大利佛罗伦萨的欧洲大学研究时完成的。无须多说，这些地方都提供了非常舒适的研究环境。

品和重工业中的既得利益集团。它们的农业政策给农民提供了多种形式的收入支持。健康和安全措施一方面表明地方保险业的许可，另一方面表明强有力的工会的许可。制造业主对大量的环境和管制政策已经牢骚满腹，认为政治过程只服务于中间选民的利益，这一点好像很困难。

利益集团通过多种手段寻求政治利益。它们收集支持其地位的信息，并有效地传递给实权政治家。它们也将自己的观点公布于众，以尽力获得选民的同情。有时候，它们采取倾向于强迫而不是劝说的分裂性活动。当然，它们也捐献政党和单个候选人的运动。

本文集中讨论利益集团为影响公共政策而对运动捐献的运用。捐献可能采取现金转移或礼物的形式。在任何情况下，我们假定捐献可被候选人用于劝说和利诱那些尚未做出决定的选民。我们的目标是表明政策的性质。这些政策是在相互竞争的集团竞争政治家偏爱而政治家自身竞争选民支持的过程中形成的。

关于运动捐献的文献区分了利益集团捐献政治家和政党时的两种动机。具有选举动机的捐献者的意图是提高其偏爱的候选人当选的预期；具有影响动机的捐献者的目标是影响政治家的政策主张。我们的模型假定利益集团在捐献时具有其中的一个或两个动机。但是，我们对均衡的分析强调第二个动机。我们相信，特殊利益经常运用运动捐献来影响政治家的观点。我们在一系列文章中发现了对这个想法的经验证据，如，考和鲁宾（Kau and Rubin, 1982），弗雷姆德莱斯和沃特曼（Fremdreis and Waterman, 1985），托斯尼和托尔（Tosini and Tower, 1987）等。

我们分析的情况是：在立法机关中两个政党竞争席位。为了吸引选票，政党宣布政策主张，并致力于政治宣传和其他破费成本的运动形式。这些主张可能包括对两类政策问题的许诺。第一类是政党有强烈偏好或既定主张的情况。偏好可以反映政党的意识形态；既定主张可能是对前任的继承，例如政党为保持名声必须履行早期承诺。在任何情况下，我们都将一个政党计划的这种构成元素看作是固定不变的。作为替代，我们集中分析称之为"易受影响政策"的决定。这是一些政党没有明确偏好的政策，它们为了提高当选的预期也愿意调整自己的主张。[1]

我们分析的利益集团，是指在易受影响政策中具有共同利益的个人组成的集合。这些有组织的集团能够向一个或两个政党提供捐献。它们的捐献可能是无条件赠送的，也可能是为了影响接受者采用的政策主张。无条件的赠送用于满足捐献的选举动机；而偶然的赠送则用于满足影响动机。我们假定，利益集团虽然不能够以合法有效的契约表达其中的细节，但能够表达有条件捐献的意思。

如果利益集团选择偶尔提供捐献，它们将面对进行基本交易的政党。通过设定服务于一般利益的主张，一个政党能够吸引对某些问题具有充分信息的选民的选票。但是，通过选择适应特殊利益的政策，它可能会得到更多的捐献，而这些捐献又可以用于影响信息不足或易受影响选民的投票。我们假定，政党通过最大化其在立法机关中的代表数来解决这个交易。均衡包含两个立场和一个捐献计划集合，以至于如果给定了其他各方的预期行动，就没有集团或政党能够改善其命运。均衡的主张和相关的捐献一起决定了选举结果，反过来又决定了每个政党的主张得以实施的可能性。

本文的以下部分是这样组织的。在下一部分中，我们讨论本文与其他相关文献的关系；第3部分描述了模型的细节；第4部分分析了只有惟——个组织起来的利益集团的特殊情况；第5部分处理利益集团之间相互竞争的一般情况；最后一部分概述本文的主要结论。

2.2 相关文献

当然，关于代议制民主国家中政策决定的文献大量存在。在这一部分中，我们的目标是解释本文与其他一些具有相同主题的文章的关系。我们并不想涵盖一切。

在关于或然论投票行为的文献中，本文有一些先驱。[2]例如，埃内罗和希尼奇（Enelow and Hinich, 1982）发展了一个"空间"模型。其中，选民效用包含两个附加的可以分离的因素。一个因素与正在讨论的政策问题相关；另一个因素反映了候选人的外生特征。假定政治家不能够观察到与这一外生特征有关的个人偏好，那么，他们对任何个人如何投票都是不确定的，即使知道他或她受到了正在讨论之政策的影响。[3]

林德贝克和韦布尔（Lindbeck and Weibull, 1987）、迪克西特和伦德里根（Dixit and Londregan, 1994）运用相同的或然论投票方法，研究了将收入再分配给更狭隘选民集团的政策。他们假定，不同的利益集团对政党有不同的敏感性，并且确定了利益集团的特征，这将使一个好的候选人能够收到政治性的慷慨援助。尽管这些作者集中于分析特殊利益政治成功的因素，但他们的研究与本文有重要差别。特别是，他们没有考虑利益集团为获得优待而进行的积极竞争，而我们基本的兴趣就在于，运动捐献是如何作为这种竞争的工具被使用的。

在本文中，我们处理运动捐献的方式与格罗斯曼和赫尔普曼（1994）相同。在那篇文章中，我们的分析建立在贝纳姆和惠斯顿（Bernheim and Whinston, 1986）的基础上。他们将寻求影响的过程描述为"菜单拍卖"博弈中的一个例子。在菜单拍卖中，每个受某种行动影响的委托人都向采取该行动的代理人出价。这些出价采取了支付安排的形式，它将支付与具有可行选择的代理人联系起来。一旦代理人选择了某种行动，所有的委托人都支付此安排保证的出价。贝纳姆和惠斯顿将菜单拍卖中的均衡定义为：捐献安排集合，使得每个支付都是对所有其他支付的最优反应；代理人的行动，给定所面对的支付安排，将最大化其效用。

我们1994年的论文提供了对这种寻求影响观点的运用。我们集中分析了小国开放经济中进出口税率和补贴的决定因素。我们将政府看作许多特殊利益集团的共同代理人，每个利益集团都代表某些产业专用要素的所有者。可以假定，已经当权的政策制定者，制定贸易政策以最大化运动捐献和总福利（或者平均福利）的加权和。在这个模型中，当权政府不会面临来自竞争候选人的明确竞争，我们也没有给这种假定的目标提供任何严格的论证。

奥斯汀-史密斯（Austen-Smith，1987）和巴伦（Baron，1994）研究了与本文引起我们兴趣的非常类似的问题。这两位作者都研究了选举竞争中两党模型的政策决定，并且都对特殊利益集团运动捐献的影响感兴趣。奥斯汀-史密斯（1987）假定，政党运用运动基金降低选民对候选人政策主张的不确定性。跟我们类似，巴伦也认为运动支付将对信息不完全选民集团的投票行为产生直接影响。他们的论文与我们论文之间的差别在于，利益集团对政党捐献动机的假定。在奥斯汀-史密斯和巴伦的论文中，游说集团将政党的主张看作既定，它们为其最喜欢的政党提供捐献，目的是影响他们当选的可能性。[4][5]在这里，我们不仅没有将利益集团限制在这种选举动机上，而且也为它们提供了影响政党主张的机会。

2.3　模　型

我们考察两个政党、多个利益集团数量外生和固定连续集合选民数量的情况，我们首先描述选民的情况。

2.3.1　选民

与巴伦（1994）类似，我们区分了两类选民的行为，即具有信息和不具有信息的选民。具有信息的选民是那些在弹性政策和其他问题两方面知道和理解政党立场的那些人。这些选民的福利受最终实施政策的影响,并且很可能受到候选人和政党其他(外生的)态度的影响。例如,选民的福利可能依赖于候选人的个人特征,比如他们的能力和个人魅力,或者选民可能会由于支持某个具有历史联系的政党而得到某种愉悦。考虑到政党的政策主张和外生计划与特征,具有信息的选民将支持能为其带来更高效用的政党。在本文的模型中,对这些选民而言,这是占优策略。相比较而言,不具有信息的选民不知道或不能够估计政党对(至少是)易受影响问题的主张立场。这些选民对一个或另一个政党具有初始偏好,他们中至少有一部分会由于运动过程中能够得到的信息而摇摆不定。让 a 表示全部投票人口中这些不具有信息(也许使用"敏感的"更好)选民的比例。

接下来,考虑一个具有信息的典型选民的情况,标记为 i。这个人从政党 A 许诺的易受影响政策向量 $\mathbf{p}^A$ 中得到效用 $u^i(\mathbf{p}^A)$;从政党 B 许诺的类似政策向量 $\mathbf{p}^B$ 中得到效用 $u^i(\mathbf{p}^B)$。其中,$u^i(\cdot)$ 为连续可微的。当且仅当 $u^i(\mathbf{p}^A) - u^i(\mathbf{p}^B) \geqslant \beta^i$ 时,选民投票支持政党 A 的候选人。其中,β^i 衡量选民对政党 B 固定政策主张和相对于政党 A 而言的其他外生特征优越性(或劣势,当其为负数时)的评价。我们假定政党不能够观察到任何特定选民的事前倾向,尽管它们认为这是从已知分布 $F(\beta)$ 中得出的。而且,我们假定,对固定计划和政党与候选人其他特征的偏好分布,在统计上独立于易受影响政策对个人效用的影响。那么,两个政党都认识到个人 i 投票支持来自政党 A 的候选人的概率 $F[u^i(\mathbf{p}^A) - u^i(\mathbf{p}^B)]$。对于具有信息的候选人的连续集合,大数法则意味着支持政党 A 的具有信息的候选人的选票份额等于 $(I/n_I)\int_{i \in I} F[u^i(\mathbf{p}^A) - u^i(\mathbf{p}^B)] di$,其中,$I$ 表示具有信息的候选人集合,n_I 表示此类选民的总数量(或范围)。

不具有信息的选民也可能对一个或另一个政党存在某种偏向。然而,这种倾向会被足够多的运动游说打破。特别是,如果政党 A 在运动方面的花费比政党 B 多,某些最初倾向于支持政党 B 的选民可能会投票支持政党 A。我们用 $H(\cdot)$ 表示支持政党 A 的不具有信息的选民比例,并假定其依赖于两个政党运动总预算的差异。[6]

我们假定,议会中的席位是按照比例代表分配的。那么,政党 A 控制的立法委员的比例将与该政党获得总选票数量一致。用 s 表示这个比例,我们得出:

$$s = \frac{I-\alpha}{n_I} \int_{i \in I} F[u^i(\mathbf{p}^A) - u^i(\mathbf{p}^B)]di + \alpha H(C^A - C^B) \quad (1)$$

其中,C^K 表示政党 K 花费在运动上的总支出,$K = A, B$。

2.3.2 政党和政府

每个政党都寻求其在立法委员会的比例最大化(或者由此得出任何单调递增函数)。政党将此看作它们的目标有几个原因。例如,政党经常给其核心成员在政府及相关部门任命工作。一个政党可能会最大化其得到的捐献,并可能认识到其所控制的政治工作量和在立法机关中的席位数之间的单调关系。作为选择,一个政党可能希望履行其意识形态计划,并可能看到,成功地这样做与立法机关规模之间的正相关关系只是暂时的。当然,在两个政党和比例代表制下,最大化席位数的目标等同于在选举中最大化(期望的)相对多数的目标。这是在选举竞争文献中通常假定的一个目标。[7]

根据这个目标,政党 A 和 B 分别为了最大化 s 和 $1-s$ 而选择它们对易受影响政策的立场。它们这样做,是因为认识到它们的政策许诺将影响到其在具有信息的选民中的声望。同时,这些政策立场的选择也是考虑到组织起来的利益集团的结果,因为这些利益集团会根据不同政党采取的政策主张而调整其捐献。政党知道,它们收到的任何捐献都会运用于活动。

在选举结束之后,立法机关召集会议制定政策。我们没有将政策制定过程的任何细节都模型化。然而,我们假定每个政党都尽力实施其宣称的政策立场,并且政党成功的可能性随立法代表团的规模而单调递增。换句话说,立法机关采取可变政策向量 $\mathbf{p}^A$ 的概率为 $\varphi(s)$,采取政策向量 $\mathbf{p}^B$ 的概率为 $1-\varphi(s)$,其中 $\varphi(1/2)=1/2$,$\varphi'(s)>0$。例如,如果在议会中拥有席位的微小多数会提高一个政党成功实施其计划的预期,函数 $\varphi(s)$ 会迅速上升到超过 $s=1/2$。

尽管我们相信,下列假定是合理的,即政党的目标是最大化其在立法机关中的比例数,并且按照多数票原则,政党有时候不能够实施其计划,但附录中处理了更"纯洁"的情况。在那里,我们考察了立法机关根据严格多数票规则运作和政党寻求赢得多数票的概率最大时,政策的决定问题。为了进行这种具有选择性的分析,我们必须假定,选民数量很大但是有限,并且特殊利益集团的成员占投票人口的比例可以忽略不计。运用这些假定,以及对竞争党声望的一个进一步假定(即,如果每个政党采取的政策主张和花费的运动支出恰好相同时,它们都能够得到50%的选票),均衡政策与正文中得出的政策主张相同。[8]

2.3.3 特殊利益

特殊利益集团是对可变政策具有共同利益的选民集合。利益集团的成员在固定计划和候选人的其他特征方面存在观点差别,并且由于投票中的隐蔽性,它们只能像其他选民一样行动。虽然如此,这些人可能有激励相互合作,如果这样做能够影响政党政策主张的话。

就像奥尔森(1965)所讨论的,个人在某个或某些政策方面具有共同利益的起码事实不足以保证他们致力于集体政治行动。个人面对有成本的政治行动都存在搭其他人便车的诱惑。但是,某些利益集团能够克服这些搭便车问题,并且尽力合作进行游说活动。我们将组织起来的利益集团的数量和特征看作既定(当认识到,知道政策环境如何服务于刺激某些利益而不是其他利益是一件非常有趣的事情时),并且检验这些组织如何影响政策制定的过程。

第 2 章 选举竞争与特殊利益政治学

在我们的模型中,利益集团进行运动捐献有两个动机。首先,它们希望影响选举结果。如果某个利益集团能够提高与其自身具有相同政策主张的政党当选的预期,它就可能获得收益。其次,利益集团可能希望影响政党的政策主张,也就是说,推动候选人支持更符合集团利益的政策。如果某些利益集团的意识形态观念与所支持政党不同,其成员可能反对在第一个目标上的支出。但是,集团的所有成员在以下问题上能够达成一致,即推动两个政党朝着利益集团针对某个政策问题的共同需要变化。而且,就像我们看到的,即使当单个利益集团相对较小时,第二个动机也是可行的,以致每一方只有很小的影响选举结果的能力。

我们用 $W_j(\mathbf{p})$ 表示利益集团 j 能够从易受影响政策向量 $\mathbf{p}$ 中得到的总效用。完全可能的是,利益集团 j 的成员直接关心 $\mathbf{p}$ 中的惟一一个要素,即 p_j,并且 $\mathbf{p}$ 中其他要素对这些人只有间接影响(例如,就像必须为提供给其他利益集团的收益进行支付的纳税人),这与对普通公众的影响相同。作为选择,利益集团可能在 $\mathbf{p}$ 的几个构成要素中都有直接利益,并且不同的利益集团在共同的政策要素中也可能利害相关。如果一个利益集团的不同成员在政治家希望易受影响的问题上有共同偏好,那么 $W_j(\mathbf{p})$ 只表示利益集团 j 的成员数与代表性成员效用的乘积。在任何情况下,我们假定利益集团的成员完全按照集体行动的方式行事,并因此寻求使它们能够从运动捐献产生的易受影响政策中期望得到的联合福利最大化。用 C_j^k 表示利益集团 j 给政党 K 的捐献,我们可以将这个利益集团的目标函数表示为:

$$V_j = \varphi(s)W_j(\mathbf{p}^A) + [1 - \varphi(s)]W_j(\mathbf{p}^B) - C_j^A - C_j^B \qquad (2)$$

如果一个利益集团希望影响政党的政策许诺,它必须确保政党能够意识到其政策主张与将来能够得到的捐献规模之间的关系。利益集团不需要宣称明确的捐献作为补偿;实际上,公众可能对公开贩卖其政治影响的政治家表示反感。然而,利益集团只需要传达一个意思,即其捐献将随政党采取的政策主张而变化。我们认为政治家能够很好地理解这种关系。例如，在美国，枪支控制的支持者就不希望从联邦步枪委员会得到捐献。

我们允许利益集团在设计其捐献安排 $C_j^K(\mathbf{p}^K)$ 时，有相当大的自由。我们只假定，当捐献安排为正并且在任何情况下都不为负时，它是连续可微的。捐献安排在任何情况下都不为负的含义表示利益集团可以向政党提供资源或者拒付，但不能向政治家征税。当然，一个利益集团能够选择使其捐献独立于政策；通过这种方式，它能够提高其最喜欢的政党当选的可能性，而不使其失去任何（额外的）具有信息的选民。利益集团也会选择只给两个政党中的一个提供支持。

2.3.4 政治均衡

我们寻求两阶段非合作政治博弈的子精炼纳什均衡。在第一阶段，不同利益集团同时独立宣布它们的捐献计划，每个利益集团都向两个政党中的每一个提供捐献。在第二阶段，政党选择它们的政策主张。在政策主张设定之后，利益集团向政党提供捐献，并且各种运动都需要支付工资。然后举行选举。最后，立法机关满足政党的每一项政策主张。我们假定关于随后事件的所有预期都是准确的，并且所有的许诺都得到尊重。[9]

更正式地，我们提出下面的定义：

定义 1：一个均衡包括一对可行的政策向量（$\mathbf{p}^{Ao}$，$\mathbf{p}^{Bo}$）和一组针对每个游说者 j 的捐献安排 $\{C_j^{Ao}(\mathbf{p}^A), C_j^{Bo}(\mathbf{p}^B)\}$，使：

（i）给定 $\mathbf{p}^{Bo}$，$\{C_j^{Ao}(\mathbf{p}^A)\}$ 和 $\{C_j^{Bo}(\mathbf{p}^B)\}$，$\mathbf{p}^{Ao}$ 最大化 s；

（ii）给定 $\mathbf{p}^{Ao}$，$\{C_j^{Ao}(\mathbf{p}^A)\}$ 和 $\{C_j^{Bo}(\mathbf{p}^B)\}$，$\mathbf{p}^{Bo}$ 最大化 $1-s$；

（iii）当每个函数的值 $C_j^K(\cdot)$ 为正时，它是连续可微的，并且对所有的 $\mathbf{p}^K$，$C_j^K(\mathbf{p}^K) \geqslant 0$；

(ⅳ) 对每个 j，不存在可行的捐献安排 $\tilde{C}_j^A(\mathbf{p}^A)$ 和 $\tilde{C}_j^B(\mathbf{p}^B)$，使得

$$\varphi(\tilde{s})W_j(\tilde{\mathbf{p}}^A) + [1-\varphi(\tilde{s})]W_j(\tilde{\mathbf{p}}^B) - \tilde{C}_j^A(\tilde{\mathbf{p}}^A) - \tilde{C}_j^B(\tilde{\mathbf{p}}^B)$$
$$> \varphi(s)W_j(\mathbf{p}^{Ao}) + [1-\varphi(s)]W_j(\mathbf{p}^{Bo}) - C_j^{Ao}(\mathbf{p}^{Ao}) - C_j^{Bo}(\mathbf{p}^{Bo})$$

其中，$\tilde{\mathbf{p}}^A$ 最大化和 $\tilde{\mathbf{p}}^B$ 最小化

$$\frac{1-\alpha}{n_I} \int_{i \in I} F[u^i(\mathbf{p}^A) - u^i(\mathbf{p}^B)] di$$
$$+ \alpha H\Big[\sum_{k \neq j} C_k^{Ao}(\mathbf{p}^A) + \tilde{C}_j^A(\mathbf{p}^A) - \sum_{k \neq j} C_k^{Bo}(\mathbf{p}^B) - \tilde{C}_j^B(\mathbf{p}^B)\Big]$$

和

$$\tilde{s} = \frac{1-\alpha}{n_I} \int_{i \in I} F[u^i(\tilde{\mathbf{p}}^A) - u^i(\tilde{\mathbf{p}}^B)] di$$
$$+ \alpha H\Big[\sum_{k \neq j} C_k^{Ao}(\tilde{\mathbf{p}}^A) + \tilde{C}_j^A(\tilde{\mathbf{p}}^A) - \sum_{k \neq j} C_k^{Bo}(\tilde{\mathbf{p}}^B) - \tilde{C}_j^B(\tilde{\mathbf{p}}^B)\Big]$$

在这里，条件（ⅰ）和（ⅱ）反映了政策宣布阶段政党之间的纳什均衡，条件（ⅲ）确保没有任何一个利益集团在博弈的最初阶段在收益上出现偏离。

在定义1中隐含的一个假定是，每个政党都能够观察到利益集团提供给其他政党的捐献计划。这个假定可以随实际观察调整，在这里，"计划"更倾向于作为一种隐喻表达，而不是对明确契约的文字描述。实际上，政治支持提供给政治家的信息，以公共游说状态提供和以私人通信方式提供的数量一样多。因此，作为运动支持的补偿，对所有政党来说构成共同知识。[10]

2.3.5 函数形式

为了简化分析，我们采用特定函数形式的分布函数 $F(\cdot)$ 和运动支出有效性函数 $H(\cdot)$。我们假定，具有信息的选民对政党 B 的不可变特征和计划的相对偏好在下列区间中正态分布：

$$\left(-\frac{1}{2f}-\frac{b}{f}, \frac{1}{2f}-\frac{b}{f}\right)$$

其中，$f>0$ 表示衡量政党事前观点多样性的指标。然后得出

$$F[u^i(\mathbf{p}^A) - u^i(\mathbf{p}^B)] = \frac{1}{2} + b + f[u^i(\mathbf{p}^A) - u^i(\mathbf{p}^B)]$$

$$\text{对} \quad u^i(\mathbf{p}^A) - u^i(\mathbf{p}^B) \in \left(-\frac{1}{2f}-\frac{b}{f}, \frac{1}{2f}-\frac{b}{f}\right)$$

我们也将 $H(\cdot)$ 看作线性的，并且有 $H(C^A - C^B) = 1/2 + b + h(C^A - C^B)$，其中 $h>0$ 是反映运动支出生产率的指标。由于这种专用性，如果两个政党恰好许诺相同的可变政策，并且它们恰好在运动上支出相同，那么政党 A 将得到选票总数的 $1/2 + b$。指标 b 可以解释为选民事前支持政党 A 的偏向。如果政党 A 是执政党，我们可能有 $b>0$；如果政党 B 是执政党，那么 $b<0$。这种执政收益能够反映名义赞同以及大概这样一种感情，即"你所知道的恶魔比你不认识的要好得多"。b 也不等于 0，因为一个政党的候选人被认为能力更强或者因为其意识形态议程具有很大的公共吸引力。当 $b=0$ 时，我们说政党是同样受欢迎的。

线性的结果（除了别的以外）是，每个政党的目标函数在描述自己以及竞争对手的政策主张和运动支出水平的变量中变得相当分散。由于分散性，每个政党能够做出关于接受多少捐献提供和采用什么主张的决定，而这独立于其他政党面对的关于激励的知识和信念。因此，当捐献计划对两个政党可观察时得出的均衡，与捐献计划在线性情况下由私人传递时得出的均衡一致。

2.4 一个游说者时的均衡

我们从只有惟一一个组织起来的游说集团的情况开始分析。在这

种情况下，我们能够最清楚地揭示一个游说集团面对的激励，并且设定该阶段是为了分析多个集团竞争优待时的更加复杂的情况。只有一个游说集团的情况也可能具有独立利益，因为它清楚地表明了巴伦（1994）称之为*同上主义政策*（particularistic policies）的决定问题。这些是其收益可以不分配给那些没有对游说进行捐献的集团的政策，并且这些政策的成本在人口中分散得如此稀薄，以至于它们不能够激励任何在野集团组织起来。巴伦提到了两个例子：在立法机关中为优惠特定企业或产业而进行的特定提供，以及立法机关有时候为代表官僚利益对其进行补偿而进行的干预。

当只有一个利益集团拍政治家的马屁时，其问题可被看作是直接控制的一种。换句话说，只要游说集团的捐献足够大，使得政党可以接受，我们就可以将游说认为好像其能够实施它所希望的成对（可变）政策主张。每个政党通常都有拒绝游说者捐献的选择权，其中，政党将选择吸引最大数量有信息选民的政策主张。为了避免这种情况发生，游说捐献必须是能够满足参与约束（participation constraint）中的一个。

为了诱致政党 A 许诺实施政策 $\mathbf{p}^A$，利益集团对该党的捐献必须多大？按照我们对 $F(\cdot)$ 和 $H(\cdot)$ 的线性假定，回顾政党的政策主张和运动预算以及选举结果的关系。我们有 $s = b + 1/2 + (1-\alpha)f \times [W(\mathbf{p}^A) - W(\mathbf{p}^B)] + \alpha h (C_j^A - C_j^B)$，其中，$W(\mathbf{p}) \equiv (1/n_I) \int_{i \in I} u^i(\mathbf{p}) di$ 表示当可变政策向量为 $\mathbf{p}$ 时，有信息选民的平均福利。如果政党拒绝受游说捐献的动摇，它将支持最能够服务于有信息一般选民的政策。这个政策向量，我们记为 $\mathbf{p}^*$，满足 $\nabla W(\mathbf{p}^*) = 0$。[11] 因此，游说必须确保政党至少获得与其许诺政策 $\mathbf{p}^*$ 所能得到的同样多的席位。很明显，它为政党 A 提供的捐献至少必须等于 $[(1-\alpha)f/\alpha h][W(\mathbf{p}^*) - W(\mathbf{p}^A)]$。注意，最小支付规模不依赖于政党 B 期望得到的政策主张。

· 59 ·

同样，游说为政党 B 提供的捐献必须至少等于 $[(1-\alpha)f/\alpha h]$ $[W(\mathbf{p}^*) - W(\mathbf{p}^B)]$，以诱致其选择政策主张。然后，游说的问题为选择 $\mathbf{p}^A$ 和 $\mathbf{p}^B$ 以最大化 (2)，这受到下列条件的约束

$$C_j^K \geqslant \frac{(1-\alpha)f}{\alpha h}[W(\mathbf{p}^*) - W(\mathbf{p}^K)], K = A, B \qquad (3)$$

这个约束保证运动捐献的最小规模为利益集团选择诱致的政策主张的函数。

2.4.1 单一影响动机下的捐献

让我们暂时假定，游说者决定给两个政党的捐献恰好等于诱致它们支持政策立场 $\mathbf{p}^A$ 和 $\mathbf{p}^B$ 所必需的，而且一点都不多。由于这些影响激励的捐献，不论政策向量是什么，政党 A 获得席位的 $1/2 + b$，而政党 B 获得剩余的 $1/2 - b$ 的席位。游说问题变成了选择两个政策主张，以使给定 $\varphi^A = \varphi(b + 1/2)$ 和 $\varphi^B = 1 - \varphi(b + 1/2)$ 时的预期效用以及满足（3）中等号的捐献最大化。然后，我们可以得出下面的假说，它描述了游说集团避开选举动机时的均衡政策，而选举动机是为了得到政治恩惠。

假说 1：如果来自单一游说者的捐献满足（3）中等号时的两个参与约束，均衡的政策主张满足

$$\mathbf{p}^K = \arg\max_\mathbf{p}\left[\varphi^K W_j(\mathbf{p}) + \frac{(1-\alpha)f}{\alpha h}W(\mathbf{p})\right], \quad K = A, B \qquad (4)$$

其中，$\varphi^A = \varphi(b + 1/2)$ 和 $\varphi^B = 1 - \varphi(b + 1/2)$。

很明显，寻求影响的游说者诱致两个政党采取的政策就好像能使利益集团成员的集体福利和有信息选民平均福利的加权和最大化。

为了准确理解这个方程的含义，考虑一些特殊案例可能会有帮助。例如，考虑造成负外部性的产业的经典问题。如果外部性与生产规模相联系，那么等于边际损害的每单位产品税能够最好地服务于普

通选民的利益。但是假定产业游说将其运动捐献与产业税收或补贴的规模联系起来。那么，均衡的政策主张就是最大化平均福利（即消费者剩余加利润加税收收益）和产业利润加权和的主张。这些政策主张可能包括税收和补贴，对产业来说，这当然也比"最优"的庇古税更加温和。[12]或者，考虑一个用资本和劳动的固定供给生产单一产品且效用对消费是线性的经济。普通选民的福利由于保证 L 个工人充分就业的有弹性工资政策而最大化。但是，如果一个代表工人的工会向两个政党提供捐献，并且这两个政党都根据其认可的最低工资而定，那么，只要劳动需求弹性不是太高，均衡的政策主张将包含这些建议。[13]

等式（4）的另一个例子来自政治科学文献。考虑大家都熟悉的空间投票模型，其中标量政策变量 p 是从实际线上的点中选出来的。假定选民 i 有最优点 p_i，以及能够从政策 p 中得到的效用由 $u^i = -(p-p_i)^2$ 给定。让选民的最优点在 [0, 1] 中正态分布，并且让有信息的选民由总体上的代表性选民组成。选民事前偏好的分布，就像以前一样，独立于其从可变政策中得到的收益分布。最后，假定存在惟一一个有组织的利益集团，代表在区间 [m, n] 中具有最优点的所有选民。那么，假说1意味着，当游说者进行捐献只是为了影响政策选择时，均衡的政策主张满足

$$p^K = \frac{1}{2}\left[\frac{\delta + \varphi^K(n-m)(n+m)}{\delta + \varphi^K(n-m)}\right], K=A, B$$

其中，$\delta \equiv (1-\alpha)f/\alpha h$。注意，当 $\delta \to \infty$ 时，$p^K \to 1/2$（即中间或一般选民的最优点），而当 $\delta \to 0$ 时，$p^K \to (n+m)/2$（中间或一般利益集团成员的最优点）。同时，当 $(n+m)/2 > 1/2$ 时，$p^K > 1/2$；当 $(n+m)/2 < 1/2$ 时，$p^K < 1/2$。即政策主张通常位于中间利益集团成员的最优点和中间选民的最优点之间。最后，φ_K 越大，p^K 离 1/2 越远，离 $(n+m)/2$ 越近。

回到对模型更一般的解释上来，接下来我们将提出一个假说，比较两个政党的运动立场和每种情况下能够收到的捐献，也是为了分析游说集团只追求捐献之影响动机的情形。为了详细说明，假定政党 A 是更加受欢迎的政党（即 $b>0$）。那么，我们有：

假说 2：如果 $b>0$，并且从惟一一个游说集团中得到的捐献满足（3）中等式的参与约束，那么 $W_j(\mathbf{p}^A) > W_j(\mathbf{p}^B)$，$W(\mathbf{p}^A) < W(\mathbf{p}^B)$ 和 $C^A > C^B$。

这个假说直接得自（3）和（4）。[14]首先注意，$b>0$ 意味着 $\varphi(b+1/2) > 1 - \varphi(b+1/2)$。因此，在制定可以变化的政策主张时，更受欢迎的政党将更大权重放在利益集团福利上。换句话说，游说集团诱使其候选人和固定计划具有更大公共吸引力的政党选择接近于游说者理想的可变政策主张。[15]但是，这个政党的政策主张必定与一般（具有信息的）选民的理想越来越远。与（3）一起，后一个事实意味着游说者将给具有更好选举预期的政党提供更多的捐献。后一个观察与斯奈德（Snyder, 1990）将政治捐献看作临时要求权（仅当接受者最终处于影响政策的地位时，要求权才付清）中投资的观点一致。这种观点是，他有证据支持对美国众议院候选人的运动捐献。

下面的假说表明，在影响动机捐献均衡中得出的政策立场如何对描述政治环境的指标做出反应。[16]

假说 3：如果单一游说者的捐献满足（3）中等式的参与约束，那么，$W_j(\mathbf{p}^K)$ 越小，$W(\mathbf{p}^K)$ 越大，$\delta \equiv (1-\alpha)f/\alpha h$ 越大。

不具有信息选民对运动支出的敏感性越大，全部选民中这部分人的比重越大（即，h 和 α 分别越大），两个政党就越迎合特殊利益集团，因为其投资在购买选票上越有效，利益集团给每个政党的捐献就越多。另一方面，政党的政策立场越能充分反映具有信息的一般选民的利益，对意识形态问题偏好的差异就越小。当 β 的区间较小（即 f 较大）时，在两个政党之间的无差异边界上的选民越多，任何一个政党提出忽视公众利益政策主张的代价就越大。[17]

就像最后观察到的,我们注意到,(4)中描述的均衡政策的形式与格罗斯曼和赫尔普曼(1994)模型中得出的均衡政策之间存在相似性。在那里(在关税形成的上下文中),我们假定,惟一执政的政策制定者将运动捐献和一般选民福利加权和的最大化作为目标。我们表明,均衡政策满足(4)中的等式。我们现在发现——至少当存在一个只追求运动捐献影响动机的组织起来的游说集团时——政府作为代理人的分析框架代表了选举竞争模型的适当的简化形式。

2.4.2 选举动机何时有效?

直到现在为止,我们都假定利益集团希望将参与约束与两个政党联系在一起。换言之,利益集团对每个政党的捐献,只是为其需要的政策赢得支持,现在,让我们检验这种情况什么时候有效。

对于 C_j^A 和 C_j^B,V_j 最大化的一阶条件,在参与约束(3)的条件下,意味着

$$\varphi'(s)\alpha h\left[W_j(\mathbf{p}^A) - W_j(\mathbf{p}^B)\right] = 1 - \lambda^A \tag{5}$$

$$\varphi'(s)\alpha h\left[W_j(\mathbf{p}^B) - W_j(\mathbf{p}^A)\right] = 1 - \lambda^B \tag{6}$$

其中,λ^K 是运用于政党 K 的关于参与约束的拉格朗日乘子。很明显,对于至少一个政党 K 的情况,λ^K 必须为正(即参与约束必须满足至少一个政党的情况),因为(5)和(6)的左边有负号。换句话说,它为游说对两个政党的支付从不超过必需的捐献。而且,如果游说者的支付确实超过了必需的捐献,它必定是许诺其更偏好政策主张的政党;例如,仅当 $W_j(\mathbf{p}^A) > W_j(\mathbf{p}^B)$ 时,$\lambda^A = 0$ 能够满足(5)。具有无限制参与约束的政党在总体上能够比其竞争者得到更多的捐献(即刚才描述案例中的 $C^A > C^B$),并且运用更不关心一般选民福利的可变政策主张。[18]

事实上,只有事前更受欢迎的政党才能够成为收到额外运动捐献

的候选人。为了看到这一点,假定其他候选人收到更多的捐献。那么,游说者将转变其捐献的标签(即将本来倾向于提供给政党 B 的捐献提供给 A,反之亦然),同时以保持关于政策结果最初概率分布的方式,缩减了其向更受欢迎政党的(新)捐献。这将缩减其捐献账单,这对游说集团是明显有好处的。因此,我们得出:

假说 4:让政党 A 表示更受欢迎的政党(即,$b>0$)。那么,(a) 对于政党 B,参与约束(3)的等式得到满足;(b) 对于政党 A,如果参与约束(3)作为严格不等式得到满足,那么 $W_j(\mathbf{p}^A) > W_j(\mathbf{p}^B)$,$W(\mathbf{p}^A) < W(\mathbf{p}^B)$,并且 $C^A > C^B$。

注意,假说 2 和 4 意味着更受欢迎的政党将得到更多的运动捐献,并且运用对利益集团更加有利的政策主张,而更少考虑普通选民,不论利益集团是否选择满足等号时的参与约束。

如果游说者给更受欢迎政党的捐献超过了其获得默许所必需的,该动机将有助于该党在立法机构中获得额外席位。通过这样做,游说者能够提高其偏爱的政策得以实施的可能性。假定政党 A 是更受欢迎的政党,并且假定利益集团给这个政党的捐献略微多于诱使该党选择政策 $\mathbf{p}^A$ 时的捐献。从"额外"捐献的第一个美元得到的预期边际收益为 $\varphi'(s)\alpha h[W_j(\mathbf{p}^A) - W_j(\mathbf{p}^B)]$,它反映了利益集团对 A 的政策主张的偏爱,及其对该政策主张实施可能性的边际影响。额外捐献的边际成本当然等于 1。因此,我们有:

假说 5:如果 $b>0$ 和 $\varphi'(s)\alpha h[W_j(\mathbf{p}^A) - W_j(\mathbf{p}^B)]>1$,其中 $\mathbf{p}^K$ 满足(4),$K=A, B$,那么(3)中的参与约束对政党 A 而言,将作为严格不等式得到满足。

很明显,仅当游说集团在不同政策主张下的命运不同时,它才发现对政党 A 捐献的选举动机(超出通常存在的影响动机),如果运动支出在购买选票时相对有生产力(α 和 h 较大)并且如果立法机关中扩大的代表性大大提高了政党实施其计划的预期($\varphi'(s)$ 较大)。

$W_j(\mathbf{p}^A) - W_j(\mathbf{p}^B)$ 的大小反映了两个方面的内容。第一，它反映了有信息选民对政党 A 偏爱的程度。偏差 b 越小，(4) 中两个政策向量就越接近，利益集团就越不可能预期从帮助政党 A 赢得更多席位中获益。第二，它反映了利益集团在特定政策问题上相关利益的绝对规模。

2.5 多个游说者时的均衡

现在，我们寻求存在多个利益集团相互竞争影响政党政策主张时的子博弈精炼纳什均衡。我们再次自由地将游说集团看作好像面对直接控制问题，但这次我们必须将竞争集团的参与活动整合到它们的约束中。例如，考虑利益集团 l 面对的问题。该集团行动起来好像是在设计政策主张 $\mathbf{p}_l^A$ 和 $\mathbf{p}_l^B$，但是它假定其他利益集团提供的捐献安排是给定的。在其捐献必须足够大以诱使政党遵守的前提下，它做出最大化自身福利的选择。当然，在均衡时，所有游说者的选择必须相互一致；也就是说，他们必须指定同样的政策主张，这正是两个政党所宣称的。

更正式地，让 $C_{-l}^K(\mathbf{p}^K) \equiv \sum_{j \neq l} C_j^K(\mathbf{p}^K)$ 表示除 l 之外的所有游说者提供给政党 K 的总捐献安排。然后，游说者 l 选择 $\mathbf{p}_1^A$，$\mathbf{p}_1^B$，C_l^A 和 C_l^B 以最大化其在 (2) 中的预期福利，约束条件为

$$C_l^K \geqslant \max_{\mathbf{p}} \left[\frac{1-\alpha}{\alpha h} fW(\mathbf{p}) + C_{-l}^K(\mathbf{p}) \right]$$

$$- \left[\frac{1-\alpha}{\alpha h} fW(\mathbf{p}_1^K) + C_{-l}^K(\mathbf{p}_1^K) \right], K = A, B \quad (7)$$

（参与）约束确保每个政党宁可选择指定的政策立场，也不放弃从游说集团 l 那里得到的捐献并选择另一个政策立场。对于将要用到

的符号，我们将 $\mathbf{p}^K_{-1}$ 记为最大化 $(1-\alpha)fW(\mathbf{p}) + \alpha h C^K_{-l}(\mathbf{p})$ 的政策向量。如果忽略游说集团 l 提供的捐献，这是政党 K 的最优选择。

让我们暂时假定，游说集团 l 选择使其参与约束与平等相关联。当游说集团 l 支付这些最低限度的可接受捐献时，它期望政党 A 获得总席位的

$$\frac{1}{2} + b + (1-\alpha)f[W(\mathbf{p}^A_{-1}) - W(\mathbf{p}^B_{-1})]$$
$$+ \alpha h [C^A_{-l}(\mathbf{p}^A_{-1}) - C^B_{-l}(\mathbf{p}^B_{-1})]$$

从游说者的角度看，这个比例是恒定的（即 $\bar{s}_l$）。接下来，最大化利益集团预期福利的政策立场满足一阶条件：

$$\varphi(\bar{s}_l)\nabla W_l(\mathbf{p}^A_1) + \frac{1-\alpha}{\alpha h}f\nabla W(\mathbf{p}^A_1) + \nabla C^A_{-1}(\mathbf{p}^A_1) = 0 \qquad (8)$$

和

$$[1-\varphi(\bar{s}_l)]\nabla W_l(\mathbf{p}^B_1) + \frac{1-\alpha}{\alpha h}f\nabla W(\mathbf{p}^B_1) + \nabla C^B_{-l}(\mathbf{p}^B_1) = 0 \qquad (9)$$

现在，从参与者的角度看这个问题。当政党面对捐献安排的全集时，政党选择最大化其选票份额的政策立场。这个最大化的一阶条件意味着：

$$(1-\alpha)fW(\mathbf{p}^K) + \alpha h\nabla C^K(\mathbf{p}^A) = 0, K = A, B \qquad (10)$$

其中，$C^K(\mathbf{p}^K) \equiv \sum_j C^K_j(\mathbf{p}^K)$ 是政党 K 面对的总捐献安排。换句话说，政党会做出平衡，由于偏离政策 $\mathbf{p}^*$，它可能会失去有信息选民的选票；同时，它可以花费利益集团的额外捐献而获得没有信息选民的选票。

在均衡中，每个游说集团期望的政策立场必定与政党实际宣称的相同；即对 l 和 $K = A, B$ 有 $\mathbf{p}^K_1 = \mathbf{p}^K$。因此，我们能将 (8)、(9) 和 (10) 联合起来，得出：

$$\varphi(\bar{s}_l)\nabla W_l(\mathbf{p}^A) = \nabla C_l^A(\mathbf{p}^A) \tag{11}$$

$$[1-\varphi(\bar{s}_l)]\nabla W_l(\mathbf{p}^B) = \nabla C_l^B(\mathbf{p}^B) \tag{12}$$

这两个等式揭示了均衡捐献安排的重要特征，即，所有这些安排在均衡的政策立场附近必定是局部"真实的"。换句话说，当一个游说集团将立法机关的组成看作给定时，它设计其出价，以便每个安排的形状恰好反映它能够从政党在均衡附近政策主张的微小变化中得到的预期收益。[19] 推论1更精确地反映了这一要求。

推论1：如果所有的游说集团设定捐献安排，并在其为正时处处连续、可微，如果所有的游说满足参与约束（7）中的等式，那么对游说集团 l 而言，当对均衡政策 $\mathbf{p}^A$ 和 $\mathbf{p}^B$ 求其值时，捐献安排必定局部真实（即满足（11）和（12））。

在子博弈精炼均衡中，所有的游说集团必定期望同样的选举结果。因此，对所有的 l，$\bar{s}_l = s^0$。运用这个事实，（11）和（12）与（10）联合，当所有的游说集团选择都拥有两个参与约束限制时，得出均衡的政策立场必须满足的条件。这两个参与约束限制是：

$$\varphi(s^0)\sum_j \nabla W_j(\mathbf{p}^{A_o}) + \frac{(1-\alpha)}{\alpha h}f\nabla W(\mathbf{p}^{A_o}) = 0 \tag{13}$$

$$[1-\varphi(s^0)]\sum_j \nabla W_j(\mathbf{p}^{B_o}) + \frac{(1-\alpha)f}{\alpha h}\nabla W(\mathbf{p}^{B_o})$$
$$= 0 \tag{14}$$

这些条件意味着：

假说6：当所有的游说满足参与约束（7）中的等式时，每个政党的均衡政策立场满足最大化所有利益集团总福利和有信息选民平均福利加权和的必要条件。

条件（13）和（14）为下列问题提供了部分答案：在影响政府政策时，哪个利益集团最成功？我们发现，答案是，在其成员得到政党政治计算相同的权重时，所有组织起来的利益集团同样成功。私人运动融资的净影响按这样的方向推进政策，即有利于利益集团的一般成员和远离能够最好地服务于一般（有信息）选民利益的政策。当然，最终的政策选择不会平等地接近于所有游说集团的最优点；这依赖于一个游说集团的偏好与一般选民的偏好接近的程度，和其他利益集团与相关问题的利益关系。

反映均衡政策立场的条件还有另外一个有趣的含义。当然，当所有的选民都知道关于那个问题的信息时（$\alpha=0$），政治体系运行得最好。然后，当两个政党都选择最大化总福利的政策主张时，利益集团是无效的。但是，同样的结果在完全不同的环境下也能够实现。假定每个选民都恰好是一个利益集团的成员，并且有信息选民构成了选民的代表性实力。那么，不论没有信息选民的比例有多大，也不论这些选民对运动的说词多么易受影响，均衡政策都构成了能最好地服务于选民（集体）利益的政策。

注意，（13）和（14）并非惟一地决定均衡的政策立场，即使当 $W(\cdot)$ 和 $W_j(\cdot)$ 为凹函数时。除了 $\mathbf{p}^{Ao}$ 和 $\mathbf{p}^{Bo}$ 之外，立法集团的（预期）构成要素也出现于这些表达式中。反过来，均衡席位的数量依赖于每个政党能够收到的捐献总额。就像单一游说者的情况一样，单个利益集团宁愿将其捐献集中于它所期望的、更能实施其政策立场的政党，这是真实的。希望获得立法席位大多数的政党更迎合特殊利益，也是真实的。但是，这里有一种潜在可能性，即只有一个游说集团参与捐献博弈时，自我实施的预言不存在。自我实施的预言反映了游说集团之间合作失败的一种类型。[20]

例如，假定政党 A 恰好是更受欢迎的政党（$b>0$），但是每个游说集团期望政党 B 获得席位中的大多数。这些预期是基于这样一种信念，即其他游说者对 B 的捐献比对 A 的捐献更加慷慨。那么，每个游说集团最好都进行调整，以集中于影响政党 B 政策主张的努力，并且最终，它们的预期将成为可行的。尽管惟一一个游说集团通常能够通过确保更受欢迎的政党获得大多数的席位而获得收益，许多个游说集团中的一个却未必这样做。为了以保存资源的方式改变两个政党的命运，可能需要其他游说者默许合作。

均衡多样性的可能性也可以通过另一种方式得以理解。回忆一下，当游说集团 l 做出诱使政策主张 $\mathbf{p}^{Ao}$ 和 $\mathbf{p}^{Bo}$ 必需的最低捐献时，$s = 1/2 + b + (1-\alpha)f[W(\mathbf{p}^A_{-1}) - W(\mathbf{p}^B_{-1})] + \alpha h[C^{Ao}_{-l}(\mathbf{p}^A_{-1}) - C^{Bo}_{-l}(\mathbf{p}^B_{-1})]$。当然，如果所有的游说集团都只捐献最少，那么这些条件对每个政党都满足。政策 $\mathbf{p}^A_{-1}$ 和 $\mathbf{p}^B_{-1}$ 是政党在忽略来自游说集团 l 的捐献时所选择的。注意，这些政策依赖于游说捐献安排偏离均衡的形式。并且，当均衡需求对这些安排的整体形状施加某些限制时，例如

$$(1-\alpha)f[W(\mathbf{p}^A_{-1}) - W(\mathbf{p}^B_{-1})] + \alpha h[C^{Ao}_{-l}(\mathbf{p}^A_{-1}) - C^{Bo}_{-l}(\mathbf{p}^B_{-1})]$$

必须对所有的 l 都相同，仅仅这些需求不足以对均衡施加约束。

尽管如此，某些纳什均衡可能比其他一些更具说服力。例如，如果 $b = 0$，对称均衡——其中，游说集团对所有政党都一样，并且选举产生一个平均分权的立法机构——可能有焦点。如果 $b > 0$，游说集团没有特别的理由期望政党 B 能够得到大多数捐献，并且在某些情况下，它们将有更好的理由期望相反的结果。当所有的游说集团给两个政党提供正的捐献时，这样的情况会出现，不仅在均衡附近，而且在不同点周围。这些点是一个游说集团被忽略时政党所选择的。在这种情况下，对整个利益集团集合而言，$s < 1/2$ 时的均衡相对于 $s > 1/2$ 时的均衡是帕累托占优的。下面构造可替代的均衡。让游说集团在新的均衡时提供给政党 B 的捐献恰好等于在旧的均衡时对政党 A 的捐献。让每个游说者构造其对政党 A 的捐献，通过从对旧均衡下对政党 B 的（正）捐献中抽取一个固定的数额，增加一个由于初始政策 $\mathbf{p}^{Bo}$ 而提高的额外数量。最后，选择固定的缩减以便政党 A 在新均衡时获得的席位与政党 B 在旧均衡时获得的席位一样多，并且选择额外的缩减以便没有政党在其设计政策立场时会拒绝某些游说集团

的捐献。[21]新构造的捐献安排相互都是最优反应，并且它们诱使每个政党选择新均衡下的政策立场，而在旧均衡下是另一个政党选择的。最后，既然每个政党在新均衡下得到的席位与另一个政党在均衡下得到的席位一样多，新均衡与旧均衡恰好有相同的政策结果分布。接下来，分析所有利益集团的获得。

更一般的情况下，任何时候 $b>0$ 和 $s<1/2$，游说集团支付过量的捐献以允许不受欢迎的政党获得大多数席位。这样做绝不是为了集体利益。但是，当保持关于政策结果的概率分布时，设计可选择的捐献计划让每个游说集团支付更少的捐献，通常是不可能的。如果不可能这样，那么在纳什均衡中，帕累托改进就不可能有效。在这些情况下，联合收益的实现可能要求实施明确的合作安排。在那里，某些游说集团同意某些并非对另一些游说集团是最优反应的政治行动，并且某些利益集团收到与达成协议时的补充支付一样的转移支付。[22]

现在，让我们检验，某些利益集团是否选择给自己最喜欢政党的捐献超过影响其政策立场所必需的。我们首先提出下面的假说，表明最多有一个游说集团能够认识到对给定政党捐献的选举动机。

假说 7：对每个政党 $K=A,B$，存在最多一个游说集团（一般地）满足参与约束（7）中的严格不等号。

相反，假定游说集团 1 和 2 中的每一个都给政党 A 提供额外捐献，以获得当选收益。然后，在均衡中，游说集团 j 对捐献给这个政党意识到的边际收益为 $\varphi'(s)ah[W_j(\mathbf{p}^A)-W_j(\mathbf{p}^B)]$，其中 $j=1,2$，当然对每个政党的边际成本为 1。仅当 $W_1(\mathbf{p}^A)-W_1(\mathbf{p}^B)$ 恰好等于 $W_2(\mathbf{p}^A)-W_2(\mathbf{p}^B)$ 时，两个游说集团都能够满足最优捐献的一阶条件；换句话说，如果两个游说集团都恰好对政党 A 可变政策的绝对偏好超过对政党 B 政策的偏好。对偏爱给定政党政策主张的所有利益集团而言，超过受影响动机调整的选举支持形成公共产品。就像在前面许多地方指出的，只有一个参与者时最可能得出购买公共产品的自愿捐献。

对一个游说集团而言，如果它通过实施一个而不是另一个政党的政策立场获得收益，选举动机可能是有效的。但是，如果所有利益集团都"很小"，在下一个假说更精确的意义上讲，没有一个集团会看到"超额"捐献的边际收益等于边际成本。在这种情况下，所有的运动捐献都只受影响动机的控制。

假说 8：考虑一个受约束的均衡，其中，对每个政党而言，每个游说集团必须满足（7）中等式。让 $(\mathbf{p}^A, \mathbf{p}^B, s)$ 表示受约束均衡中的政策立场和席位数。那么，如果对所有的 j，$\varphi'(s)\alpha h[W_j(\mathbf{p}^A) - W_j(\mathbf{p}^B)] < 1$，该受约束均衡也是一个不受约束的均衡，其中没有一个游说集团的运动捐献是为了选举动机。

这个假说是直接的。从一个所有参与约束联系在一起的均衡开始，游说集团 j 认识到，如果给政党 A 稍多一点的捐献，可以得到边际收益 $\varphi'(s)\alpha h[W_j(\mathbf{p}^A) - W_j(\mathbf{p}^B)]$；如果给政党 B 稍多一点的捐献，可以得到边际收益 $\varphi'(s)\alpha h[W_j(\mathbf{p}^B) - W_j(\mathbf{p}^A)]$。如果假说中的不等式得到满足，从 1 的额外捐献的边际成本看，它不希望给任何一个政党额外捐献。从集团规模的角度，对此做出的解释如下：假定我们从一个给定利益集团成员的集合开始，通过个人对集团的任何分配，将这些个人分成越来越大的（更小的）游说集团成员。当不同集团的数目足够大时，对任何 j，$W_j(\mathbf{p})$ 都很小，对差额 $|W_j(\mathbf{p}^A) - W_j(\mathbf{p}^B)|$ 也是如此。在这种情况下，运动捐献的选举动机消失了，但影响动机仍然存在。事实上，不论集团被分割得多么好，只要参与约束与每个集团相关，（13）和（14）继续表明了均衡政策主张的特征。

2.6 本章结语

利益集团的运动捐献要么是影响选举结果，要么是影响政策。我们发展了一个运动融资模型，其中特殊利益集团具有其中一个或两个选举动机。在这个模型中，特殊利益集团制定的捐献计划将其捐献与政策许诺联系起来。捐献安排是对两个政党提出来的，它们在立法机关中的席位数摇摆不定。这些政党在某些问题上有确定的立场，但对其他"可变化"的政策也宣布其政策立场，对此它们没有连续偏好。面对来自不同利益集团的捐献，政党宣称它们的政策立场。如果他们以牺牲选票迎合利益集团的需要，就对未来可能的额外运动捐献进行权衡。在有良好信息的选民中，牺牲选票构成了政党的成本。

本文分析了两阶段博弈的均衡。在第一阶段，利益集团策略性地设计捐献安排以最大化关于政治支出的期望福利净值。在第二阶段，政党选择政策立场以最大化它们在立法机关中的代表数。在投票箱中，有信息的选民投票支持拥有其所喜爱的候选人和政策立场的政党。相比较而言，没有信息的（大概是敏感的）选民对运动的说词做出反应。政策和支出水平的差异决定了选举结果，反过来又决定了每个政党的政策立场被实施的可能性。

我们的模型预示着政策主张的分歧。被期望能够赢得大多数席位的政党将引起特殊利益集团的更大注意。结果，该政党被诱使采用给予其问题更多关注的政策立场。失败的政党也更多地迎合有信息一般选民的最优点。这个发现可能与关于时间限制的讨论相关。从名誉和声誉的角度看，由于当权所带来的收益，在许多选举中，当权者成为绝对的受欢迎者。我们的分析表明，这些候选人可能会将它们的受欢迎性转变为运动战博弈，而这对一般选民的福利是有害的。时间限制将周期性地恢复更加平静的选举，并因此削减特殊利益集团的影响。

当利益集团为政党提供的政策立场捐献只具有暂时性时，它们将在其中诱致关于可变政策的偏好序。在我们的模型中，这些偏好采用了特别简单的形式。每个政党被诱使行事就像它们最大化政体中两个集团福利水平的加权和一样。有信息选民的总体利益得到的权重，随这类选民在全部选民中的比重递增，而随关于政党意识形态立场相对期望观点的分歧递减。组织起来的利益集团总体利益得到的权重，随

第2章 选举竞争与特殊利益政治学

不具有信息选民对运动支出的敏感性递增。对利益集团成员隐含给定的权重也随政党期望获得的席位数变化,这能够解释上面提到的政党立场的差异。注意到政治经济模型描述了政治家做出政策选择的加权社会福利函数是有趣的。我们的模型为这种一般描述提供了某些支持。

如果利益集团能够传达与政策立场相关的捐献支付,它们通常会认识到给定每个政党捐献的影响动机,这些政党的政策立场最终可能会成为政策。但是利益集团可能或不可能认识到给其最喜欢政党的捐献超过能够发挥其希望的影响水平所必需捐献的激励。我们已经表明,对至少一个支持每个政党的利益集团而言,捐献的选举动机——在以前的运动捐献模型中明确表明了这个特征——能够可行。这是因为提高政党当选预期的捐献使所有偏爱该党政策立场的利益集团受益。只有对该党具有更大相对偏好的利益集团才是对该公共产品进行捐献的人。而且,我们发现,具有选举动机的运动捐献可能是个例外,而不是常规。没有集团的捐献会超过为改变政党政策立场而对政党给予的补偿,除非这个利益集团在政策中的总体相关利益相对于选民作为整体的相关利益大得多。

最后,选举结果如何?我们的模型预测了只有一个利益集团被组织起来为政党提供捐献时的单一均衡。在这个均衡中,事前更受欢迎的政党在选举出的立法机关中拥有大多数席位。利益集团对更受欢迎政党的捐献更多,并且至少能够弥补这个政党选择更不受欢迎的易受影响政策所带来的损失。这样,捐献就确保更受欢迎的政党获得的席位至少与不存在任何寻求影响之动机时相同。

然而,一旦存在几个积极竞争影响的利益集团,我们的模型就给出了自我实施预言的范围。每个政党的捐献依赖于其对其他利益集团的预期。如果一个利益集团期望其他利益集团积极竞争某个政党的支持,那么它也有激励将其努力集中于该党。然后,如果所有利益集团都碰巧集中于其候选人和固定计划都更不受欢迎的政党,结果将可能是一个该党获得大多数席位的立法机关。在总体上，游说集团可能会更熟练地将其支付用于克服选民的固执。每个游说集团仍可能坚持这种结果，直到他们通过运用额外支付实现合作解为止。

附　录

严格多数票规则

在正文中，我们假定政党将在立法机关中寻求其代表最大化，并且拥有大多数席位的政党在实施其政策计划时可能会失败。尽管这些假定作为对政治过程的描述相当合理，但不得不承认它们在某些情况下只是特例。在这个附录中，我们采用一个更加"纯正"的方法，假定政党最大化其赢得大多数选票的可能性，以及立法机关按照严格多数票规则运行。我们集中于两个政党可能同样受欢迎时出现的对称均衡。同等受欢迎意味着 $F(0)=1/2$ 和 $H(0)=1/2$，并且满足以前提到的对 $F(\cdot)$ 和 $H(\cdot)$，$b=0$ 的线性假定。

现在，我们假定利益集团成员选民人口包含可以忽略不计的那一部分，并且选民对政党 B 固定计划的偏好在统计上是独立的。选民的总数 n，巨大但有限。那么，投票支持政党 A 的选票数接近于正态分布，均值为 $\sum_{i \in I} F(\Delta^i) + anH(\Delta^C)$，方差为 $\sum_{i \in I} F(\Delta^i)[1-F(\Delta^i)] + anH(\Delta^C)[1-H(\Delta^C)]$，其中，$\Delta^i \equiv u_i(\mathbf{p}^A) - u^i(\mathbf{p}^B)$ and $\Delta^C \equiv C^A - C^B$。[23] 政党 A 赢得选举的（近似）概率为：

$$\pi(\mathbf{p}^A, \mathbf{p}^B, \Delta^C) = N\left[\frac{\sum_{i \in I} F(\Delta^i) + anH(\Delta^C) - \frac{n}{2}}{\sqrt{\sum_{i \in I} F(\Delta^i)[1-F(\Delta^i)] + anH(\Delta^C)[1-H(\Delta^C)]}}\right] \quad (15)$$

其中，$N(\cdot)$ 表示标准正态分布函数。

每个利益集团设计捐献安排以最大化其成员的预期总效用。认识到立法机关以概率 $\pi(\cdot)$ 实施政策向量 $\mathbf{p}^A$，以概率 $1-\pi(\cdot)$ 实施政策向量 $\mathbf{p}^B$，游说集团 l 选择 $C_l^A(\mathbf{p}^A)$ 和 $C_l^B(\mathbf{p}^B)$ 以最大化 $\pi(\cdot)W(p^A)+[1-\pi(\cdot)]W(\mathbf{p}^B)-C_l^A(\mathbf{p}^A)-C_l^B(\mathbf{p}^B)$，将其他游说集团提供的捐献安排看作给定。因此，政党分别设定 $\mathbf{p}^A$ 和 $\mathbf{p}^B$ 以分别最大化 π 和 $1-\pi$。

与前面一样，我们将每个游说问题都看作直接控制。游说集团 l 选择 $\mathbf{p}_1^A$，$\mathbf{p}_1^B$，C_l^A，和 C_l^B 以最大化给定 $C_{-l}^A(\mathbf{p}^A)$ 和 $C_{-l}^B(\mathbf{p}^B)$ 时的期望效用。它也认识到该参与约束，它要求每个政党在设定游说集团 l 设计的政策时胜出的可能性，至少与选择其他可替代政策或从游说中一无所获时胜出的可能性一样大。也就是说，游说集团必须考虑不等式

$$\pi[\mathbf{p}_1^A, \mathbf{p}_1^B, C_{-l}^A(\mathbf{p}_1^A)+C_l^A-C_{-l}^B(\mathbf{p}^B)-C_l^B]$$
$$\geqslant \max_{\mathbf{p}} \pi[\mathbf{p}, \mathbf{p}_1^B, C_{-l}^A(\mathbf{p})-C_{-l}^B(\mathbf{p}^B)-C_l^B]$$

以及对政党 B 的相同条件。我们集中于对称均衡，其中 $C_{-l}^A(\cdot)=C_{-l}^B(\cdot)$ 游说集团 l 选择对每个政党的同样政策立场和捐献，以及参与约束限制。

让 $\mathbf{p}_1^o$ 表示游说集团 l 设计的政策立场。相对于选择政策 $\mathbf{p}_1^A$ 而言，游说集团最大化预期效用的一阶条件意味着

$$\frac{1}{2}\nabla W_l(\mathbf{p}_1^o)+\frac{(1-\alpha)f}{\alpha h}\nabla W(\mathbf{p}_1^o)+\nabla C_{-l}^o(\mathbf{p}_1^o)=0 \qquad (16)$$

其中，我们运用了对称均衡时的 $\pi(\mathbf{p}_1^o, \mathbf{p}_1^o, 0)=1/2$ 这个事实。[24]

政党 A 选择其均衡的政策主张 $\mathbf{p}^{Ao}$，以最大化 $\pi[\mathbf{p}^A, \mathbf{p}^{Bo}, C^{Ao}(\mathbf{p}^A)-C^{Bo}(\mathbf{p}^{Bo})]$。再次运用对称条件 $\mathbf{p}^{Ao}=\mathbf{p}^{Bo}=\mathbf{p}^o$ 和 $C^{Ao}(\cdot)=C^{Bo}(\cdot)=C^o(\cdot)$，这意味着

$$(1-\alpha)f\nabla W(\mathbf{p}^o)+\alpha h\nabla C^o(\mathbf{p}^o)=0 \qquad (17)$$

一致性要求对所有的 l，满足 $\mathbf{p}_l^o = \mathbf{p}^o$。因此，（16）和（17）意味着

$$\frac{1}{2}\sum \nabla W_l(\mathbf{p}^o) = \nabla C_l^\gamma(\mathbf{p}^o) \tag{18}$$

这是另一个"局部真实"结果。最后，联合（17）和（18），我们发现

$$\frac{1}{2}\sum_j \nabla W_j(\mathbf{p}^o) + \frac{(1-\alpha)f}{\alpha h}\nabla W(\mathbf{p}^o) = 0 \tag{19}$$

当 $s^o = 1/2$ 时，满足（19）的政策立场 $\mathbf{p}^o$，与满足（13）的政策立场 $\mathbf{p}^{Ao}$ 和满足（14）的政策立场 $\mathbf{p}^{Bo}$ 相同。我们发现，由于同样的受欢迎程度，当立法机关按照严格多数票规则运行以及政党使赢得大多数选票的概率最大化时，出现在对称均衡中的政策立场，与政党最大化在立法机关中的代表数以及少数人的政策立场有某种实施可能性时出现在对称均衡中的政策立场相同。[25]

【注释】

[1] 应该承认，易受影响的政策与其他政策的区别通常不能够明确划分。在长期中，一个政党的所有主张大概都是可变的。但是，相对于其他问题，候选人和政党愿意更自由地改变其对某些问题的主张。易受影响政策问题的集合包括对地方建设经费支出的分配，对强制控制和某些环境问题的态度，以及对不同经济政策的主张等。

[2] 我们认为这个说法是某种用词的问题。在本文模型以及其他相关文献中，每个人的投票都是确定的。只是政治家不知道个人对某些问题的偏好。这使得他们对如何投票也把握不准。

[3] 更详细的研究，也可以参见 Coughlin（1984，1986），Wittman（1983）以及 Mueller（1989, ch.11）。

[4] 马吉等（Magee et al., 1989）在关于贸易政策形成的分析中做了同样的假定。

[5] 这是巴伦在其论文最后一部分的假定，其中，他考虑了几个竞争性利

益集团和"集体"政策的决定。在其论文的第一部分，他处理了"细节性"的政策，捐献只是利益集团获得的净收益中外生的一部分。尽管巴伦将此看作讨价还价的结果，但他没有特殊说明明确的交易过程，并且其"方法"不能够解释政党相对于退出选择权的剩余。

与巴伦的模型相比，我们模型的一个优点——超出了我们在正文中所强调的——在于，能够在相同的分析框架中处理细节性政策（只有惟一一个利益集团）和集体政策（有多个利益集团）两种情况。

[6] 在文献中，也许更普遍的是假定运动支出的比例将影响选票分配。有关的例子，可见 Baron (1989, 1994) 和 Snyder (1989)。按照我们的观点，采用绝对差异进行说明更加合理，因为更多的预算支出可以保证运动达到人口中更大的比例。这种观点可能在一个类似格罗斯曼和夏皮罗（Grossman and Shapiro, 1984）的广告模型中得以形式化，其中假定听从给定信息的目标人口的比重随在广告宣传运动中的花费量而变化。如果一个不具有信息的选民听到的每一条信息都使他更偏向投票支持发布该信息的政党，那么投票支持政党 A 的没有信息的选民数量将依赖于两个政党预算规模的差异。

[7] 例如，见 Enelow and Hinich (1982), Denzau and Kats (1977) 以及 Coughlin and Nitzan (1981)。候选人可能坚持的不同的运动目标在 Aranson, Hinich and Ordeshook (1974) 中有所讨论和比较。

[8] 林德贝克和韦布尔（Lindbeck and Weibull, 1987）在对没有利益集团或运动支出情况下选举竞争的研究中，得出了相同的结论。我们对政党最大化当选可能性的案例分析是在它们之后模型化的。

[9] 在我们的一次性博弈中，政党的政策主张一旦宣布，利益集团就有激励拒绝捐献支付。同样，一旦运动捐献得到支付，政治家就没有动力追求关于某些易受影响的政策已经宣布的主张。遵守诺言在重复博弈中有激励得以实行，因为代理人会因为不能履行其诺言而受到惩罚。

[10] 作为替代，如果我们允许捐献计划以私人方式传递给政党，那么每个政党将被迫达到其政策选择的条件，因为它们相信，如果不这样做，捐献将支付给其竞争对手。正像奥布莱恩和谢弗（O'Brien and Shaffer, 1992）在相关内容中讨论的，这种博弈存在子博弈精炼纳什均衡，对政党的非均衡信念几乎不存在任何约束。仍然存在两个原因，集中于满足我们的定义 1 的均衡。首先，即

使存在不可观察的捐献计划,当 $F(\cdot)$ 和 $H(\cdot)$ 为线性函数时,这些也只是能够得出的惟一一些均衡。函数的线性假定与我们在下一部分及以后的假定相同。稍后,我们再详细说明这一点。其次,定义 1 描述的均衡不受利益集团和政党联合福利递增双边谈判的影响,并且这满足了由克里默和莱尔登(Crémer and Riordan, 1987)提出的"契约均衡"的条件。关于这种均衡为什么是均衡集合中核的讨论,参阅 O'Brien and Shaffer (1992),这些均衡出现于委托人和代理人之间的契约不可被其他代理人观察到的时候。

[11] 如果具有信息的选民是全体选民中的代表者,在有信息选民和无信息选民之间效用函数分布为 1 的意义上,政策 **p*** 是最大化边沁社会福利函数的政策。

[12] 让 d 表示一单位产业产量的边际成本,让 t^K 表示政党 K 主张的单位税收。那么,在政治均衡中,$t^K = d - [(\varphi^K \alpha h)/(1-\alpha)f](x/x')$,其中 x 是产业产量,x' 表示产业供给曲线的斜率。

[13] 让 $F(K, L)$ 表示总量生产函数。有政党 K 支持的最低工资 $\hat{\omega}^K$ 最大化 $\varphi^K \hat{\omega} L + (1-\alpha) f / \alpha h F(K, L)$,其中受 $L \leqslant \bar{L}$ 和 $F_L(K, L) = \hat{\omega}$ 的约束。这种解决办法有超出市场出清工资的最低工资,只要

$$\varepsilon < \frac{\alpha h \varphi^K}{\alpha h \varphi^K + (1-\alpha) f}$$

其中,$\varepsilon \equiv - F_L / L F_{LL}$ 表示劳动需求弹性。

[14] 证明:从(4),我们有 $\varphi^K W_j(\mathbf{p}^K) + \delta W(\mathbf{p}^K) > \varphi^K W_j(\mathbf{p}^L) + \delta W(\mathbf{p}^L)$,其中 $L \neq K$;$K, L = A, B$ 并且 $\delta \equiv (1-\alpha) f / \alpha h$。这个不等式意味着:(i)$(\varphi^A - \varphi^B) W_j(\mathbf{p}^A) > (\varphi^A - \varphi^B) W_j(\mathbf{p}^B)$;(ii)$\delta[W(\mathbf{p}^K) - W(\mathbf{p}^L)] > \varphi^K [W_j(\mathbf{p}^L) - W_j(\mathbf{p}^K)]$。对于 $\varphi^A > \varphi^B$,条件(i)意味着 $W_j(\mathbf{p}^A) > W_j(\mathbf{p}^B)$,它与 $K = B$ 时的(ii)联合起来,意味着 $W(\mathbf{p}^B) > W(\mathbf{p}^A)$。最后,当(3)满足 $K = A$ 和 $K = B$ 下的等式时,$W(\mathbf{p}^B) > W(\mathbf{p}^A)$ 意味着 $C^A > C^B$。

[15] 这个结果与巴伦(Baron, 1994)中得出的结果不一致。在其模型中,巴伦提出,具有当权利益的候选人"能够为更独立于利益集团而支付得起",相比于具有更差选举预期的挑战者更迎合特殊利益。当讨论更加细节性的政策主张时,巴伦假定利益集团将从其由于政治家的支持而得到的收益中拿出一个固定的比例捐献给政党。作为替代,它将执政利益模型化为不具信息选民投票模

式中的偏见，以及候选人为给定选举负担将更大利益分给利益集团的能力。当其为前者时，无论如何，执政者都将在给定运动支出时获得更多的不具有信息选民的选票。当其为后者时，无论如何，执政者都会为给定的政策主张吸引更多的运动捐献，吸引处于边缘上的有信息选民的努力也如此。在我们的模型中，公众利益平等地用于有信息和不具信息选民的行为，没有候选人能够在不伤害普通公众的同时又使利益集团受益，并且利益集团将决定捐献多少给政党。在这种情况下，利益集团希望更多地投资于更接近其设定政策主张的政党，也希望对其主张发挥更大的影响力。

[16] 这个假说的证明类似于对假说2的证明。

[17] 迪克西特和伦德里根（Dixit and Londregan, 1994）同样发现，转移政策倾向于支持对意识形态问题有"中心"观点的选民集团和因此而处于两个候选人之间影响边界的成员。

[18] 例如，对政党B，如果(3)中等号得到满足，那么其政策主张满足(4)，但是要求 $\varphi^B = -b + 1/2 - (1-\alpha)fW(\mathbf{p}^A) - \alpha h C^A + (1-\alpha)fW(\mathbf{p}^*)$。那么，$\varphi^B W_j(\mathbf{p}^B) + \delta W(\mathbf{p}^B) > \varphi^B W_j(\mathbf{p}^A) + \delta W(\mathbf{p}^A)$，其中，$\delta \equiv \alpha f/(1-\alpha)h$。而且，如果对政党B，(3)中等式得到满足，并且对政党A满足不等式，那么我们有 $C^A > C^B + \delta[W(\mathbf{p}^B) - W(\mathbf{p}^A)]$，其与 $W(\mathbf{p}^A) < W(\mathbf{p}^B)$ 一起意味着 $C^A > C^B$。

[19] 关于局部真实性及其与"整体真实性"关系的更详细讨论，见Grossman and Helpman (1994)，这与Bernheim and Whinston (1986)的定义相同。

[20] 默顿和迈尔森（Morton and Myerson, 1992）在一个一维空间投票模型中得出了同样的结果。在那里，政党向特殊利益集团销售"服务"，并且将这些收益投资于直接提高选民福利的宣传中。

[21] 也就是说，让 $C_j^K(\mathbf{p})$ 表示游说集团 j 对政党 K 的初始捐献安排，并且让 $\tilde{C}_j^K(\mathbf{p})$ 表示可替代的选择。我们假定对所有的 j，$\tilde{C}_j^B(\mathbf{p}) = C_j^A(\mathbf{p})$，并且 $\tilde{C}_j^A(\mathbf{p}) = C_j^B(\mathbf{p}) - z_j - Z_j(\mathbf{p} - \mathbf{p}^B)$，其中每个 $Z_j(\cdot)$ 是一个函数，在每一点为非负，并且在原点达到惟一最大值。选择常数函数 z_j 以使 $z_j \geqslant 0$ 和 $\sum_j z_j = 2b/ah$ 以及函数 $Z_j(\cdot)$ 以使对所有 l 满足：

$$(1-\alpha)fW(\mathbf{p}^B) + \sum_j C_j^B(\mathbf{p}^B)$$

$$> \max_{\mathbf{p}} \{(1-\alpha)fW(\mathbf{p}) + \alpha h \sum_{j \neq l}[C_j^B(\mathbf{p}) - Z_j(\mathbf{p} - \mathbf{p}^B)] - \alpha h z_1\}$$

这是可能的，只要在初始均衡中 $C_j^B(\mathbf{p}_{-1}^B)$ 足够大。在那种情况下，正当政党 A 选择政策立场 $\tilde{\mathbf{p}}^A = \mathbf{p}^B$，政党 B 选择 $\tilde{\mathbf{p}}^B = \mathbf{p}^A$，游说集团 l 获得 z，相对于初始均衡而言。

[22] 我们怀疑，不受欢迎的候选人赢得大多数席位的任何均衡将不是一个防止联盟的均衡（见 Bernheim et al. (1987)）。但是，我们不能够对所有类型的均衡证明这一点。

[23] 这个近似值是从里亚普诺夫（Liapunov）中心极限定理得出的，它也要求当 n 不断变大时，方差条件变得不受限制。关于这个定理在或然论投票模型中应用的详细讨论，见 Lindbeck and Weibull (1987)。

[24] 在得出 (16) 时，我们运用关于 C_l^A 的一阶条件替代了关于参与约束的拉格朗日乘子。我们也扩展运用了对称条件 $\mathbf{p}_1^{Ao} = \mathbf{p}_1^{Bo} = \mathbf{p}_1^o$ 和 $C_l^A = C_l^B = C_l^o$。

[25] 这个结果近似于林德贝克和韦布尔（Lindbeck and Weibull, 1987）的相似发现，它们假定所有的选民都有信息，并且运动捐献在选举中不起作用。

参考文献

Aranson, P., Hinich, M. and Ordeshook, P. (1974). Election goals and strategies: equivalent and nonequivalent strategies. *American Political Science Review* 68: 135–152.

Austen-Smith, D. (1987). Interest groups, campaign contributions, and probabilistic voting. *Public Choice* 54: 123–139.

Baron, D. P. (1989). Service-induced campaign contributions and the electoral equilibrium. *Quarterly Journal of Economics* 104: 45–72.

Baron, D. P. (1994). Electoral competition with informed and uninformed voters. *American Political Science Review* 88: 33–47.

Bernheim, B. D., Peleg, B., and Whinston, M. (1987). Coalition-proof Nash equilibria, I: Concepts. *Journal of Economic Theory* 42:1-12.

Bernheim, B. D., and Whinston, M. (1986). Menu auctions, resource allocation, and economic influence. *Quarterly Journal of Economics* 101: 1-31.

Coughlin, P. (1984). Expectations about voter choices. *Public Choice* 44:49-59.

Coughlin, P. (1986). Elections and income redistribution. *Public Choice* 50:27-99.

Coughlin, P., and Nitzan, S. I. (1981). Electoral outcomes with probabilistic voting and Nash social welfare maxima. *Journal of Public Economics* 15:113-122.

Crémer, J., and Riordan, Michael H. (1987). On governing multilateral transactions with bilateral contracts. *RAND Journal of Economics* 18:436-451.

Denzau, A. T., and Kats, A. (1977). Expected plurality voting equilibrium and social choice functions. *Review of Economic Studies* 44:227-233.

Dixit, A. and Londregan, J. (1994). The determinants of success of special interests in redistributive politics(mimeo: Princeton University).

Enelow, J. M., and Hinich, M. (1982). Nonspatial candidate characteristics and electoral competition. *Journal of Politics* 44:115-130.

Fremdreis, J. P., and Waterman, R. W. (1985). PAC Contributions and legislative behavior: Senate voting on trucking deregulation. *Social Science Quarlerly* 66:401-412.

Grossman, G. M., and Helpman, E. (1994). Protection for sale. *American Economic Review* 84:833-850.

Grossman, G. M., and Shapiro, C. (1984). Informative advertising with differentiated products. *Review of Economic Studies* 51:63-81.

Kau, J. B., and Rubin, P. H. (1982). *Congressmen, Constituents, and Contributors* (Boston: Martinus Nijhoff Publishing).

Lindbeck, A., and Weibull, J. W. (1987). Balanced-budget redistribution as the outcome of political competition. *Public Choice* 54:273-297.

Magee, S. P., Brock, W. A., and Young, L. (1989). *Black Hole Tariffs and Endogenous Policy Theory* (Cambridge, U. K.: Cambridge University Press).

Morton, R., and Myerson, R. (1992). Campaign spending with impressionable voters (CMSEMS Working Paper No. 1023: Northwestern University).

Mueller, D. C. (1989). *Public Choice II* (Cambridge, U. K.: Cambridge University Press).

O'Brien, D. P., and Shaffer, G. (1992). Vertical control with bilateral contracts. *RAND Journal of Economics* 23:299-308.

Olson, M. (1965). *The Logic of Collective Action* (Cambridge, MA: Harvard University Press).

Snyder, J. M. (1989). Election goals and the allocation of campaign resources. *Econometrica* 57:637-660.

Snyder, J. M. (1990). Campaign contributions as investments: The U. S. House of Representatives 1980—1986. *Journal of Political Economy* 98:1195-1227.

Tosini, S. C., and Tower, E. (1987). The textile bill of 1985: The determinants of congressional voting patterns. *Public Choice* 54:19-25.

Wittman, D. (1983). Candidate motivation: A synthesis of alternative theories. *American Political Science Review* 77:142-157.

第 3 章 竞争赞同*

在大多数选举中，组织起来的利益集团的领导会公开宣称他们支持某个候选人或候选人提名，或者相反。为什么要做出这些政治保证？他们在选举过程或政策决定中起什么作用？

我们可以将公开保证看作特殊利益集团中有良好信息的领导与信息少得多的普

---

* 本文由格罗斯曼和赫尔普曼合作完成。最初发表在《美国经济评论》第 89 卷（1999 年 6 月），501~524 页。版权归美国经济学会（1999）所有。这里得到许可重印。我们感谢 David Austen-Smith、Elchanan Ben Porath、Avinash Dixit、Jacob Glazer、Faruk Gul、Eliana Laferra、Giovanni Maggi、Adi Pauzner、Ariel Rubinstein、Jean Tirole 和三位匿名审稿人提出的有益讨论和评论，以及国家科学基金和美—以两国科学基金的财政支持。

通成员之间信息传递的一种方式。一个利益集团的成员不可能完全明白某个特定的政策提议会对他们的福利产生什么影响,或者不同候选人对某些问题持有什么立场。而且这些个人获取他们"正确"投票的所有信息也代价高昂。事实上,获取信息的成本会比较容易地超过由于其选票可能预期获得的私人收益。那么,个人可能会寻求有效提示以指导其投票。在这种情况下,利益集团领导的保证可能会向具有相同思想的选民及其他人传递有用信息。

关于投票行为的有效证据支持这种观点。例如,1988年,加利福尼亚的选民被召集起来对关于保险业改革的一些问题进行决策。基于退出登记的结果,阿瑟·卢皮亚(Arthur Lupia, 1994)得出结论认为,在投票时,对于技术问题没有信息但能够正确认识保险业之动议形势的选民,相对于那些不能认识该产业形势的选民而言,更接近于其他相似但具有更多信息的选民。这个发现表明,至少有些选民运用产业保证帮助自己克服了关于许多问题的信息不足。同样,詹姆斯·H·库克林斯基等人(James H. Kuklinski et al., 1982)发现,在决定如何对1976年加利福尼亚初选——这次选举是针对在该州减少建设核电厂的复杂动议的——投票时,信息相对不足的选民与其他人相比更多地注意参照集团的行动。在其他许多不同的研究中发现,工会的保证也会影响工会成员的投票行为,这些研究包括阿瑟·柯恩豪泽等(Arthur Kornhauser et al., 1956)、菲利普·E·康弗斯和A·安古斯·坎贝尔(Philip E. Converse and A. Angus Campbell, 1968)以及米歇尔·H·勒鲁伊(Michael H. LeRoy, 1990)。

如果选民集团用保证做提示——就像证据所表明的——那么候选人和政党可能有激励去竞争这些保证。这种竞争将使候选人宣称吸引不同集团领导人的政策立场。利益集团确实好像需要这种宣称作为保证的条件;全国妇女组织只选择保证为《平等权利修正案》而斗争和支持不受限制的流产权利的候选人(Linda Berg, 1996),而全国步枪协会(NRA)坚持候选人宣布公共主张并以对轻武器和相关问题显示赞成立场的方式对 NRA 的问卷做出反应（National Rifle Association of America, 1996）。尽管可能没有过硬的证据表明政治家特别采取获得保证的立场，大多数的先驱研究表明，这可能是个事实。例如，1980 年，吉米·卡特（Jimmy Carter）在其政党的全国政策立场中允许全国教育协会制定教育纲领；哈里森·杜纳利（Harrison Donnelly, 1980）表明，这是卡特在任期内同爱德华·肯尼迪斗争时对利益集团保证的反应。同样，约·弗里曼（Jo Freeman, 1988）报告道，1984 年，沃尔特·蒙代尔（Walter Mondale）对全国妇女组织放弃关于妇女问题立场语言的"标志性"权威，就是为了得到该集团在民主初选中的保证。[1]乔治·布什和鲍勃·多尔在 1992 年为竞争共和党的任命都改变了对流产的立场，很明显是为了尽力赢得基督教联盟的保证。最近，1998 年，AFL-CIO 为支持寻求再次当选的议员，在一次名义测验中加速贸易立法（Jack W.Germond and Jules Witcover, 1997）；很明显，这影响了众议院中某些民主党采取的立场（Gebe Martinez, 1997）。

作为赞同过程的结果，相对于公众利益，政策结果（如果有的话）在多大程度上支持特殊利益？为了回答这个问题，我们需要一个前后一致的理论框架，其中，选民、政治家和利益集团相互关联。在这篇论文中，我们的目标就是提供这样一个框架，并用它来检验政治赞同对政策结果的影响。

在分析赞同时，非常重要的一点是，承认宣称支持对传递信息只是非常初级的语言。在选民需要更加详细的报告以进行最优投票时，赞同只提供了一个候选人间的二元比较。赞同的初级语言性质可以解释，为什么它能够相对便宜地传播？得到支持的个人或政党的身份能够以一种简单信号的方式得以传播，这种信号只需要很少的投入就可以让接受者"听到"。但是，利益集团成员可能只与其合作者有某种共同的特定政策偏好，然而在许多其他问题上都有个人观点。例如，工会成员能够被统一起来，是因为对最低工资和贸易自由化拥有同样感受，但他们在流产或枪支控制上却可能观点迥异。那么，对工会成员而言，只知道工会领导所偏爱的候选人或政党是不够的，他们也希望知道那个偏好的强度。只在那时，这些选民才会考虑在劳动问题和在其他政策层面问题上利益的权重。简言之，信号空间的模糊形式接收者面临着信号获取问题。本文运用分析不对称信息下博弈时运用的概念来解决这些问题。

在本文中，我们发展了一个利益集团赞同下的两党竞选模型。我们考虑决定政策的竞选过程。假定政党在一个问题上拥有固定不变的政策立场。这很可能反映了它们不同的意识形态。在另一个问题上，他们的立场是可变的。在固定的（意识形态的）和立场可变的问题上，政策结果被看作是各自立场的折中，对每种立场的权重反映出政党在普选中的份额。

所有的选民都知道两个政党对意识形态问题的立场和它们对该问题的偏好。他们也知道对可变政策问题的规定立场。然而，他们不能完全理解这种政策工具的不同水平如何单独影响他们个人。例如，选民可能知道一个政党支持每小时 4.25 美元的最低工资，另一个政党支持每小时 5 美元的最低工资，然而他们不确定最低工资如何影响自身的预期收入。我们将这个不完全信息模型化为，选民思想在可变政策空间中关于自身最理想点的不确定性。

某些选民是组织起来的利益集团的成员。该集团包括对于可变政策问题有共同利益的选民。当成员知道两个政党的立场并且明了哪个政党得到了本集团领导的赞同时，他们获得了关于其利益所在的信息。这个新信息让这些选民提高对预期理想点的信念。运用他们得到提升的信念，这些集团成员估计两个政党的可变主张，并且赋予自身对政党意识形态立场的个人感情的差异以权重。

本文的其余部分是这样组织的。在下一部分中，我们综述此前讨论政治赞同的几篇文章，并且表明本文的观点。第 2 部分给出了我们模型的细节，并且检验了不存在赞同时的基准情况（或者，相当于完全没有信息时的赞同)。在第3部分,我们得出了一个中性结果。假定只存在一个利益集团,并且这个集团的成员拥有与其他选民利益互补的利益。那么,如果所有选民都知道该集团领导的赞同,并且他们都得出了相同的推论,那么政策立场和选举结果将与基准情况下的结果相同。这个结果表明,哪种赞同将形成选举影响的条件:它们(完全)不受非利益集团成员的观察;或者利益集团成员的利益与局外人的利益并非(完全)互补。在第4部分,我们描述了在这两种环境下得出的均衡,假定存在惟一一个利益集团,其领导要么遵循简单的赞同规则,要么采取策略行动。均衡在第5部分得到进一步验证,我们将评价其效率特征,对比该利益集团成员在这种情况下与在完全信息下的福利。最后一部分包含这些发现的概述并讨论它们如何扩展到多个利益集团的情况。

3.1 有关政治赞同的文献

关于利益集团在选举竞争或政策决定中发挥作用的大部分文献集中于运动捐献。例如,大卫·P·巴伦(David P.Baron,1994)研究了利益集团向偏爱其政策立场的政党捐献资源时的选举,并且政党运用这些捐献作为对易受影响选民的资金支出。我们以前的研究(1994,1996b)检验了,捐献者如何运用捐献直接影响政策制定者或政党采用的立场。

文献中没有否定运动捐献在美国政治和其他领域的重要性,对这些问题的详细研究很可能已经将分析的注意力,从利益集团尽力影响政治结果与能够并确实使用的其他工具上分散开来。例如,政治赞同尽管在许多选举中很突出,但在文献中也仅受到了很少的注意。

理查德·麦克尔韦和彼得·奥德舒克(Richard McKelvey and Peter Ordeshook,1985)首先将集团赞同看作不完全信息选民的潜在信息来源。在他们的模型中，有很大一部分选民不知道两个候选人在用实线表示的政策空间中各自的位置。这些选民通过观察选举前一系列"民意测验"的结果来获取信息。假定赞同提供额外信息；他们假定选民区分其政策立场是偏左或者偏右的候选人。

在马克尔韦和奥德舒克的论文中，赞同过程是隐含的。但是，在伯纳德·格罗夫曼和巴巴拉·诺兰德（Bernard Grofman and Barbara Norrander, 1990）的文章中却是明确处理的。在他们的模型中，两个候选人在政策实线中有固定位置。这些位置对单一选民是模糊的。选民从他知道其偏好的两个有见识"赞同者"那里得到提示。假定每个赞同者都支持其最喜欢的候选人，要么可变，要么候选人的立场位于偏离理想位置的某个最大距离之内。选民基于对这些（非策略性）赞同的观察更新信念。

卢比亚（Lupia, 1992）和卡梅伦与荣格（Charles M. Cameron and Joon Pyo Jung, 1995）考虑了赞同在公民投票中的作用。在每种情况下，在实线上都有一个当前点和能够提出替代方案的"议程设计者"。这些设计者对政策结果有偏好，并且设计最大化其福利的议案，他们知道只有当提案者具有大多数支持时才能够代替当前方案。选民无法直接观察到提案（例如，他们不理解公投提案的细节），但知道其支持者的效用函数。卢比亚引入了一个非策略性赞同者，让选民知道提案对现有政策是偏右还是偏左。相比较而言，卡梅伦和荣格假定赞同者策略性行事。他们的赞同者，像其他人一样拥有偏好，为了增加自身利益，选择要么支持，要么不支持提案。选民知道赞同者的偏好，并且运用隐含于其决定中的信息更新自己的信念。

本文与此前几篇论文的区别表现在：第一，我们假定两个政党竞争赞同。即，政党考虑自己的立场将如何影响赞同者的声明，并且在选择立场时将其考虑在内。当然，这在格罗夫曼和诺兰德的模型中是不可能的。在那个模型中，候选人的立场是外生固定的。卢比亚和卡梅伦与荣格研究的议程设计者确实参与了赞同者的行动，但当前采取的政策在他们的设计中被视为给定。第二，我们考虑了多个政策层面的选举，对赞同者只有几个被考虑在内。这是重要的，就像我们在"导言"中提到的，因为它强迫选民评价赞同的可能数量价值，而不仅仅是质量价值。本文讨论了只有一个采用机械规则的赞同者的情况，就像格罗夫曼与诺兰德和卢比亚一样，以及赞同者是策略性主体的情况，就像卡梅伦和荣格。简言之，本文是第一篇寻求协调多个谋权的政治家、自利赞同者和福利最大化选民之间同时、复杂关系的文章。

本文将赞同从利益集团为影响政治结果而采取的其他行动中分离出来，通过这种方式运用此前文献。特别地，我们的模型没有假定运动捐献的作用。事实上，经常是捐献和赞同同时发生，这两个工具好像是针对不同的观众。捐献者的意图是直接购买影响，或者向政治家传递一种信号，即集团针对某个问题最关心的方面（见 Richard Ball, 1995）。实际上，通常情况下，集团尽可能隐藏公众的捐献。另一方面，赞同是明确向选民传递信息的公开宣言。在任何情况下，在处理正被运用的许多工具在为更为复杂情况下的效率之前，尽力以分散的方式理解赞同的作用都好像是第一步。当然，我们最终是要理解，在不同的政治环境下，利益集团要使用的工具，以及这些不同工具如何相互作用。

3.2 模型与基准

我们研究两个政党在立法机关中竞争席位的问题。假定立法机关要做出两项决策。假定，在其中一个问题上，两个政党的立场固定不变。这些立场可能反映出，比如政党的政治意识形态，或者某个深思熟虑问题的既定目标。在单一的运动中，让政党改变它们这种已经许诺的立场是困难的。相比较而言，政党关于第二个问题的立场是完全可变的。政治家们关于这个层面问题的结果没有特殊的偏好，并将他们的立场看作选举竞争中的策略性选择。我们的分析集中于可变政策的决定上。

在选举后，两个政策的水平被确定。选举的结果，从内部看依赖于整体的规则和制度以及谈判过程的性质。我们没有模型化这些问题的细节，而仅仅假定达成了折中协议。政党能够得到选票越多的政策立场，赋予的权重也越大。特别地，让 q^A 和 q^B 表示政党在固定政策问题上的立场，并将其标准化，使 $q^A = 0$ 和 $q^B = 1$。让 p^A 和 p^B 表示它们在可变政策问题上的立场，其中 p^j 是 0 和 1 之间的任何数字。我们假定

$$p = \psi(s)p^A + [1 - \psi(s)]p^B \tag{1}$$

和

$$q = 1 - \psi(s) \tag{2}$$

其中，p 和 q 是在可变和不变层面的政策结果，s 是政党 A 得到的选票份额，$\psi(s)$ 是形成政策妥协时与该党立场相关的权重。我们也假定，对所有的 s 有 $\psi'(s) \geqslant 0$，并且 $\psi(s) = 1 - \psi(1-s)$；后者意味着政党对给定选票数量的政策有相同的讨价还价能力。

每个政党的目标都是最大化其选票份额。这个目标可能反映了，一个政党对与其意识形态相近的政策结果的渴望，或者政党可能寻求最大化捐献，它们相信，执政能够获得的利益随权力规模扩大。在任何情况下，政党对可变政策的声明只是选举竞争的惟一工具。

选民数量众多，并根据他们对两个政策结果的偏好区分开来。对任何政策向量（p, q），拥有偏好指数（π, β）的选民效用由式(3)给出：

$$u(p, q) = -a(p - \pi)^2 + \beta q \tag{3}$$

其中，$\pi \in [0, 1]$ 表明选民在可变政策空间中的理想点，β 表明其对政党 B 固定政策立场的相对偏好（正或负）。我们假定，所有选民

都知道他们对固定政策的偏好,并且知道如何估计可能的政策结果。这个问题很可能充满了意识形态感情或其长期倾向——我们已经提到过——因此,选民很可能已经详细讨论过这一点,并且在媒体上发表了许多报告表明这一点。选民对可变问题的信息不足。特别是,因为这是一个新的或复杂的问题,选民无法确认政策工具水平与自身福利的关系。我们将选民对政策问题的不完全理解模型化为关于它们理想点 π 之位置的不确定性。

所有选民都被归入两类选民中的一类。选民的特定份额 n 属于一个特殊利益集团。这些选民,我们将其看作内部人,知道他们对可变政策问题有相同的目标。特别是,内部人知道他所在的集团包含理想可变政策为 π_I 的选民集合。[2] 典型的内部人持有先验信念,他所在集团的理想点是 [0,1] 区间的某个分布中得出的。我们用 $F(\pi_I)$ 表示与这些信念相关的累积分布函数,并满足下面的限制。

假定 1: 关于 π_I 先验信念的累积分布函数 $F(\pi_I)$ 对所有的 $\pi_I \in$ [0,1] 满足对数凹性,并且其密度函数 $f(\pi_I)$ 为正,在 1/2 左右对称分布。

对数凹性假定(即,$\log F(\pi_I)$ 是 π_I 的凹函数)是一个相对较弱的限定,它满足正态、三角分布和其他一些假定。

尽管利益集团成员对可变政策问题有相同的偏好,但这并不意味着他们对两个政党的感觉相同。实际上,我们假定内部人对固定的政策问题拥有完全不同的观点,这很像普通选民。对每个内部人的可能值 π,β 的条件分布在区间 $[-1/2k - b/k, 1/2k - b/k]$ 上满足正态分布,$k > 0$ 并且 $|b| < 1/2$。在这里,k 是条件分布密度,因此 $1/k$ 衡量观点差别。指数 b 表明内部人对政党 A 固定立场的一般偏好。

剩余部分 $1 - n$ 的选民不属于任何利益集团。后面,我们将区分两种立场:一是外部人相信,在可变政策中,他们的自身利益之间存在相互关系;二是内部人相信不存在这种关系。直到现在,我们只假定外部人拥有先验信念,她的理想点是从均值为 1/2、区间为 [0, 1] 的某个对称分布中得出的。在这些选民中,以 π 为条件的 β 的分布是在区间 $[-1/2k-b/k,\ 1/2k-b/k]$ 上的正态分布。

每个选民都承认政策结果是两个政党立场之间的相互妥协。在形成妥协时,对政党 A 的选票将略微扩大与其政策立场相关的权重。对个人而言,给定她在投票时的信念,当且仅当她认识到政策的隐含变化将提高其预期效用时,她才会投票支持政党 A。更正式的情况,让 Ω 表示选民在选举中能够得到的有效信息;让 $\mathcal{E}$ 代表预期符号。那么,当且仅当 $d\mathcal{E}[u(p,q|\Omega)]/ds \geq 0$ 时,选民投票支持政党 A。运用 (1)、(2) 和 (3),我们重述选举规则为[3]:

投票支持政党 A,当且仅当
$$\beta \leq 2a(p - \mathcal{E}[\pi|\Omega])(p^B - p^A) \tag{4}$$

选民基于选举时对信念的预期,比较对可变政策问题的预期妥协和他预期的理想点。如果前者更大(或更小),他们就投票支持在可变政策问题上有低(或高)立场的政党,除非他们对其他政党固定政策立场的偏好巨大。这个描述假定,每个选民能够正确地预测到对 p 和 q 的妥协结果,即选民的预期是理性的。

我们假定内部人和外部人对不同信息集合的获取能力存在差别,即内部人已经观察到利益集团领导宣布的赞同,而外部人可能观察不到。然后,为了计算每个政党能够得到的选票份额,我们需要分别计算每个选民的份额,并取二者的加权平均数。运用 (4) 和 β 的假定分布,我们发现政党 A 得到的选票份额为:

$$s = \frac{1}{2} + b + 2ka(p - n\mathcal{E}_I[\pi|\Omega_I]$$
$$-(1-n)\mathcal{E}_O[\pi|\Omega_O])(p^B - p^A) \tag{5}$$

其中,$\mathcal{E}_I(\cdot)$ 和 $\mathcal{E}_O(\cdot)$ 分别表示内部人和外部人对 π 的预期值,Ω_I 和 Ω_O 分别表示对这两类选民有效的信息集合。[4]

在接下来的阶段中,我们寻求博弈中完美贝叶斯均衡的特征。第一,从关于 [0, 1] 的分布 $F(\pi_I)$ 中,自然选择 π_I。这个"选择"透露给政党和利益集团的领导,而不是单个选民。[5]第二,政党同时宣布他们对特定问题的政策立场。第三,利益集团领导向其中一个政党表示赞同。第四,选民基于新得到的信息,更新个人所关心问题的信念,并且投票。第五,选举决定投票份额,并且政策根据妥协规则制定出来。

为寻求最大化选票份额,政党不仅需要估计其立场宣布的直接效应,就像在(5)中最后的附加说明反映出来并隐含于(5)中的,而且源于对赞同者行为引致影响的间接效应和选民认识的随后变化。这是一个复杂计算,它要求理解领导的赞同规则(或策略),并且要求理解选民形成关于 π 之预期的过程。但是,在我们说明这些要素之前,存在我们对选举均衡所做的几个观察。首先,政党 A 要确保,通过模仿政党 B 的可变立场,s 不小于 $1/2 + b$。同样,政党 B 通过处理政党 A 的立场以确保 s 不大于 $1/2 + b$。在纳什均衡中,我们必须让 s 既不大于又不小于 $1/2 + b$;因此,立法机关中的均衡组成只反映了选民的事前偏好。现在,(5)意味着两个可变立场是相同的,或者可变妥协恰好符合总人口中的预期 π 值。因此,我们提出以下假说。

假说 1:在任何选举均衡中,(i) $s = 1/2 + b$,(ii) $p = \psi(1/2 + b)p^A + [1 - \psi(1/2 + b)]p^B$,(iii) 要么 $p^A = p^B$,要么 $p = n\, \mathcal{E}_I[\pi | \Omega_I] + (1-n)\mathcal{E}_O[\pi | \Omega_O]$。

通过考虑基准情况,我们得出这部分的结论。假定利益集团领导无论如何都不做任何赞同,或者选民的认识是完全无信息的。作为后者的一个例子,选民很可能相信,领导在不顾 π_I 和政党立场时赞同每个政党的概率为 $1/2$。由于是不完全信息赞同,事后信息集合 Ω_I 和 Ω_O 是相同的。在这种情况下,假定内部人和外部人将按照自身对可变问题利益的相同预期进行投票是合理的。这是因为两类先验分布有相同的均值 π，并且它们都基于相同的新信息（即政策主张）更新先验信念。

对于这种基本情况，可以很简单地构建一个似是而非的完美贝叶斯均衡。假定不论他们观察到的政策立场如何，所有选民都保持其先验信念，即，如果不存在作为暗示的有信息赞同，那么 $\mathcal{E}_I[\pi|\Omega_I] = \mathcal{E}_O[\pi|\Omega_O] = 1/2$。根据这些预期，政党最大化其选票份额意味着存在着惟一的选举均衡，其中 $s = 1/2 + b$，并且两个政党都位于可变政策空间的中心。我们在下面的假说中将更正式地描述这种均衡。

假说 2：假定不存在赞同，或者只有一个被认为是信息不足的赞同。那么存在一个完美贝叶斯均衡，其中（ⅰ）对所有可能的信息集合 Ω_I 和 Ω_O，$\mathcal{E}_I[\pi|\Omega_I] = \mathcal{E}_O[\pi|\Omega_O] = 1/2$；（ⅱ）对所有的 $\pi_I \in [0, 1]$，$p^A(\pi_I) = p^B(\pi_I) = 1/2$。

可以很容易地证明这是一个完美贝叶斯均衡。由于 $\mathcal{E}_I[\pi|\Omega_I] = \mathcal{E}_O[\pi|\Omega_O] = 1/2$，(4) 中的投票规则意味着 $s = 1/2 + b + 2ak(p - 1/2)(p^B - p^A)$。这个投票函数产生惟一的纳什均衡，其中每个政党宣称可变的政策立场 1/2。而且，信念更新满足贝叶斯规则，因为当选民观察到 $p^A = p^B = 1/2$ 时，他们得不到任何使其后验预期不同于先验预期的信息。我们将使用这种类似的霍特林均衡作为基准，以对抗对（有信息）政治赞同潜在作用的评价。[6]

3.3 中性结果

在这一部分，我们将描述利益集团赞同信息充分但无效率的情况。这将会设定下一节的内容，在那一节中我们将确定赞同对政治结果有真实影响的条件。

假定外部人认为自身对于可变政策的利益与内部人的利益恰好互

补，即他们相信"对他们有利的，将对我们不利"。在一个经济模型中，这种互补性将适用于纯粹的再分配政策；对一个集团选民的收益将是对其他选民集团的代价。在我们的空间模型中，我们能够描述利益的严格互补性，通过对内部人强加 π_I 实现和外部人 π 之均值实现的关系。特别是，让 π_O 表示外部人 π 的均值，并且让产生 π_I 和 π_O 的过程就如此，其中人口均值恒定并且固定为 1/2。即，对所有的 $\pi_I \in [0, 1]$，

$$n\pi_I + (1-n)\pi_O = \frac{1}{2} \tag{6}$$

在这个假定下，外部人将会明白，一般情况下，可变政策对使内部人受益的政策空间中心的任何偏离都将对自身不利。在这个集合中，关于 π_I 的信息，就像赞同所传递的那样，允许外部人更新他们关于理想政策的信念，就像内部人更新自己的信念一样。[7]

如果赞同被所有的选民观察到，那么所有选民将具有共同的信息集合 $\Omega_I = \Omega_O = \Omega$。内部人将利用赞同得出某种他们想要的最可能理想点的结果，即他们将形成预期 $\mathcal{E}_I[\pi_I|\Omega]$。同时，外部人将形成他们关于个人理想点的预期 $\mathcal{E}_O[\pi|\Omega]$。考虑到选民对（6）中表达的利益互补性的理解，假定选民的信念满足 $n\mathcal{E}_I[\pi_I|\Omega] + (1-n)\mathcal{E}_O[\pi_O|\Omega] = 1/2$ 似乎是真实的。例如，每个选民都从他们对 p^A、p^B 的观察以及得到赞同的政党身份中，得出关于 π_I 的同样推论可能是真实的。在这种情况下，我们将选举竞争的环境看作赞同并非公开信息的情况。所有选民间一般（预期）的理想点将为 1/2。因此，政党都寻求选择 p^A 和 p^B 时分别使 $s = 1/2 + b + 2ka(p-1/2)(p^B - p^A)$ 最大化和最小化。在纳什均衡中，所有的政党都位于可变政策空间的中心。不论 π_I 的真实值恰好是什么，所有这些都是真实的。我们提出下面的假说。

假说 3：对外部人而言，让 π 以 π_I 值为条件的分布满足（6），

并且让赞同对所有选民都是可观察的。那么，如果所有选民运用同样的计划更新他们基于观察的关于 π_I 的信念，如果不考虑赞同的规则和策略，一个完美贝叶斯均衡对所有的 $\pi_I \in [0, 1]$ 必须满足 $p^A(\pi_I) = p^B(\pi_I) = 1/2$。

直观上看，如果他们知道他们在利益集团成员中形成的信誉与在其他剩余选民中失去的信誉恰好相等或更大，政党就没有理由竞争赞同。它通常给一个政党提供支付以便向中心移动，即使作为结果这将意味着失去利益集团的赞同。

当然，假说3也表明了赞同不可能有如此良好的条件。首先，外部人对于可变问题的利益不可能与内部人的利益完全互补。在极端的情况下，两类选民的利益可能是完全独立的，即外部人中关于 π 的条件分布可能与 π_I 的每个值相同。第二，赞同可能被更大多数的内部人而非外部人得知。如果赞同能够私自传递给集团成员，这种极端情况可能出现。在下一部分中，我们将运用这两个极端假定探索赞同的潜在政策效果。

3.4 有效率赞同

在这一部分中，我们描述了有效率赞同的均衡。我们的目标是提供赞同者运用规则的联合特征，选民运用的推理解释了考虑赞同规则和选民信念时，赞同者的信息以及政党运用的政策。既然这种相互关系是复杂的，我们的分析将逐步推进。首先，我们假定集团领导运用无意识的赞同规则。这种规则规定了对每一组政策立场和每个可能 π_I 值的赞同。我们将规则类型限制在我们称为分割线的东西，并且表明同一集合的信念和可变政策对这个类型中的每个赞同规则都是均衡的。接下来，我们让集团领导采取策略性行动。在这种情况下，领导根据他对信号如何解释的理解，宣布对最大化利益集团总福利的赞同。现在，均衡赞同规则是由信念和政策立场联合决定的：在给定可变政策和信念结构时，领导人将对集团尽最大努力，而信念依赖于选民怀疑之规则的运用。连续性要求选民运用的规则与赞同者实际希望运用的规则一致。我们表明，存在这样一个连续的规则，并且它属于分割线规则一类。由于这个原因，策略性赞同者的均衡政策和信念与运用任意分割线规则的机械赞同者的政策和信念相同。

3.4.1 机械性赞同

我们从运用分割线规则的机械赞同者开始分析。在定义这类规则之前，我们需要一些额外的记号。让 E 表示赞同的接收者，$E = A$ 或者 $E = B$。让 $E_{\min}$ 表示可变政策立场较小的政党；即 $E_{\min} \equiv \arg\min_{A,B}\{p^A, p^B\}$。同样，$E_{\max} \equiv \arg\max_{A,B}\{p^A, p^B\}$。最后，$g(p^A, p^B)$ 为任一连续函数，其性质为：对所有的 p^A 和 p^B，$\min\{p^A, p^B\} \leq g(p^A, p^B) \leq \max\{p^A, p^B\}$。我们对分割线规则的定义如下：

定义（分割线规则）：如果 $p^A \neq p^B$，$g(p^A, p^B) < \pi_I$ 或者 $g(p^A, p^B) = \pi_I = \max\{p^A, p^B\}$，那么 $E = E_{\max}$。如果 $p^A \neq p^B$，$g(p^A, p^B) > \pi_I$ 或者 $g(p^A, p^B) = \pi_I = \min\{p^A, p^B\}$，那么 $E = E_{\min}$。最后，如果 $p^A = p^B$ 或者 $\min\{p^A, p^B\} < g(p^A, p^B) = \pi_I < \max\{p^A, p^B\}$，那么，可以以 1/2 的概率得出 $E = A$，1/2 的概率得出 $E = B$。

直观上看，函数 $g(\cdot)$ 决定两个政党所宣称立场之间的分割线。如果集团成员的理想点 π_I 位于分割线之上，那么赞同者将选择其可变政策立场较高的那个政党。如果理想点跌至分割线之下，那么赞同者将会指向其可变政策立场较低的那个政党。如果 π_I 恰好落在分割线右边，并且正好有一个政党宣布了集团的理想位置，那么这个政党将得到赞同。否则，每个政党得到赞同的概率为 1/2。

函数 $g(p^A, p^B) = (p^A + p^B)/2$ 提供了一个分割线的好实例。这

个规则在两个政党可变立场之间的中间位置设定分割线，并因此区分其可变政策立场接近利益集团理想的政党。

现在，我们描述适用于这一类全部规则的完美贝叶斯均衡。首先假定外部人的利益与利益集团成员的利益恰好互不相关，即对任何外部人的 π 的条件分布独立于 π_I 的自然选择。然后，很明显地，赞同没有给外部人任何有用的信息。同时，内部人运用赞同传递的信息更新他们关于可变政策问题利益的信念。

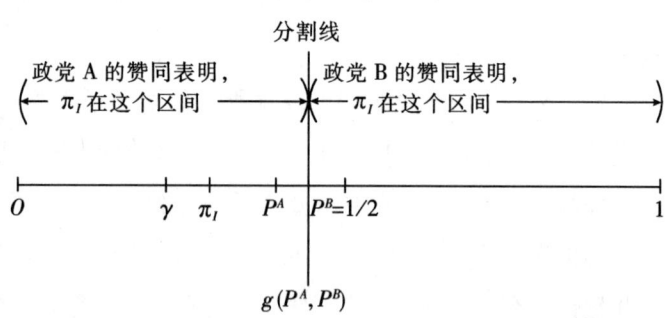

均衡的描述不仅必须说明政党采用的立场，而且还有选民如何更新他们对观察到事件做出反应的信念。内部人信念的更新可以借助图 3—1 得到最好的理解。该图表明了两个政党的两种可能政策立场。为方便后面的讨论，我们把政党 B 放在政策谱系的中心（$p^B = 1/2$）。就像所表明的，假定政党 A 宣称某种政策立场 $p^A < 1/2$。分割线 $g(p^A, p^B)$ 位于两个政策之间。如果利益集团领导知道集团的理想点 π_I 位于 $g(p^A, p^B)$ 的左边，他会赞同政党 A。内部人看到这个赞同，就能够排除 $\pi_I > g(p^A, p^B)$ 的可能性。这个信息允许内部人形成关于 π_I 的新预期，没有赋予 $\pi_I > g(p^A, p^B)$ 的可能性以权重。同样，如果 π_I 恰好落在分割线的右边，赞同者将会选择政党 B，并且集团成员得出 $\pi_I \geqslant g(p^A, p^B)$，将会基于先验分布形成他们对于 π_I 的预期，这没有赋予 $\pi_I < g(p^A, p^B)$ 的可能性以权重。

图 3—1 源于赞同的信息

内部人运用贝叶斯规则更新他们的信念。当赞同显示出 π_I 必须

小于某个数字 z 时，后验分布对 $\pi_I \in [0, z]$ 有密度 $f(\pi_I)/F(z)$，对 $\pi_I \in (z, 1]$ 有密度 0。他们可能基于信息 $\pi_I \leqslant z$，计算 π_I 的预期值，我们将其记为 $M(z)$：

$$M(z) \equiv \frac{1}{F(z)} \int_0^z x f(x) dx \tag{7}$$

同时，外部人保留他们的理想点（平均）位于 1/2 处的先验信念。这样，在全部人口中，当内部人得知 $\pi_I \leqslant z$ 时，π 的预期值为 $nM(z) + (1-n)/2$。最后，让我们定义变量 γ，这是一个中止点，使得如果内部人知道理想点位于 γ 的左边，并且更新运用贝叶斯规则，那么，在全部人口中，π 的结果预期值也可能为 γ。更正式的情况为，γ 的解为

$$\gamma = nM(\gamma) + (1-n)\frac{1}{2} \tag{8}$$

可以看到，(8) 给出了 $\gamma < 1/2$ 时的惟一值，并且相反的情况是，γ 与特殊利益集团的规模相联系。[8] 我们将看到 γ 在对均衡的描述中起重要作用。

在进一步分析之前，我们将给出一个限制利益集团规模的技术假定。这个假定对确保我们的均衡特征是充足的，但在大多数情况下它比实际要求的更严格。我们作如下假定。

假定 2：$n \leqslant \min\{[\varphi(1/2+b)/\mathcal{M}], [1-\varphi(1/2+b)/\mathcal{M}], 1/2\}$，其中，$\mathcal{M} \equiv \max_{x \in [0,1]} M'(x)$。我们注意到，当前者一致时，$\mathcal{M} = 1/2$；当它们是三方时，$\mathcal{M} = 2/3$；并且 $\mathcal{M}$ 总是正数。

现在，我们准备描述 PBE，其中政治赞同在政策决定中起重要作用。在这个均衡中，按照有利于利益集团成员的方向，政党通过改变它们在易受影响问题（相对于基准结果）上的立场竞争利益集团的捐献。本文中，我们关于这个假说的叙述只表明在均衡中可观察到的立场和政策结果。对提供支持信念假说的技术性的完整陈述感兴趣的

读者,可以参考附录。

假说 4:让外部人的条件分布独立于 π_I,并且让赞同对所有选民是可观察的。假定赞同服从分割线规则并且假定 1 和 2 得以满足。那么,存在 PBE,其中

(i) $p^A(\pi_I) = p^B(\pi_I) = p(\pi_I) = \begin{cases} \gamma, & 0 \leqslant \pi_I \leqslant \gamma \\ \pi_I, & \gamma < \pi_I < 1-\gamma \\ 1-\gamma, & 1-\gamma \leqslant \pi_I \leqslant 1 \end{cases}$

(ii) $q = 1 - \psi(1/2 + b)$

这个假说在附录中证明。在这里我们讨论其含义并提供直观解释。

在假说 4 描述的均衡中,政党之间积极竞争赞同,但只"到一个点"。如果利益集团成员的确是适度的——那就是说,如果他们持有的理想政策主张离 1/2 不太远——那么政党就会正确地趋同于这一立场,并且政策结果满足利益集团的理想。然而,如果利益集团成员在偏好上更加极端,那么政党不会特地去满足他们的愿望。事实上,政党不会宣称低于 γ(或者大于 $1-\gamma$)的立场,不论利益集团的口味多么极端。只要 $\pi_I \leqslant \gamma$,可变政策结果就是 γ;只要 $\pi_I \geqslant 1-\gamma$,可以政策结果就是 $1-\gamma$;并且在这个范围内,这不是对 π_I 做出的反应。利益集团越大,γ 越小,因此,对利益集团实现其理想的 π_I 值的范围就越大。

为了理解这个均衡的基础,让我们从基准开始讨论。假定两个政党都在政策谱系的中心预期政策立场,现在让政党 A 接受对图 3—1 中标记为 p^A 的政策立场的可能偏离。这个偏离将使政党 A 赢得该利益集团的赞同。集团成员将更新信念,现在意识到 $\pi_I \leqslant g(p^A, 1/2)$,并且计算出 π_I 更新后的预期值等于 $M[g(p^A, 1/2)]$。对足以接近 1/2 的 p^A,π_I 的这个预期值不小于 p^A。但是,由于 $E_I(\pi_I) < p^A < p^B$,投票规则(4)意味着,政党 A 从集团成员的选票中得到的选票

比率超过 $1/2+b$。这个偏离使政党 A 在内部赢得选票,因为通过获得领导人的赞同,该党诱使集团成员相信他们的可变政策立场能够更好地服务于其利益。同时,偏离是以政党 A 牺牲外部选票为代价的,因为这些选民坚持他们的信念,认为其理想的可变政策有预期值 $1/2$。然而,在内部获得的选票要超过在外部损失的选票,至少对足以接近 $p^B=1/2$ 的偏离是如此。对接近于 $1/2$ 的 p^A 来说,政党 A 只损失了外部的很少选票,因为政党的可变政策立场彼此相互接近,并且都接近于外部的(预期)理想。内部人中的选票收益在数量上更大,因为尽管他们也能看到两个政党的主张相近,但同样都可以看到离他们 $E_I(\pi_I)$(更新后)理想点的相对差距。换句话说,两个可变立场之间存在的可以感觉到的理想效用差异,对内部选民要比对外部选民大得多,因此更多的内部选民将倾向于将选票投向他们更偏爱其政策立场的政党。

根据该假说,现在可能会发生两种情况。第一,对 π_I 的中间值,两个政党可能会偏离其基准而宣布其政策主张恰好为 π_I。第二,对 π_I 的极端值,两个政党可能会宣布其政策立场为 γ(或者,如果 $\pi_I>1/2$,围绕 $1-\gamma$ 对称),并且两方都没有激励进行进一步偏离。接下来,让我们考虑每种可能性。

根据图 3—1 中表明的 π_I 的中间值,假定政党 A 预期其竞争对手将宣布其可变的政策主张 $p^B=\pi_I$。那么,这个政党面对什么激励?如果它也采用 π_I 作为其可变政策主张,那么不论集团领导的(随机)赞同如何,政党 A 都将获得内部和外部选票总数的 $1/2+b$。这可以在图 3—2 中表示出来,它表明了每个集团对政党 A 的选票数量,并且总体上是政党 A 政策主张的函数(假定 $p^B=\pi_I$)。另一种可能性是,政党 A 可能会选择的政策主张为 $p^A<\pi_I$。很明显,它可能会从外部 $1-n$ 的选民中赢得的选票少于 $1/2+b$。这些选民认识到 $1/2$ 的预期理想,因此,当 $p^A<p^B<1/2$ 时,他们宁愿选择政党 B 的政策

主张而不选择政党 A 的。而且，当 $p^B = \pi_I$ 时，政党 A 选择的政策主张将会引起集团领导赞同政党 B。集团成员可能会推断 $\pi_I \geq g(p^A, \pi_I)$，并且将计算出比 p^B 大的 π_I 的新预期值。那么，既然 $E_I(\pi_I) > p^B > p^A$，政党 A 将得到的选票比率低于 $1/2 + b$。简言之，政党 A 对政策主张 $p^A < \pi_I$ 的宣称，能够为其从内部和外部选民中获得选票，比率低于 $1/2 + b$，并因此受 $p^A = \pi_I$ 这一主张的控制。

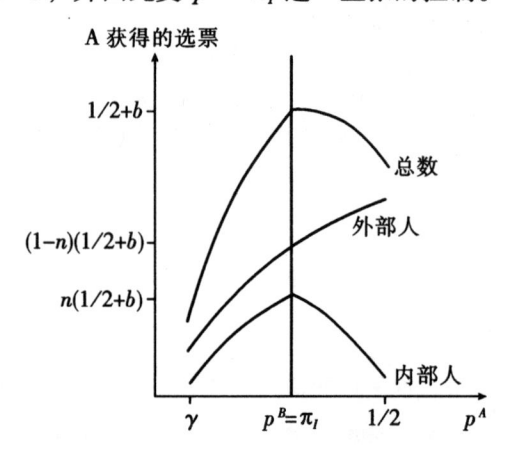

图 3—2 选票估计

一种更加有趣的可能性是，政党 A 可能将其政策设定在略微高于 π_I 处，而更接近政策空间的中心。对外部选民（它们的预期理想点在 $1/2$ 处）来说，这使得该党比其对手更有吸引力，因此政党 A 能够获得的选票比率超过 $1/2 + b$，就像图 3—2 中所表明的。但是，该政党是以牺牲利益集团的赞同为代价的。由于集团领导赞同政党 B，并且 $p^A > p^B$，内部选民将把赞同解释为意味着 $\pi_I \leq g(p^A, \pi_I)$。他们能够计算出 $E_I[\pi_I | \pi_I \leq g(p^A, \pi_I)] = M[g(p^A, \pi_I)] < p^B$。这样，相对于将政策主张设定在 π_I 处，该行动将使政党 A 牺牲内部选票。这里存在政党 A 面临的权衡。

那么，从外部选民中得到的选票收益和在内部遭受的选票损失哪个更大呢？等式（5）告诉我们，由于 $p^A > p^B$，当且仅当预期政策

折中 p 低于 π 的总平均期望值时,政党 A 的总投票份额超过 $1/2+b$。由于 p^A 和 p^B 都接近于 π_I,期望折中值也接近 π_I。但是,根据对 γ 的定义和 $\pi_I > \gamma$ 这一事实,π 的总平均期望值必定大于 π_I。因此,政党 A 在 π_I 处比在 π_I 的略微偏右处能够吸引更多的选票;略微向右偏离而在外部选民中得到的收益不能够补偿在内部选民中造成的损失。[9] 对政党 A 来说,对 $p^B = \pi_I$ 最好的反应就是宣布 π_I,并且两个政党向利益集团理想的可变政策立场趋同。

现在考虑利益集团的偏好更极端的情况,即 $\pi_I < \gamma$。如果政党 B 位于 π_I,通过调整政策到位于竞争对手的右边,政党 A 将会改进其投票数(也相对于 π_I)。该行动将会牺牲该政党能够从利益集团得到的赞同,但是随之出现的内部选民的选票损失将更大,并超过了从外部选民中得到的选票收益。γ 的定义确保这是个事实,因为由于 $\pi_I < \gamma$,参加政党 B 赞同的信念更新使 π 的总平均预期值小于 π_I。但是,由于 $p^A > p^B$ 并且都接近于 π_I,这隐含着通过(5)式政党 A 的选票份额超过了 $1/2+b$。当 π_I 表示极端值时,两个政党都有动力偏离 π_I,向中心移动。

它们将要移动多远呢?如果政党 B 位于 γ 左边的某个地方,上面的论点将表明,通过将其政策设定在其右边,政党 A 能够得到的选票份额超过 $1/2+b$。假说 1 将其作为可能的均衡结果把这种情况排除在外了。同样,如果政党 B 位于 γ 的右边,政党 A 通过将其政策主张设定在左边,可以得到超过 $1/2+b$ 的席位数。这种情况也不可能出现在均衡中。惟一剩下的可能性是,政党 B 恰好位于 γ 处,在这种情况下,对政党 A 来说最好的反应就是跟随。当外部选民的利益与利益集团的利益互不相关时,这可以得出我们对均衡的讨论。

值得强调的是,假说 4 描述的政治均衡最适合赞同规则的细节;对所有的规则而言,同样的立场和政策出现在更广类型的分割线规则中。

利益集团与贸易政策

让我们回到外部选民利益恰好完全弥补内部选民利益的情况。现在假定外部选民没有看到集团领导的赞同。将要得出的核心一点是，非常接近于假说4描述的PBE在这种情况下也存在，这种政策立场与假说4表明的情况完全相同，就像内部选民更新的信念一样。只有外部选民的信念是不同的。[10]

3.4.2 策略性赞同

在接下来的部分中，我们假定领导受约束地遵循简单的机械规则。但是，如果领导是博弈参与者并尽可能采取策略性行动，那么会出现什么情况？

读者可能想知道，同利益集团成员相比，为什么利益集团领导有激励采取策略性行动？毕竟，推测起来看，领导从内心里在成员中拥有最优利益。虽然如此，对策略性行为的激励源于集团成员对固定政策问题完全不同的观点。不论他的政策目标是什么，领导可能都希望其所在集团的所有成员都支持同一个政党，以推动其妥协政策尽可能地接近于其目标结果。但是，如果信息完备的话，利益集团成员将不会作为一个整体投票。而且，对政党A的意识形态立场具有强烈吸引力的那些成员将投该党的票，不论他们的投票对集团总福利的负面影响如何。同样，对政党B的固定政策立场有强烈偏好的成员将毫不犹豫地支持该党。那么，领导可能采取策略性行动以尽力诱导尽可能多的个人为集体利益投票。

这里，我们假定利益集团的领导只关心可变政策结果。[11]领导寻求最大化

$$U = -a(p - \pi_I)^2 \tag{9}$$

它表示每个成员从可变政策实现中得到的效用。根据这个目标，领导将会根据最小化期望的政策结果和集团理想点之间的差距，选择捐献给哪个政党。为了决定捐献给哪个政党，领导必须衡量其支持如何通

过集团成员来解释。同时，可以假定，集团成员的解释依赖于对领导判断的激励。

存在一个对该偏好问题的令人吃惊的简单解。我们可能表明，通常存在一个具有合意连续特征的特定分割线规则。名义上看，如果集团成员怀疑他们遵循这个特定规则的领导，他们（一贯地）会按照假说 4 描述的方式更新其信念，并且如果领导预测到这个更新过程，预示的规则将的确会最大化（9）中的 $U(\cdot)$。这意味着该党能够（一贯地）预期这个规则，并按照其完全期望设定政策立场。换句话说，当集团领导采取策略性行动时，假说 4 中描述的立场和政策主张保留 PBE 结果。

附录包含了对下列假说的证明。

假说 5：假定对外部选民的 π 的条件分布独立于 π_I，并且捐献对所有选民都是可以观察的。假定利益集团领导发出捐献是为了最大化（9），并且假定 1 和 2 能够满足。那么，存在一个分割线规则 $g(\cdot)$ 的 PBE，使得

（ⅰ）选民预期领导使用分割性规则 $g(\cdot)$；

（ⅱ）给定选民的信念，$g(\cdot)$ 对利益集团领导是最优的；

（ⅲ）选民的信念和政党的立场恰好与假说 4 相同。

这里，我们试图解释这个结果为什么是真实的。

假定利益集团成员怀疑他们的领导运用某个特定的分割线规则，比如用函数 $g^\circ(p^A, p^B)$ 描述的一个规则。进一步假定，一听到政策立场和领导的捐献，这些个人就改进其关于 π_I 的信念，就像我们在前面描述的那样。特别是，政党对于最初可变政策的捐献将引导成员把 $\pi_I \leqslant g^\circ(p^A, p^B)$ 这种可能性排除在外。超过那一点，更新的信念就采用贝叶斯规则。那么，对每一对政策主张 p^A 和 p^B，观察对一个政党或另一个政党捐献的内部选民将形成预期 $E_I[\pi_I | p^A, p^B, E]$，他将运用这个预期决定在投票箱中拉动哪根杠杆。

已经说明了捐献将被如何解释，我们就知道当政策立场是 p^A 和

p^B，并且领导宣称支持一个或另一个政党时，每个内部选民将如何投票。假定外部选民保留其先验信念，即不论两个政党的可变政策立场在何处趋同，他们的预期理想立场都是1/2。那么，领导会计算每个政党可能获得的选票，如果他一听到政策立场 p^A 和 p^B 就捐献给政党 A，也会计算如果他反而支持政党 B 时每个政党可能得到的选票。既然他能够计算由其行为造成的选票数，领导也会计算参加每个政党捐献的政策妥协。根据（9）中的目标函数 $U(\cdot)$，这些结果中的一个给出了更高福利。这是当政策主张为 p^A 和 p^B 时，策略性领导将会给出的捐献。

现在，我们认为刚才描述的捐献过程本身就是一个分割线规则。对于任何两个可能的政策结果，（9）的效用函数 $U(\cdot)$ 都被接近于 π_I 的政策选择最大化。因此，如果政党 A 得到的捐献将会导致妥协的结果，即 $\tilde{p}^A$；反之，政党 B 得到的捐献将会导致结果 $\tilde{p}^B > \tilde{p}^A$。那么当且仅当 π_I 位于 $\tilde{p}^A$ 和 $\tilde{p}^B$ 之间的中位点之下时，领导才会捐献给政党 A。但是，注意这个中位点自身位于 p^A 和 p^B 之间，因为两个妥协值 $\tilde{p}^A$ 和 $\tilde{p}^B$ 都位于两个政策立场之间。我们得出结论，对每一组政策主张 p^A 和 p^B 来说，领导的捐献反映了理想点 π_I 和两个政策立场中间点之间的比较。但是，那非常精确地表明了分割线规则的特征。

我们已经讨论了当集团成员预期独裁的捐献规则 $g^o(\cdot)$ 时，最大化的领导将选择一个特定的分割线规则，即 $\tilde{g}(\cdot)$。每一个猜想的捐献规则都引起了某种特定的最优捐献规则。但是，就像已经表明的，不存在两个政党之间的连续性保证。但是，如果存在分割线规则，当成员期望时，会引起领导完全相同形式的最优行为，那么会出现什么结果？接下来，这样的规则将具有期望的连续性特征。说得技术些，我们在从 g^o 到 $\tilde{g}$ 之间的图形上需要一个固定点。

假说 5 的证明确定了结构上这一固定点的存在。对每一组政策立场而言，假定内部选民猜想针对哪一组政策立场的"分割点"。如果这个点等于两个政策立场中较小的一个，领导的最优分割点——我们已经讨论过，通常位于 p^A 和 p^B——将位于猜想的分割点之上。如果猜想的分割点等于两个政策立场中较大的一个，最优分割点将位于猜想点之下。既然最优点可能表明是猜想点的连续函数，一定存在一个值，对两个政党是相同的。对每种可能政策立场而言，重复这个过程将产生希望得到的分割线规则，$g(p^A, p^B)$。

作为捐助者，策略性领导对于他们的付费而言并不比机械性领导干得更好。一旦成员考虑到他们领导的策略，领导就将失去控制集团的能力。保留下来的将只是以简单、二元信号传递的信息。

我们已经表明，特殊利益集团的捐献能够影响政策结果。当集团成员的利益与外部选民的利益并非完全互补时，政党将竞争捐献，他们知道其价值将超过远离某些边缘支持者的成本。同样，当外部选民不能观察到领导的主张时，政党可能会有激励以牺牲不知情外部选民的利益来满足集团的利益。在任何一种情况下，政党都给相对中心集团最优的可变政策主张，在某种程度上向具有更极端期望集团的方向倾斜。

3.5 福　利

在这一部分，我们致力于分析假说 4 和 5 描述的均衡的规范特征。既然假说 4 包含了均衡政策的细节，为了比较的目的，我们将谈到它。然而，应该清楚的是，这同样可以应用于与假说 5 的比较，那描述了策略性捐助者的均衡。

以 π_I 的值为条件，代表性集团成员的效用由下式给出：

$$u_I(p, q/\pi_I) = -a(p - \pi_I)^2 + \beta q \tag{10}$$

在假说 4 的条件下，外部选民有关于 π 的条件分布，该分布独立

于 π_I。让 $\varphi(\pi)$ 代表这个条件分布的密度,外部选民的期望效用等于

$$u_O(p, q/\pi_I) = -a\int_0^1 (p-\pi)^2 \varphi(\pi) d\pi + \beta q$$

$$= -a\left(p - \frac{1}{2}\right)^2 - a\,\text{var}(\pi_O) + \beta q \qquad (11)$$

式中,$\text{var}(\pi_O)$ 是这个选民集团中 π 的标准差。总期望效用等于 u_I 和 u_O 的加权平均值,分别用人口规模 n 和 $1-n$ 作权数。

我们比较假说 4 描述的均衡和假说 2 描述的基准均衡。在基准状态中,可变政策主张落在政策空间的中心,由于竞争捐献,当 $\pi_I > 1/2$ 时,$p > 1/2$;当 $\pi_I < 1/2$ 时,$p < 1/2$。在两个均衡中,固定的政策结果为 $q = 1 - \psi(1/2 + b)$,因为在两种情况下 $s = 1/2 + b$。接着,可以从(10)和(11)中得出,捐献均衡与基准均衡相比,不论 π_I 的值如何,集团成员都将更加幸运,而外部选民将更加不幸。

竞争捐献的总体效率含义是不明显的。一方面,捐献向没有信息的选民集团传递了有用信息,并且让他们的真实利益在政治过程中反映出来。另一方面,竞争捐献可能引导这些人的利益以牺牲其他人的利益而被过分代表。

只要 $\pi_I \in [\gamma, 1-\gamma]$,与基准结果相比,假说 4 中的均衡都确实承担了总福利损失。当集团成员在这个范围内有中间偏好时,假说 4 中的均衡完全符合他们的利益。那么,相对于 $p = 1/2$ 的基准均衡结果而言,n 个成员中的每一个都以期望效用获得 $a(1/2 - \pi_I)^2$。其间,偏好中间可变政策(平均情况下)的 $1-n$ 个非成员都将分别遭受 $a(\pi_I - 1/2)^2$ 的预期效用损失。既然 $n < 1-n$(见假设 2),竞争捐献将在表明的范围内产生政治性无效率。

然而,当集团成员的真实偏好更加极端时,捐献过程可能会提高政治效率。当 $\pi_I \notin [\gamma, 1-\gamma]$ 时,政党突然停止完全满足集团的真实希望。然后,政策结果 $p = \gamma$ 反映了成员利益和其他(一般公众)

利益的平衡。实际上，我们发现存在一个临界值 γ_c，$\gamma_c \in (0, \gamma)$，不论 π_I 小于 γ_c 还是大于 $1-\gamma_c$，假说 4 均衡中的总福利都高于基准均衡中的总福利。[12]

假说 6：假定对外部选民来说，π 的条件分布独立于 π_I，并且假定 1 和 2 都得到满足。那么，对 π_I 所有的值，假说 4 描述的均衡中内部选民的效用高于、外部选民的期望效用低于基准均衡中的效用。当且仅当 $0 \leqslant \pi_I < \gamma_c$ 或 $1-\gamma_c < \pi_I \leqslant 1$ 时，假说 4 描述的均衡中的总福利更高。

比较集团成员在假说 4 描述的均衡中的福利状况相对于他们在信息完全条件假定背景下能够得到的效用来说也非常有趣。在后者的背景下，除了 π 的真实值等于期望值时，每个集团成员运用（4）中表明的规则投票。假定外部选民有独立于集团成员利益的利益，并且 $E_O(\pi|\Omega_O) = 1/2$，政党的选票份额将随它们宣布的政策立场发生变化，根据

$$s = \frac{1}{2} + b + 2ka\left(p - n\pi_I - \frac{1-n}{2}\right)(p^B - p^A)$$

然后，两个政党将在假定的 PBE 中，设定类似的政策立场

$$p^A(\pi_I) = p^B(\pi_I) = n\pi_I + \frac{1-n}{2}$$

并且每个政党都将获得席位数的"正常"份额。

我们现在比较：集团成员在假定均衡 $p = n\pi_I + (1-n)/2$ 和 $q = 1 - \varphi(1/2 + b)$ 中的效用与 p 和 q 分别采用假说 4 描述的值时能够得到的效用 $u_I(p, q|\pi_I)$。对所有的 $\pi_I \in [\gamma, 1-\gamma]$，集团在假说 4 的均衡中享受理想的可变政策。这样，对 π_I 的值而言，在这个范围内，当成员只知道捐献情况时要比他们具有完全信息时的情况好得多。如果集团成员能够从具有完全信息中获益，它必须是对 π_I 的相对极端值。事实上，运用（10）可以直接表明，当且仅当集团成员的

理想可变政策落在 0 到 $M(\gamma)$ 或者 $1-M(\gamma)$ 到 1 之间时，集团的福利在完全信息下更好。[13]

集团成员为什么会从关于自己政策利益暗处保留的部分中获益呢？答案与他们能够从观察捐献中得出的推断以及这些推断对选票行为产生的影响有关。当个人知道其理想可变政策的真实值时，当且仅当他对 p 的个人值小于 $2a(p-\pi)(p^B-p^A)$ 时，他投票支持政党 A。但是，当集团成员只知道受捐助者的特征时，他会典型地推断出她的（期望）理想点位于分割线的一边或另一边。如果他的理想点确实是一个中心点，那么捐献会使这个事实不明显，并且让内部选民认为他可能更加极端。那就是说，当 π_I 相对接近中心时，$\mathcal{E}_I[\pi_I|p^A, p^B, E] > \pi_I > 1/2$ 或 $\mathcal{E}_I[\pi_I|p^A, p^B, E] < \pi_I < 1/2$ 可能发生。在这种情况下，相对于他的真实利益是明显的情况，由于可变政策立场的给定变化，选民更准备从对一个政党的忠诚转移至对另一个政党的忠诚。政党认识到利益集团选民之间这种更大的政策敏感性，并且为了获得他们的选票更准备做出让步。[14]

3.6 结　论

我们已经发展了一个特殊利益集团政治赞同的模型。在我们的模型中，在立法选举中，集团领导为了向具有想法但不具有信息的选民传达关于集团利益的信息而对一个或另一个政党进行捐献。成员运用这些提示更新他们关于什么样的选举结果对他们有利的信念，并据此投票。在某些情况下，其他选民——不作为成员分享共同利益者——也从捐献中获取信息并因此而调整他们的投票行为。

政党通常不会竞争利益集团的赞同。特别是当所有选民得知这些并且得知不属于任何集团成员的选民与成员利益直接相反时，捐献是政策中性的。在这些环境下，政党对利益集团可能做出的任何让步将

第 3 章 竞争赞同

会以牺牲非成员更多的选票为代价，而这要大于从少数支持者中得到的选票。然而，如果集团成员的利益与外部选民的利益并非完全互补，或者如果集团领导的捐献不能够被非成员观察到，那么政党的确会发现竞争集团的支持是值得的。在这些背景下，政党采取的政策主张将以牺牲非成员选民为代价来支持特殊利益。

尽管政党的可变政策主张在均衡中相同，并且所有的均衡捐献是随机的，我们的模型仍然将真实影响归因于捐献。这些影响源于捐献竞争，而不是捐献自身。事实上，即使捐献从来没有给出，仅仅他们可能给出的事实也会影响政治结果。

通过让一系列不具有信息选民的真实利益得以通过政党的政策主张反映出来，捐献能够提高政治效率。但是，对利益集团支持的竞争可能会导致其成员的利益被过分代表，其中捐献过程可能会降低总福利。当集团较小并且其成员相对处于中心时，对捐献的竞争是最紧张的，并且无效率的风险最严格。事实上，其成员确实适度的集团在政治捐献均衡中比在成员具有完全信息的均衡中能够得到更多福利。这是由捐献"语言"的粗略属性决定的。捐献给听众提供了二元比较，但没有揭示捐献者偏好的强度。因此，能够听到领导宣称劝告的真正中间人不能够将他们真正处于极端的可能性排除在外。他们为自己的期望利益投票，而不是他们的实际利益，因此政党可能更积极地迎合他们。在本文中，我们已经考察了只有一个利益集团进行捐献的情况。事实上，在典型的选举中，许多利益集团都对候选人捐献。当然，这些集团通常具有不同的政策偏好，并且运用它们自己的信条来决定应该支持哪个候选人。把我们的模型扩展到多个捐献者的情况是可能的，详细细节见格罗斯曼和赫尔普曼（1998）。

当捐献同时由多个集团给出时，政党面临的计算以一种重要的方式得以变化。只有一个集团对候选人进行捐献时，政党只需要考虑，通过满足集团的愿望，它们可能将某些非成员选民排除在外。但是，当存在多个竞争影响的利益集团时，一个政党为获得一个利益集团的

100

支持，可能会牺牲其他利益集团的捐献。每个政党必须判断哪种捐献最有价值，考虑利益集团的规模，并在某种程度上考虑其政策需求的性质。在均衡中，政党制定位于可变政策空间中心的政策，以便在一个方面通过进一步形成它们的政策立场以赢得捐献，并且要平衡它们从反对者那里失去的捐献加上在非成员选民中损失的选票。例如，观察具有相同规模并具有相反政策偏好（在一半的对立面具有理想点）的两个集团，均衡政策恰好位于政策空间的中心。即使在一个集团的偏好恰好处于中间位置，而另外的一些十分极端时，这也是真实的。一般说来，均衡政策从中心沿着支持中间选民的方向被取代，并且集团对从中心偏离的偏好强度仅仅限制了对均衡结果的影响。

附　录

假说 4 的阐述和证明

让 $\mu_I(\pi_I | p^A, p^B, E)$ 表示当政策立场 p^A、p^B 和捐献 E 可观察时，内部选民对 π_I 的条件概率分布。假说 4 的完整表述如下。

假说 4：假定外部选民关于 π 的条件分布独立于 π_I，并假定捐献对所有选民都是可观察的。假定捐献服从分割线规则，并且假设 1 和 2 得到满足。那么，存在一个 PBE，其中

(ⅰ) $p^A(\pi_I) = p^B(\pi_I) = p(\pi_I) = \begin{cases} \gamma & \text{当 } 0 \leqslant \pi_I \leqslant \gamma \text{ 时}; \\ \pi_I & \text{当 } \gamma < \pi_I < 1-\gamma \text{ 时}; \\ 1-\gamma & \text{当 } 1-\gamma < \pi_I < 1 \text{ 时} \end{cases}$

(ⅱ) $q = 1 - \psi(1/2 + b)$；

(ⅲ) $E_O(\pi | \Omega_O) \equiv 1/2$；

(ⅳ) 对所有的 (p^A, p^B)，使得 $p^A \neq p^B$：

(a) 当 $\pi_I \in [0, g(p^A, p^B)]$ 时，$\mu_I(\pi_I | p^A, p^B, E_{\min}[p^A,$

$p^B]) = f(\pi_I)/F[g(p^A, p^B)]$；否则为零；

(b) 当 $\pi_I \in [g(p^A, p^B), 1]$ 时，$\mu_I(\pi_I | p^A, p^B, E_{\max}[p^A, p^B]) = f(\pi_I)/\{1-F[g(p^A, p^B)]\}$；否则为零；

(ⅴ) 当 $p^A = p^B \in [0, \gamma] \cup (1-\gamma, 1]$ 和 $E = A$ 或 $E = B$，若 $\pi_I \in [0, 1]$ 时，$\mu_I(\pi_I | p^A, p^B, E) = f(\pi_I)$；

(ⅵ) 当 $p^A = p^B \in (\gamma, 1-\gamma)$ 和 $E = A$ 或 $E = B$ 时，$\mu_I(\pi_I | p^A, p^B, E)$ 在 $\pi_I = p^A = p^B$ 处有一个集中测量点；

(ⅶ) 当 $p^A = p^B = \gamma$ 和 $E = A$ 或 $E = B$ 时，若 $\pi_I \in [0, \gamma]$，则 $\mu_I(\pi_I | p^A, p^B, E) = f(\pi_I)/F(\gamma)$；否则为零；

(ⅷ) 当 $p^A = p^B = 1-\gamma$ 和 $E = A$ 或 $E = B$ 时，若 $\pi_I \in [1-\gamma, 1]$，$\mu_I(\pi_I | p^A, p^B, E) = f(\pi_I)/[1-F(\gamma)]$；否则为零。

证明：首先观察到选民的信念更新与贝叶斯规则一致。外部选民从已经宣称的政策和集团关于他们理想点的捐献中得不到任何新信息。假说的第（ⅲ）部分保证他们的事后信念与事前相同。如果 $p^A \neq p^B$，捐献告诉内部选民 π_I 的真实值位于 $g(p^A, p^B)$ 的哪一面。第（ⅳ）部分表明的信念更新与这个新信息是一致的。当 $p^A = p^B \in (\gamma, 1-\gamma)$ 时，内部选民认识到宣称揭示了 π_I 的真实值。假说的第（ⅵ）反映了这种认识。当 $p^A = p^B = \gamma$ 时，内部选民认识到真实的 π_I 必须位于 $[0, \gamma]$。假说的第（ⅶ）部分与这一点一致。同样，当 $p^A = p^B = 1-\gamma$ 时，π_I 必须位于区间 $[1-\gamma, 1]$ 中，并且第（ⅷ）部分反映了这一点。最后，$p^A = p^B \in [\gamma, 1-\gamma]$，捐献没有告诉内部选民任何新信息。第（ⅴ）部分表明了在这种情况下内部选民没有更新他们的先验信念。

现在考虑当选民根据第（ⅲ）到（ⅷ）更新他们的信念时，政党面对的激励。首先考虑 $\pi_I \leq \gamma$ 的情况。假定 $p^B = \gamma$。如果政党 A 设定 $p^A = \gamma$，那么等式（5）意味着 $s = 1/2 + b$。而如果 $p^A > \gamma$，那么

$g(p^A, p^B) > \gamma \Rightarrow E = B$。接下来,假说的第(iv)部分意味着 $E_I[\pi_I | p^A, \gamma, B] = M[g(p^A, \gamma)]$,其中 $M(z) = \int_z^{\bar{x}} xf(x)dx / F(z)$ [见(7)]。然后,第(iii)部分和等式(5)给出

$$s = \frac{1}{2} + b + 2kaT(s, p^A, \gamma)(\gamma - p^A) \tag{A1}$$

式中,$T(s, p^A, p^B) \equiv \psi(s)p^A + [1 - \psi(s)]p^B - nM[g(p^A, p^B)] - (1-n)/2$。(A1)的右边部分,当 $p^A = p^B = \gamma$ 时,等于 $1/2 + b$;当 $p^A \ne p^B = \gamma$ 时,随 s 递减。因此,当且仅当 $T(1/2 + b, p^A, \gamma)(\gamma - p^A) > 0$ 时,解(A1)的 s 值超过 $1/2 + b$。但是,注意

$$\begin{aligned} T\Big(\frac{1}{2} + b, p^A, \gamma\Big) \\ \geqslant \psi\Big(\frac{1}{2} + b\Big)g(p^A, \gamma) + \Big[1 - \psi\Big(\frac{1}{2} + b\Big)\Big]\gamma \\ - nM[g(p^A, \gamma)] - \frac{1-n}{2} \\ \geqslant \psi\Big(\frac{1}{2} + b\Big)\gamma + \Big[1 - \psi\Big(\frac{1}{2} + b\Big)\Big]\gamma - nM(\gamma) - \frac{1-n}{2} \\ = 0 \end{aligned} \tag{A2}$$

第一个不等式得自 $p^A > \gamma$ 这个事实,因此,$p^A \geqslant g(p^A, \gamma)$。第二个不等式得自假说 1 和 2 与 $p^A > \gamma \Rightarrow g(p^A, \gamma) \geqslant g(\gamma, \gamma) = \gamma$ 这个事实。观察当且仅当 $\psi(1/2 + b) - nM'[g(p^A, \gamma)] > 0$ 时,对于 $p^A > \gamma$,第一行的右边部分随 p^A 递增。然而,根据假设 2 [记住是 $M'(\cdot)$ 在可行区域内的最大值],

$$\psi\Big(\frac{1}{2} + b\Big) - nM'[g(p^A, \gamma)] \geqslant \psi\Big(\frac{1}{2} + b\Big) - n\mathcal{M} \geqslant 0$$

最后,(A2)中最后一个不等式得自(7)中对 γ 的定义。不等式中的一个必须是严格的,所以 $T(1/2 + b, p^A, \gamma) > 0$。因此,当 $p^A > \gamma$ 时,$s < 1/2 + b$。

对政党 A 有效的最后选择是设定 $p^A < \gamma$。然后 $g(p^A, \gamma) \leqslant \gamma$。

存在需要考虑的次要情况。首先，如果 $\pi_I \leqslant g(p^A, \gamma)$，那么 $E = A$ 并且假说的第（iv）部分意味着 $E_I[\pi_I | p^A, \gamma, A] + M[g(p^A, \gamma)]$。

然后（A1）给出了政党 A 的选票份额，当且仅当 $T(1/2 + b, p^A, \gamma)(\gamma - p^A) > 0$ 时，$s > 1/2 + b$。但是，现在，通过与前面使用的类似讨论，有

$$T\left(\frac{1}{2} + b, p^A, \gamma\right)$$
$$\leqslant \psi\left(\frac{1}{2} + b\right)g(p^A, \gamma) + \left[1 - \psi\left(\frac{1}{2} + b\right)\right]\gamma$$
$$- nM[g(p^A, \gamma)] - \frac{1-n}{2}$$
$$\leqslant \psi\left(\frac{1}{2} + b\right)\gamma + \left[1 - \psi\left(\frac{1}{2} + b\right)\right]\gamma - nM(\gamma) - \frac{1-n}{2}$$
$$= 0$$

再一次，不等式中的一个必须是严格的，既然 $\gamma > p^A$，因此，$s < 1/2 + b$。

如果 $\pi_I > g(p^A, \gamma)$，得出第二个次级情况，其中 $E = B$。假说的第（iv）部分意味着 $E_I[\pi_I | p^A, \gamma, B] = N[g(p^A, \gamma)]$，其中 $N(z) = \int_z^1 xf(x)dx/[1 - F(z)]$。政党 A 的选票份额由下式给出

$$s = \frac{1}{2} + b + 2kaZ(s, p^A, \gamma)(\gamma - p^A) \tag{A3}$$

式中，$Z(s, p^A, p^B) \equiv \psi(s)p^A + [1 - \psi(s)]p^B - nN[g(p^A, p^B)] - (1-n)/2$。当 $p^A = p^B = \gamma$ 时，等式的右边部分等于 $1/2 + b$；当 $p^A \neq p^B = \gamma$ 时，随 s 递减。因此，当且仅当 $Z(1/2 + b, p^A, \gamma)(\gamma - p^A) > 0$ 时，即当且仅当 $Z(1/2 + b, p^A, \gamma) > 0$，求解（A3）的 s 的值超过 $1/2 + b$。但是

$$Z\left(\frac{1}{2} + b, p^A, \gamma\right)$$
$$\leqslant \psi\left(\frac{1}{2} + b\right)g(p^A, \gamma) + \left[1 - \psi\left(\frac{1}{2} + b\right)\right]\gamma$$

$$-nN[g(pA,\gamma)] - \frac{1-n}{2}$$
$$\leq \psi\left(\frac{1}{2}+b\right)\gamma + \left[1-\psi\left(\frac{1}{2}+b\right)\right]\gamma - nN(\gamma) - \frac{1-n}{2}$$
$$= 0 \tag{A4}$$

第一个不等式得自 $p^A < p^B = \gamma$ 这个事实，并且因此 $p^A \leq g(p^A, \gamma)$。第二个不等式得自假说1和2和 $p^A < \gamma \Rightarrow g(p^A, \gamma) \leq g(\gamma, \gamma) = \gamma$ 这个事实。观察到当且仅当 $\psi(1/2+b) - nN'[g(p^A, \gamma)] > 0$ 时，如果 $p^A < \gamma$，第一行的右边部分随 p^A 递增。但是，从 $N(\cdot)$ 的定义中，对所有的 $z \in [0, 1]$，我们有 $N(z) = 1 - M(1-z)$，$N(\cdot)$ 是递增函数，并且 $N'(z) = M'(1-z)$。因此，根据假设2，有

$$\psi\left(\frac{1}{2}+b\right) - nN'[g(p^A, \gamma)] \geq \psi\left(\frac{1}{2}+b\right) - n\mathcal{M} \geq 0$$

(A4) 中的等式得自 γ 的定义。再一次，(A4) 中的不等式至少有一个必须是严格的。我们在这种情况下也得出结论 $s < 1/2 + b$。

接着，可以得出：当 $\pi_I \leq \gamma$ 时，$p_A = \gamma$ 是对 $p^B = \gamma$ 的最优反应。同样的结论也可用于得出：当 π_I 取这些值时，$p^B = \gamma$ 是对 $p^A = \gamma$ 的最优反应。因此，当 $\pi_I \leq \gamma$ 时，每个政党都将政策立场设定在 γ 是理性的。

一个严格的类似观点可以得出，当 $\pi_I \geq 1 - \gamma$ 时，每个政党都将政策立场设定在 $1 - \gamma$ 是理性的。

接下来，考虑 $\pi_I \in (\gamma, 1-\gamma)$ 的情况。假定 $p^B = \pi$，并且考虑政党 A 面对的激励。如果该党设定 $p^A = \pi_I$，那么 $s = 1/2 + b$。如果 $p^A > \pi_I$，那么 $p^A \geq g(p^A, \pi_I) \geq \pi_I > \gamma$ 并且 $E = B$。假说的第（ⅳ）部分意味着 $E_I[\pi_I | p^A, \pi_I, B] = M[g(p^A, \pi_I)]$。

假说的第（ⅲ）部分和等式（5）意味着

$$s = \frac{1}{2} + b + 2kaT(s, p^A, \pi_I)(\pi_I - p^A)$$

在这种情况下，当且仅当 $T(1/2+b, p^A, \pi_I)(\pi_I - p^A) > 0$，即当且仅当 $T(1/2+b, p^A, \pi_I) < 0$ 时，$s > 1/2 + b$。但是，

$$T\left(\frac{1}{2}+b, p^A, \pi_I\right)$$
$$\geqslant \psi\left(\frac{1}{2}+b\right)g(p^A, \pi_I) + \left[1 - \psi\left(\frac{1}{2}+b\right)\right]\pi_I$$
$$- nM[g(p^A, \pi_I)] - \frac{1-n}{2}$$
$$\geqslant \psi\left(\frac{1}{2}+b\right)\gamma + \left[1 - \psi\left(\frac{1}{2}+b\right)\right]\gamma - nM(\gamma) - \frac{1-n}{2}$$
$$= 0$$

因此，当 $p^A > \pi_I$ 时，$s < 1/2 + b$，因为其中一个不等式必须严格满足。

对政党 A 有效的最后一个选择是设定 $p^A < \pi_I$。如果是这样，那么 $p^A \leqslant g(p^A, \pi_I) \leqslant \pi_I < 1 - \gamma$ 并且 $E = B$。那么

$$s = \frac{1}{2} + b + 2kaZ(s, p^A, \pi_I)(\pi_I - p^A)$$

并且当且仅当 $Z(1/2+b, p^A, \pi_I) > 0$ 时，$s > 1/2 + b$。但是

$$Z\left(\frac{1}{2}+b, p^A, \pi_I\right)$$
$$\leqslant \psi\left(\frac{1}{2}+b\right)g(p^A, \pi_I) + \left[1 - \psi\left(\frac{1}{2}\right)+b\right]\pi_I$$
$$- nN[g(p^A, \pi_I)] - \frac{1-n}{2}$$
$$\leqslant \psi\left(\frac{1}{2}+b\right)(1-\gamma) + \left[1 - \psi\left(\frac{1}{2}+b\right)\right](1-\gamma)$$
$$- nN(1-\gamma) - \frac{1-n}{2}$$
$$= 0$$

最后一个等式得自（8）和 $M(\gamma)+N(1-\gamma)=1$ 这个事实。因此，当 $p^A<\pi_I$ 时，$s<1/2+b$，因为其中一个不等式必须是严格的。

接下来可以得出，当 $\pi_I\in(\gamma,1-\gamma)$ 时，$p^A=\pi_I$ 是对 $p^B=\pi_I$ 的最优反应。同样，当取这些值时，$p^B=\pi_I$ 是对 $p^A=\pi_I$ 的最优反应。因此，当 $\pi_I\in(\gamma,1-\gamma)$ 时，每个政党都将政策立场设定为 π_I 是理性的。

假说 5 的证明

接下来，我们开始证明。假设利益集团的成员怀疑他们的领导运用分割线规则，采用某个特定函数 $g^\circ(p^A,p^B)$ 给出分割线的位置。进一步假定，这些个人一听到政策立场和领导的捐献就更新他们在假说 4 中描述的关于 π_I 的信念。这意味着，如果 $p^A\neq p^B$ 并且 $E=E_{\min}$，那么 $\mathcal{E}_I[\pi_I|p^A,p^B,E_{\min}]=M[g^\circ(p^A,p^B)]$；同时，如果 $p^A\neq p^B$ 并且 $E=E_{\max}$，那么 $\mathcal{E}_I[\pi_I|p^A,p^B,E_{\max}]=N[g^\circ(p^A,p^B)]$ 其中，$N(z)\equiv\int_z^1 xf(x)\mathrm{d}x/[1-F(z)]$。当外部选民得知了两个政党宣布的不同的可变政策立场时，他们相信理想点围绕 1/2 对称分布。那么，应用（4）中的选举规则，我们有

$$s=\frac{1}{2}+b+2ka\left\{p(s,p^A,p^B)-n\eta(p^A,p^B,E\mid g^\circ)\right.$$
$$\left.-(1-n)\frac{1}{2}\right\}(p^B-p^A) \quad (A5)$$

式中，$p(s,p^A,p^B)\equiv\psi(s)p^A+[1-\psi(s)]p^B$ 并且

$$\eta(p^A,p^B,E\mid g^\circ)\equiv\begin{cases}M[g^\circ(p^A,p^B)],E=E_{\min}\\N[g^\circ(p^A,p^B)],E=E_{\max}\end{cases}$$

等式（A5）定义了从政党政策立场和受捐献者特征到政党 A 的隐含选票份额的隐性描述。这个描述依赖于成员猜测他们领导使用哪

第 3 章 竞争赞同

个分割线 $g^{\circ}(p^A, p^B)$。我们用 $\tilde{s}(p^A, p^B, E \mid g^{\circ})$ 表示这个描述。

$\tilde{s}(p^A, p^B, E \mid g^{\circ})$ 的特征可以借助图形 A—1 的帮助来理解。首先注意对所有的 $p^A = p^B$, $\tilde{s}(p^A, p^B, E \mid g^{\circ}) = 1/2 + b$,独立于 g°。图形 A—1 中的曲线 SS 描述了对任何一组不同的政策立场,(A5)右边部分质的特征。这条曲线通常是向右下方倾斜的,就像图中表示的那样。在它与 45°线相交处,我们有 $\tilde{s}$ 的(惟一)值。而且,我们知道,给定政党的立场 p^A 和 p^B,(A5)的右边部分当 $E = A$ 时比 $E = B$ 时更大。这确保了,通过对特定政党捐献,集团领导通常提高了政党的选举动机。

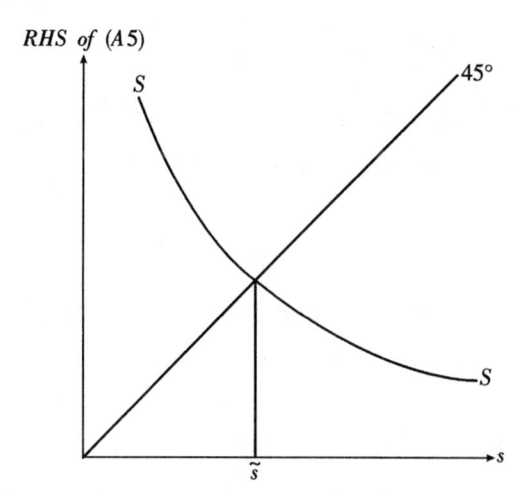

图 A—1　均衡的投票份额

一旦我们知道立法委员会构成如何对政策立场和捐献(给定分割线规则)做出反应,我们也就能够计算可变政策结果如何对这些变量做出反应。我们定义

$$\tilde{p}(p^A, p^B, E \mid g^{\circ})$$
$$\equiv \psi[\tilde{s}(p^A, p^B, E \mid g^{\circ})]p^A + \{1 - \psi[\tilde{s}(p^A, p^B, E \mid g^{\circ})]\}p^B$$

为预期的可变政策立场妥协,当它们的政策立场为 p^A 和 p^B,领导捐助为 E,并且内部选民使用分割线 $g^{\circ}(p^A, p^B)$ 更新他们的信念时。

$\tilde{s}(\cdot)$ 的性质意味着 $\tilde{p}(p^A, p^B, E_{\max} | g^o) > \tilde{p}(p^A, p^B, E_{\min} | g^o)$。

现在接下来，我们准备描述利益集团领导的最优捐献规则。领导运用函数 $\tilde{p}(\cdot)$ 来估计其捐献选择的结果。然后，他给出使妥协可变政策与目标 π_I 差距最小的捐献。如果这些差距恰好相同，他以 1/2 的概率给每个政党捐献。那么，策略性捐献规则自身就是分割线规则，由于

$$\tilde{g}(p^A, p^B, | g^o)$$
$$\equiv \frac{1}{2}[\tilde{p}(p^A, p^B, A | g^o) + \tilde{p}(p^A, p^B, B | g^o)] \quad (A6)$$

特别是，注意 $\tilde{g}(\cdot)$ 是连续的，因为 $\tilde{p}(\cdot)$ 是连续的，并且 $\tilde{g}(\cdot)$ 位于 $\min\{p^A, p^B\}$ 和 $\max\{p^A, p^B\}$ 之间，因为 $\tilde{p}(\cdot)$ 如此。等式 (A6) 提供了一个从 g^o 到 $\tilde{g}$ 的描述。我们希望得出，这个描述有固定点。

为了发现从 g^o 到 $\tilde{g}$ 描述中的固定点，观察到 (A5) 意味着 π_I，$\pi_I^e = \mathcal{E}_I[\pi_I | \Omega_I])$ 的期望值和可变政策 p 之间的联系，这可以用下面两个等式来定义：

$$s = \frac{1}{2} + b + 2ka\left[p - n\pi_I^e - (1-n)\frac{1}{2}\right](p^B - p^A)$$
$$p = \psi(s)p^A + [1 - \psi(s)]p^B$$

从这些等式中，我们能够解出 s 和 p 作为 p^A，p^B 和 π_I^e 的函数。对 p 的解可以表示为 $\hat{p}(p^A, p_B, \pi_I^e)$。很明显，$\hat{p}(\cdot)$ 位于 p^A 和 p^B 之间，并且当 $p^A \neq p^B$ 时随 π_I^e 递增。而且，通过假设 2，有

$$0 < \frac{\partial \hat{p}(\cdot)}{\partial \pi_I^e} = \frac{2ka\psi'(\cdot)(p^B - p^A)^2 n}{1 + 2ka\psi'(\cdot)(p^B - p^A)^2}$$
$$< 1 \quad \text{对所有} \quad p^A \neq p^B \quad \text{和} \quad p^A, p^B, \pi_I^e \in [0, 1] \quad (A7)$$

另外，从 (A5) 可以得出

$$\tilde{p}(p^A, p^B, A|g^\circ) + \tilde{p}(p^A, p^B, B|g^\circ)$$
$$\equiv \hat{p}(p^A, p^B, M[g^\circ(p^A, p^B)]) + \hat{p}(p^A, p^B N[g^\circ(p^A, p^B)])$$

运用这个关系，我们能够将（A6）改写为：

$$\tilde{g}(p^A, p^B|g^\circ)$$
$$\equiv \frac{1}{2}\{\hat{p}(p^A, p^B, M[g^\circ(p^A, p^B)]) + \hat{p}(p^A, p^B, N[g^\circ(p^A, p^B)])\}$$

这是对从 g° 到 $\tilde{g}$ 描述的可替代表述，我们为其寻找一个固定点。如果这样一个固定点 g 存在，对所有的 p^A，$p^B \in [0, 1]$，它可以用 $\hat{g} = g(p^A, p^B)$ 定义，其中，$\hat{g}$ 的解为

$$\hat{g} = \phi(p^A, p^B, \hat{g}) \tag{A8}$$

并且

$$\phi(p^A, p^B, \hat{g})$$
$$\equiv \frac{1}{2}\{\hat{p}[p^A, p^B, M(\hat{g})] + \hat{p}[p^A, p^B, N(\hat{g})]\}$$

剩下的惟一一个需要解决的问题是，对每组可行的可变政策，是否存在一个解 $\hat{g}$。如果对每个 p^A，$p^B \in [0, 1]$，存在一个解，那么 g 就是（A6）描述中的固定点。我们现在表明这个解存在。

首先，观察到对 $p^A = p^B$，对所有的 $\hat{g} \in [0, 1]$，我们有 $\hat{p}[p^A, p^B, M(\hat{g})] = p^A = p^B$。因此，在这些情况下，解（A8）的 $\hat{g}$，惟一一个解是 $\hat{g} = p^A = p^B$。接下来，假定 $p^A \neq p^B$。在这种情况下，$\phi(p^A, p^B, \hat{g})$ 随 g 递增，因为 $M(\cdot)$ 和 $N(\cdot)$ 都是递增函数 [见（A7）]。但是，$\min\{p^A, p^B\} \leq \phi(p^A, p^B, \min\{p^A, p^B\})$，并且 $\phi(p^A, p^B, \max\{p^A, p^B\}) \leq \max\{p^A, p^B\}$，因为 $\hat{p}(\cdot)$ 位于 p^A 和 p^B 之间。因此，（A8）有解 $\hat{g}$，$\min\{p^A, p^B\} \leq \hat{g} \leq \max\{p^A, p^B\}$。接下来，（A6）的描述有固定点。

【注释】

[1] R.B. 拉波波特等（Ronald B.Rapoport et al., 1991, p.194）引用了

Donnelly（1980）和 Freeman（1988）的论文，并且得出"赞同是选民积极寻求的；利益集团以政策许诺的形式得到回报"的结论。

[2] 在本文的早期版本（Grossman and Helpman，1996a）中，我们假定关于可变政策的内部人利益是不同的，而不是该集团包含其理想可变政策在某个区间满足正态分布的选民集合。这个替代性假定得出了近乎相同的结论。

[3] 既然只有少数选民对投票支持政党 A 和政党 B 无差异，我们假定，所有这种选民都投票支持政党 A 或者每个这样的选民都随机投票，这无关紧要。

[4] 在计算（5）时，我们假定对固定政策问题的观点差异是广泛充分的（即密度 k 足够小），以便对每个可能的 π 值和在均衡中可能出现的可变政策组合，至少存在一个内部人和一个外部人支持政党 A，并且每一类中都至少有一个支持政党 B。

[5] 换句话说，政治家和集团领导知道成员的真实偏好，即使这些偏好对成员本人也可能是模糊的。这个假定意味着对政治家和集团领导关于政策问题技术细节的较深理解。

[6] 假说 2 中描述的均衡在我们的博弈中不只是完美贝叶斯均衡。政党可能利用它们的可变主张向选民传递 π_I 值的信号，内部人可能从这个信号中得出（连续）推断。然而，政党的信号传递不是本文的中心，因此，为了突出信息对于赞同的可能作用，我们选择忽视这种可能性。

[7] 从卢皮亚（Lupia，1994）提供的证据看，那些表现为退出投票的回应者认识到，某个产业对改革提议的偏好很可能与他们自己的偏好相反。

[8] 让 $Q(\gamma)$ 表示（8）中的右边部分。一定至少存在一个根，对 $\gamma \in (0, 1/2)$，$\gamma = Q(\gamma)$，因为 $Q(0) > 0$，$Q(1/2) < 1/2$。其中 $Q(\cdot)$ 是连续的。而且，在点 $\gamma = Q(\gamma)$ 处，$Q'(\gamma) = n(1-n)f(\gamma)[1/2 - M(\gamma)]/F(\gamma)$。既然 $M'(\gamma) > 0$，从 $F(\cdot)$ 的对数凹性中，我们能够得出，在 γ 的这个值处，$Q''(\gamma) < 0$，即 $Q'(\gamma)$ 越小，γ 越大。因此，γ 的解是惟一的。

[9] 在某种意义上讲，反对向 π_I 右边偏离的观点更具技术性，并且要求 $nM < \psi(1/2 + b)$，就像假定 2 所保证的。这个观点的证明见附录。

[10] 我们的工作论文 Grossman and Helpman（1996a）描述了这些支持性理念。

[11] 在这一部分中，我们的结论对这个假定不敏感。作为替代，我们可以

让领导最大化集团成员的总福利,包括他们能够从固定政策结果中得到的效用。

[12] 寻找临界值 γ_c 发现,(10) 和 (11) 隐含着对于 $\pi_I \leq \gamma$ 而言,假说 4 中均衡的总福利高于基准均衡的总福利,当且仅当

$$n\left[\left(\frac{1}{2} - \pi_I\right)^2 - (\gamma - \pi_I)^2\right] > (1-n)\left(\frac{1}{2} - \gamma\right)^2 \quad (12)$$

对于接近 γ 的理想点 π_I 来说,这个条件被违反了,因为 $n < 1-n$。因此,对于 π_I 的这个值而言,基准均衡更可取。但是,(12) 中的左边部分随着 π_I 下降(因为 $\gamma < 1/2$),而且,(8) 式右边部分随 γ 递增,并且在 $\gamma = 0$ 处得到值 $(1-n)/2$,这个事实隐含着解 (8) 的 γ 大于 $(1-n)/2$,并因此大于 $1/2-n$。但是,反过来,$\gamma > 1/2 - n$ 隐含着对于 $\pi_I = 0$,不等式 (12) 得以满足。因此,肯定存在一个 γ_c,介于 0 和 γ 之间,以致对所有的 $0 \leq \pi_I < \gamma_c$,(12) 都成立;对称地,对于所有的 $1 - \gamma_c < \pi_I \leq 1$,该式也都成立。

[13] 由于 $\pi_I \leq \gamma$,当且仅当 $(\gamma - \pi_I)^2 > [n\pi_I + (1-n)/2 - \pi_I]^2 = (1-n)^2 (1/2 - \pi_I)^2$ 时,集团在完全信息均衡中得到更多福利,在当且仅当 $\pi_I < M(\gamma)$ 时才能够满足 [见 (8)]。同样的结论是,由于 $\pi_I \geq 1 - \gamma$,当且仅当 $\pi_I > 1 - M(\gamma)$ 时,它在完全信息均衡中能够得到更多福利。

[14] 我们注意到,从事前观点看,相对于被迫依赖作为暗示的捐献,集团成员总是偏向于具有完全信息。集团成员将 π_I 看作是由于支持 $[0, 1]$ 而从分布 $F(\pi_I)$ 得到的。对每一个 π_I 值,我们能够使用这个分布和政策结果来计算每种体制(完全信息和捐献)下他们的期望效用。这样做,我们发现完全信息下的预期效用更高。当然,集团成员要获得完全信息的代价高昂,这就是为什么他们依赖捐献作为信息首选的原因。而且,可以表明的是,即使利益集团领导能够传递比仅仅捐献更加详细的信息,这样的领导也有激励错误报告 π_I。事实上,寻求最大化集团福利的领导通常会夸大他对于集团理想的报告,宣称当集团能够从额外支持具有最低可变政策主张的政党获益时,$\pi_I = 0$;在其他情况下,$\pi_I = 1$。除非存在一种机制来实施领导的真实报告,成员不可能依赖他们的中心组织而获得完全信息。事实上,与 V. 克劳福德和 J. 索贝尔(Vincent Crawford and Joel Sobel, 1982)所运用的推理类似的推理,也可用于表明,假说 4 描述的均衡保持了"廉价谈话"博弈中的均衡,其中利益集团领导能够没有成本地报告 π_I 的确切值(或任何其他信息)。

参考文献

Ball, Richard(1995). Interest groups, influence, and welfare. *Economics and Politics* 7(2)(July):19-46.

Baron, David P. (1994). Electoral competition with informed and uninformed voters. *American Political Science Review* 88(1)(March): 33-47.

Berg, Linda (posted 1996). Why donate to NOW/PAC? http://www/now.org/nnt/05-96/nowpac.html.

Cameron, Charles M. and Jung, Joon Pyo(1995). Strategic endorsements in hidden offer bargaining. (Mimeo, Stanford University).

Converse, Philip E. and Campbell, A. Angus(1968). Political standards in secondary groups. In Dorwin Cartwright and Alvin Zander, eds., *Group Dynamics*(3rd ed.)(New York:Harper and Row).

Crawford, Vincent and Sobel, Joel (1982). Strategic information transmission. *Econometrica* 50(6)(November):1431-1452.

Donnelly, Harrison(1980). Teacher organization unites behind Carter for a price. *CQ Weekly Report* 38(32)(August 9):2277-2279.

Freeman, Jo(1988). Women and the democratic convention. *PS* 21(4)(Fall):875-881.

Germond, Jack W. and Witcover, Jules(1997). The new face of the AFL-CIO confident of resurgence. *Baltimore Sun*(September 26):21a.

Grofman, Bernard and Norrander, Barbara (1990). Efficient use of reference group cues in a single dimension 64(3). *Public Choice*(March): 213-227.

Grossman, Gene M. and Helpman, Elhanan (1994). Protection for sale. *American Economic Review* 84(4)(September):833-850.

——. (1996a). Competing for endorsements. Woodrow Wilson School Discussion Paper in Economics No.182. Princeton University.

——. (1996b). Electoral competition and special interest politics. *Review of Economic Studies* 63(2)(April):265-286.

——. (1998). Competing for endorsements. Foerder Institute for Economic Research Working Paper No.9-98. Tel Aviv University.

Kornhauser, Arthur; Sheppard, Harold L. and Mayer, Albert J (1956). *When Labor Votes: A Study of Auto Workers*. (New York: University Books).

Kuklinski, James H.; Metlay, Daniel S. and Kay, W.D. (1982). Citizen knowledge and choices on the complex issue of nuclear energy. *American Journal of Political Science* 26(4)(November):615-642.

LeRoy, Michael H. (1990). The 1988 elections: Re-emergence of the labor bloc vote? *Labor Studies Journal* 15(1)(spring):5-32.

Lupia, Arthur(1992). Busy voters, agenda control and the power of information. *American Political Science Review* 86(2)(June):390-403.

——. (1994). Shortcuts versus encyclopedias: Information and voting behavior in California insurance reform elections. *American Political Science Review* 88(1)(March):63-76.

Martinez, Gebe(1997). Democratic freshmen faced choice between labor and business. *Legi-Slate News Service*(December 12). http://wp4.washingtonpost.com/wp-srv/politics/special/trade/tr121297.htm.

McKelvey, Richard and Ordeshook, Peter (1985). Elections with limited information: A fulfilled expectations model using contemporaneous poll and endorsement data as information sources. *Journal of Economic Theory* 36(1)(June):55-85.

National Rifle Association of America(posted 1996). NRA political victory fund. http://www.nra.org/pvf96/nrapvfd.html.

Rapoport, Ronald B.; Stone, Walter J., and Abramowitz, Alan I. (1991). Do endorsements matter? Group influence in the 1984 Democratic caucuses. *American Political Science Review* 85(1)(March): 193–203.

第Ⅱ部分
贸易政策

第 4 章　保护待售*

当国际经济学家被问到自由贸易被如此广泛地鼓吹而几乎很少实行时，他们的回答是谴责"政治"。在代议制民主中，政府制定贸易政策，不仅是对一般选民利害的反应，而且是对特殊利益集团运动压力的反应。利益集团为了影响政策结果而参与政治过程。政治家对他们面对的激励

---

* 本文由格罗斯曼和赫尔普曼共同完成。最早发表于《美国经济评论》(*American Economic Review*)，第 84 卷（1994 年 9 月号）：850～883 页。这里经过许可得以重印。我们感谢 Robert Baldwin, Avinash Dixit, Joanne Gowa, Arye Hillman, Paul Krugman, Tom Romer, Henry Ursprung 和两位匿名审稿人的有益评论，以及国家科学基金会和美—以两国科学基金会给予的资金支持。

做出反应，在财政收入和其他支持之间进行权衡，这些支持来自对利益集团需求的关注，却可能造成对选民的疏远，而这可能源于有社会成本之政策的实施。

112 对贸易政策政治经济学的研究试图解释这个政治过程的均衡结果。在这方面的文献中，两种方法最为突出［希尔曼（Arye Hillman）对此做了很好的综述（1989）］。一种方法强调相互对立候选人之间的政治竞争。在斯蒂芬·马吉等人（Stephen Magee et al., 1989）和希尔曼与厄斯普恩格（Heinrich Ursprung）的研究中，相互竞争的政党宣布一旦当选将要实施的贸易政策。组织起来的游说集团在可选择的政策提议下估计其成员的期望，并且向能够许诺为其带来最高福利的政党捐献资源。政党运用这些资源动摇选民的意志，假定选民对于候选人政策立场的信息不完全。游说者在做出选择时，衡量自己最喜爱的政党当选概率提高能够带来的收益与捐献的直接成本。很明显，在这种情况下，政治捐献的动机影响选举结果。

第二种方法，乔治·斯蒂格勒（George Stigler, 1971）是先驱人物，希尔曼首先用于研究内生保护，将经济政策看作是执政政府寻求政治支持最大化的结果。"政治支持函数"是，特定利益集团从所选政策中得到的福利和政策在全社会实施时遭受的无谓损失之间权衡的结果。在这个表述中，运动捐献不直接进入分析（尽管它们隐含于特殊利益"支持"的信念中），并且下一次选举的政治竞争保留于背景中。当执政政府最大化再次当选的明确目标时，选举自身没有被明确考虑，潜在竞争者的立场也没有被考虑在内。

这两种方法都有助于我们理解，强调贸易政策内生决定的政治优化过程。政治竞争对解释贸易政策的更广泛框架最为重要：它是自由的还是干预主义的？有益于资本还是劳动力？有益于富人还是穷人？在这个一般性水平上，竞争性的政党能够明确表明相反的政策立场，并且能够让（至少是部分）选民知道它们之间的差异。对于政策制定的更多细节——比如不同产业得到支持的程度，或者哪些类型的工具

· 130 ·

被使用，政治支持方法好像更加适当。执政政府通常能够发现自己处于选择详细政策的境地，这通常不受政治竞争者直接竞争的阻碍。当然，如果政府做出的选择被证明是没有仔细考虑过的，执政官员可能就要在下一次选举中承担责任。

本文试图解释均衡的贸易保护结构。我们对理解哪些特殊利益集团从政治过程中获取私人收益最为成功感兴趣。我们也对理解游说者为什么偏爱运用于再分配收入的政策类型和他们为什么会支持对政府有效工具的制度限制感兴趣。为实现这些目的，我们采用政治支持方法视角；我们模型化当权政治家，他们做出政策选择，并且知道他们的决定将会影响再次当选的可能性。

我们为发展政治支持模型，采取了感觉能够超出现有文献的重要一步。对于政治家的目标函数，以前的学者都采用了简化形式，假定政府赋予社会中不同集团的福利水平以不同权数。这里，我们从定义运动捐献和选民福利的更加简单的偏好得出政府目标。当讨论这些偏好在政治过程的细节中也有更基础性的决定因素时，我们的表述为某些种类的问题更加简化形式的方法提供了明显优势。一个人能够很容易地想像国际博弈规则的变化，这影响政府保护特殊部门利益的意愿和能力，但不影响政治家权衡相对于一般选民不满的运动捐献。我们相信，我们的方法能够被用于（在未来的研究中）考察这种制度变迁如何通过内生改变政治支持函数的形式来影响均衡政策。

我们不仅得出了政府内生运用于不同集团的权数，而且也形成了显性过程，通过它，政府会特别注意关心特殊利益。组织起来的利益集团能够提供政治捐献，政治家在未来的选举中评价其潜在用处（也可能是另一种情况）。从政府的角度看，正是这种捐献能力（就像分发选票的能力，在这篇文章中，我们忽视了这种影响渠道），给定了特殊利益所支持的政策主张。

在我们的模型中，游说集团代表产业利益。游说集团给出（隐含）捐献，并将预期捐献与执政政府选择的贸易政策联系起来。然后，政府设定政策——进口和出口关税和补贴向量——来最大化总社会福利和总捐献的加权和。在这个过程中，不同利益集团竞争政府的支持。给定其他人许诺的捐献，每个游说均衡出价都是最优的。这里，与政治均衡的文献相比，单个利益不会看到它自身（相对较小）的捐献与选举结果的联系；而且，通过影响政策的预期，集团有动力给出捐献。换句话说，政治家对运动捐献的兴趣做出了"待售的保护"。[1]

接下来，我们要表明，均衡的贸易政策服从修正的拉姆齐法则：在其他条件相同的情况下，具有更高进口需求和出口供给弹性的产业对自由贸易政策有更小的背离；但保护率也反映了不同利益集团的相对政治力量和描述国家政治经济的指数。本文继续讨论政治捐献相对规模的决定因素，这些捐献是不同利益集团必须给出，以支持均衡政策选择的。最后，我们检验了，在某些情况下，游说集团为什么更偏爱于限制政府可能用于再分配收入的政策工具集。

4.1 总体观点

我们从概览分析方法入手，对模型的正式发展推后到下一部分。我们考虑一个竞争性的小国经济，面对外生给定的世界价格。对于这样一个经济，自由贸易是有效率的，因此任何政策干预都被归结为政治过程。经济只使用劳动生产单位产品，并且其余 n 种产品使用劳动和一种该特定部门专用的要素。我们假定，n 种专用要素中的许多种存在高度的所有权集中，并且不同要素的某些所有者联合起来，形成游说集团。在这一点上，我们没有游说集团形成理论。我们将某些要素所有者克服搭便车问题、采取联合游说活动看作既定，然而其他的并非如此。

游说集团可能对处于制定当前贸易政策地位的当政者提供政治捐

献。游说集团不对任何竞争性的候选人进行捐献，也不考虑捐献对当政者再次当选可能性的影响。尽管我们将直接政治竞争的缺失看作该方法的潜在缺陷，我们相信，美国的有效证据支持该假设作为最初的有效近似。特别是，在 1988 年的议会运动中，政治行动委员会（PACs）将总捐献的 3/4 给了当权候选人。如果将开放议席的选举排除在外，当权政府从 PACs 中得到的捐献是其竞争对手的 6.3 倍[David Magelby and Candice Nelson（1990，p.86）]。而且，在 1987—1988 年运动中，PACs 运动捐献的 62% 是在选举周期的前 18 个月发生的，这通常是在明确当权政府的竞争者之前[Magelby and Nelson（1990，p.67）]。当选举来临时，许多当权者将不卷入到封闭竞争中。相对于任何候选人的总支出，少数几个的单独捐献也大得多。简言之，PACs 的捐献最好被看作是尽力逢迎支持。[2]

当游说集团忽视了捐献对当选可能性的影响时，执政政治家可能会看到，能够收到的总捐献（可用于运动支出）与再次当选可能性之间的关系。[3]同时，他们可能相信，生存的几率依赖于一般选民得到的效用水平。记住这些考虑，我们假定，当权政治家的目标是最大化总政治捐献和社会总福利的加权和。这样的目标函数对关心下一次选举的政府好像似是而非，但更宽泛的解释也完全可能。例如，如果某些代表关心公众，总福利可能会进入政府的目标函数。另外，政治家对捐献的评价可能不仅仅是为将来的运动筹资，而且也可能是为了收回上一次选举的债务（那可能是政治家个人财产的数倍），为了阻止源于实际挑战者的竞争[4]，为了表明候选人作为筹资者的能力，并因此建立起作为追求更高政治或政党权力的潜在候选人的可信性。在任何情况下，经过几年，政治家就已经显示了，他们积聚捐献的相当可观的偏好。

我们将游说过程模型化如下。每个代表某一部门专用要素的组织起来的利益集团都有捐献安排面对政府。这种安排描绘了政府为一定的运动捐献水平而选择的政策向量（其中，政策就是对 n 种非单位商品的进口和出口征收的关税和给予的补贴)。当然,某些政策可能会引致某些游说者不给任何捐献。然后,政府设定一个政策向量,并从每个游说者那里收集与其政策选择有关的捐献。均衡就是一组捐献安排,在假定其他游说集团安排给定的情况下,每个游说集团者的安排最大化其成员的总福利。在计算其最优安排时,游说集团认识到,政治家最终会制定最大化自己福利的政策。纳什均衡捐献安排实行均衡贸易政策选择。

我们的模型采用共同代理问题的结构,即这样一种情况,几个委托人尽力劝诱惟——一个代理人采取对代理人而言可能实施成本高昂的行动。在这里,政府发挥几个(相互冲突的)特殊利益集团代理人的作用,承担实施无效率政策的成本。这种政策源于对一般选民的责任。贝纳姆和惠斯顿(B.Douglas Bernheim and Michael D.Whinston,1986)创造了一个条件菜单拍卖模型来描述完全信息情况,其中,竞标人根据拍卖人公开的可能行动宣布提供"菜单",然后支付与选择行动相关的报价。他们已经分析了这类拍卖中的一个,并且得出了几个结果。这对分析经济中的均衡政治结果是有用的。

4.2 模型框架

小国经济由具有相同偏好但不同要素禀赋的主体组成。每个主体最大化由(1)式表示的效用:

$$u = x_0 + \sum_{i=1}^{n} u_i(x_i) \tag{1}$$

式中,x_0是对商品0的消费,x_i是对商品i的消费,$i=1, 2, \cdots, n$。次效用函数$u_i(\cdot)$可微、递增并且是严格凹的。商品0发挥单位商品的作用,其世界和国内价格都等于1。我们用p_i^*表示商品i的外生世界价格,p_i表示其国内价格。根据这些偏好,每个花费总量

为 E 的主体消费商品 i 的量为 $x_i = d_i(p_i)$，$i=1, 2, \cdots, n$ [其中，需求函数 $d_i(\cdot)$ 是 $u_i'(x_i)$ 的反函数]，消费单位商品的量为 $x_0 = E - \sum_i p_i d_i(p_i)$。直接效用采取的形式为：

$$V(\mathbf{p}, E) = E + s(\mathbf{p}) \tag{2}$$

式中，$\mathbf{p} = (p_1, p_2, \cdots, p_n)$ 是非单位商品的国内价格向量，$s(\mathbf{p}) \equiv \sum_i u_i[d_i(p_i)] - \sum_i p_i d_i(p_i)$ 是由这些商品得出的消费者剩余。

商品0只用劳动制造，并且规模收益不变、投入—产出系数为零。我们假定，劳动的总供给足够大，可以确保这种产品的正供给。然后，在竞争性均衡中，工资率等于1。每种非单位产品的生产需要劳动和部门专用要素。生产这些产品的技术也表现出不变规模报酬，这些不同要素在无弹性供给中是有效的。由于工资率固定为1，生产商品 i 使用的专用要素的总收益仅依赖于那种商品的国内价格。我们将这种收益记为 $\pi_i(p_i)$。

在本文中，我们限定政治家可以使用的政策工具集。现在，我们假定政府只实行贸易税收和补贴。这些政策导致并扩大了国内和世界价格的差距。国内价格超过世界价格，因为对进口产品征收进口关税、对出口产品进行出口补贴。国内价格低于世界价格对应着进口补贴和出口关税。来自所有税收和补贴的净收益，以人为单位表示，由下式给出

$$r(\mathbf{p}) = \sum_i (p_i - p_i^*) \left[d_i(p_i) - \frac{1}{N} y_i(p_i) \right] \tag{3}$$

式中，N 衡量总的（选民）人口，$y_i(p_i) = \pi_i'(p_i)$ 是商品 i 的国内产量。我们假定，政府向国内所有选民平等地再分配收益。然后，$r(\mathbf{p})$ 给出了政府对每个个体的净转移支付。

典型的个体通过工资和政府转移支付以及可能从某些部门专用要

素所有权中获得收入。我们假定对专用要素的所有权不可分割、不可交易（比如，对部门专用的人力资本的所有权），并且每个个体最多只有一种。很明显，拥有生产商品 i 的专用要素的那些个体，会看到他们的收入与那种商品的国内价格相关。这些个体对于应用于商品 i 的关税和补贴有直接利益，这超出了他们作为消费者在影响国内价格的贸易政策中得到的一般利益。

应用于产业 i 的专用要素的不同所有者，由于在保护他们所处部门中存在共同利益，可能会为政治行动选择加入集团。曼瑟尔·奥尔森（Mancur Olson，1965）已经讨论了"集体行动的逻辑"，但是也讨论了克服搭便车问题的困难。在这里，我们打算为他的讨论补充新内容，因此我们仅假定在某些外生部门集合——记为 L——中，专用要素所有者能够将他们自己组织起来形成游说集团。游说集团发挥协调运动捐献决策和向政府传递政治"给予"信号的作用。在其余部门中（如果还存在的话），专用要素的个体所有者没有组织起来。任何个体都认为自己太小，不能够有效地传递政治需求或影响政策。因此，没有组织起来的要素所有者，就像对专用要素没有所有权的个体，无法给出政治捐献。

代表组织起来的部门 i 的游说集团根据政府实施的贸易政策向量给出政治捐献。既然国家是小国，它可能会将捐献的礼物与国内价格实现的向量平等地联系起来。我们用 $C_i(\mathbf{p})$ 表示游说集团 i 给出的捐献安排。游说集团调整其安排，以最大化成员的总福利（收入加消费者剩余减捐献）。然后，它在成员中筹集必要的捐献，采取的方式是允许所有成员分享政治协调的收益。

将游说集团 i 成员的联合福利表示为 $V_i = W_i - C_i$ 是方便的，其中 W_i 是他们的总捐献联合福利。我们记为

$$W_i(\mathbf{p}) \equiv \ell_i + \pi_i(p_i) + \alpha_i N[r(\mathbf{p}) + s(\mathbf{p})] \tag{4}$$

式中，ℓ_i 是产业 i 中运用的专用要素所有者的总劳动供给（也表示总

劳动收入），a_i 是拥有这种要素的选民比重。

当权政府关心政治捐献的总水平和总福利。政府重视捐献，因为这些捐献可被用于为运动支出融资。而且，就像上面表示的，游说集团可能会向执政者提供其他的直接收益。如果选民更愿意再次选择已经给他们带来较高生活水平的政府，社会福利就会成为当权政府关心的问题。我们为政府的目标函数选择线性形式，即

$$G = \sum_{i \in L} C_i(\mathbf{p}) + aW(\mathbf{p}) \quad a \geqslant 0 \tag{5}$$

式中，W 表示与总捐献相关的总福利。[5] 总福利等于总收入加加总的贸易税收收益加消费者剩余，即

$$W(\mathbf{p}) = \ell + \sum_{i=1}^{n} \pi_i(p_i) + N[r(\mathbf{p}) + s(\mathbf{p})] \tag{6}$$

我们对两阶段非合作博弈的政治均衡感兴趣。在第一阶段，游说集团同时选择政治捐献安排；在第二阶段，政府选择政策。均衡是捐献函数集 $\{C_i^{\circ}(\mathbf{p})\}$，每个组织起来的利益集团对应其中的一个元素，使得在给定其他集团捐献安排和政府预期的政治最优化时，每一元素都最大化利益集团成员的联合福利；国内价格向量 $\mathbf{p}^{\circ}$ 在捐献安排给定时最大化政府的目标函数。我们在下一部分讨论保护的均衡结构，再下一部分讨论成为政府政策选择基础的政治捐献。

4.3 保护结构

就像我们在第 2 部分结尾处表明的，这个经济中不同游说集团和政府之间的相互关系有菜单拍卖问题的结构。贝纳姆和惠斯顿（1986）已经说明了这类问题均衡的特征。尽管他们将分析限制在多个参与者对一组固定目标竞价的情况，但很明显的是，他们的主要结果也适用于——就像这里表明的——拍卖者在一系列可能行动的连续

集合中选择的情况。因此，我们假定，政府的选择（国内价格向量的）集合是连续的。

让 $\mathcal{P}$ 表示从政府可能选择角度看的国内价格向量集合。我们限定 $\mathcal{P}$ 以便每个国内价格 p_i 必须位于某些最小值 $\underline{p_i}$ 和最大值 $\bar{p_i}$ 之间。对大多数情况来说，我们将注意力限制在位于 $\mathcal{P}$ 内部的均衡上。贝纳姆和惠斯顿（1986）的引理2意味着贸易政策博弈的均衡可以表示如下。

假说 1（B—W）：$(\{C_i^\circ\}_{i\in L}, \mathbf{p}^\circ)$ 是贸易政策的子博弈精炼纳什均衡，当且仅当

（ⅰ）C_i° 对所有的 $i \in L$ 可行时；

（ⅱ）对于 $\mathcal{P}$，$\mathbf{p}^\circ$ 最大化 $\sum_{i\in L} C_i^\circ(\mathbf{p}) + aW(\mathbf{p})$；

（ⅲ）对于每个 $j \in L$ 时的 $\mathcal{P}$，$\mathbf{p}^\circ$ 最大化

$$W_j(\mathbf{p}) - C_j^\circ(\mathbf{p}) + \sum_{i\in L} C_i^\circ(p) + aW(\mathbf{p})$$

（ⅳ）对于每个 $j \in L$，存在一个 $\mathbf{p}^j \in \mathcal{P}$，对于 $\mathcal{P}$，它最大化 $\sum_{i\in L} C_i^\circ(\mathbf{p}) + aW(\mathbf{p})$ 使得 $C_j^\circ(\mathbf{p}^j) = 0$。

条件（ⅰ）将每个游说集团的捐献安排都限制在可行的范围内（即捐献必须非负，并且不比对游说成员有效的总收入更大）。条件（ⅱ）说明，给定游说集团提供的捐献安排，政府设定贸易政策以最大化其自身福利。最后两个条件分别为我们表明了保护均衡结构的特征和政治捐献的均衡模式。我们这里得自并运用条件（ⅲ），而对条件（ⅳ）的讨论放到下一部分。

条件（ⅲ）表明，对每个游说集团 j，给定其他游说集团的捐献安排，均衡价格向量必定最大化游说者和政府的联合福利。如果这种情况不是事实，那么游说集团 j 就可能调整其政策出价，诱使政府选择联合最优的价格向量，并可能利用从政策转变中得出的某些（事实上，接近于全部）剩余。例如，假定政府选择价格向量 $\tilde{\mathbf{p}}$，其中，对

· 138 ·

游说集团 j 和政府来说，$\tilde{\mathbf{p}}$ 是联合最优的。游说集团 j 需要做的全部就是设计一个新的捐献安排，为任何价格向量 $\mathbf{p}$ 向政府支付其在 $\tilde{\mathbf{p}}$ 和在 $\mathbf{p}$ 时福利的差，再加上为选择 $\mathbf{p}$ 支付的稍微更多一点。"稍微更多的这一点"随 $\mathbf{p}$ 变化，并且在 $\mathbf{p}=\hat{\mathbf{p}}$ 时达到最大。然后，政府将从选择 $\hat{\mathbf{p}}$ 替代 $\tilde{\mathbf{p}}$ 中获益，并且选择 $\hat{\mathbf{p}}$ 而非其他任何政策选择。然而，政府的收益很小，并且游说者几乎获得所有剩余。[6] 在均衡中，对任何游说集团不存在这种非剥夺性的获利机会。

现在，让我们假定游说集团设定可微——至少在均衡点 $\mathbf{p}^\circ$ 附近可微——的政治捐献函数。接着，我们得出，存在某些强制原因集中于具有可微捐献函数性质的捐献安排，$\mathbf{p}^\circ$ 最大化 $V_j + G$ 这一事实意味着在 $\mathbf{p}^\circ$ 处一阶条件满足，即

$$\nabla W_j^\circ(\mathbf{p}^\circ) - \nabla C_j^\circ(\mathbf{p}^\circ) + \sum_{i \in L} \nabla C_i^\circ(\mathbf{p}^\circ) + a\nabla W(\mathbf{p}^\circ) = 0$$
$$\text{对所有的 } j \in L \quad (7)$$

然而，政府最大化 G 要求一阶条件

$$\sum_{i \in L} \nabla C_i^\circ(\mathbf{p}^\circ) + a\nabla W(\mathbf{p}^\circ) = 0 \quad (8)$$

联合起来看，(7) 和 (8) 意味着

$$\nabla C_j^\circ(\mathbf{p}^\circ) = \nabla W_i(\mathbf{p}^\circ) \quad \text{对所有的 } i \in L \quad (9)$$

等式 (9) 证实，所有的捐献安排围绕 $\mathbf{p}^\circ$ 局部真实，即每个游说集团设定其捐献安排使得对政策的微小变化而言，捐献的边际调整使政策变化适合对游说集团总福利的影响。换句话说，捐献安排的形式显示了在均衡附近游说集团的真实偏好。这个结果的直观形式可见图 4—1，我们用纵轴表示游说集团 i 的捐献 C_i，横轴表示国内价格 p_i。标记为 GG 的曲线是政府的无差异曲线。从源于价格变化的总福利变化和所有其他游说集团捐献变化的角度看，它表明游说集团 i 的捐献，它通过改变商品 i 的价格补偿政府。标记为 LL 的曲线表明了游

说集团的无差异曲线。这些曲线在均衡点周围是向上倾斜的，尽管这个事实对目前的讨论并非必需。现在，假定游说集团提供捐献安排 CC 诱导政府最大化在 E 点的福利。既然 CC 与 LL 在 E 点不相切，在 GG 上就存在一个点 E′，对游说集团 i 来说，该点将比在 E 点获得更大的福利。该游说集团会通过提供捐献安排诱使政府选择 E′ 而不是 E 点，该捐献安排与 CC 一致，直到位于点 E 下的一个点，在那个点落到 CC 之下，然后上升，在 E′ 处与 CC 相切。对游说集团来说，像这样重新调整其捐献安排以提高净福利的情况通常是可能的，除非 CC 和 LL（和 GG）在均衡点相互相切。

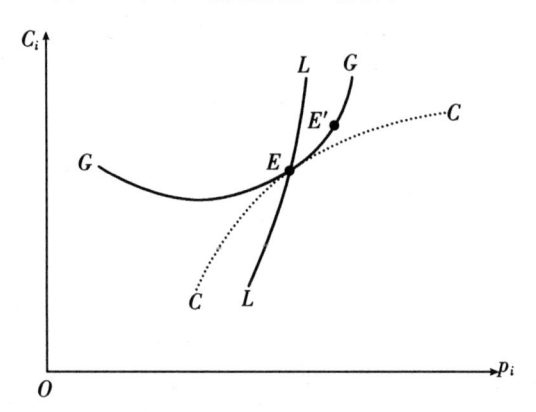

图 4—1　局部真实性

我们能扩展这种"真实性"观念以定义［就像贝纳姆和惠斯顿（1986）做的］一个真实的捐献安排。这是一个处处反映游说集团真实偏好的捐献安排。相对于某些基础福利水平，它为任何政策 **p** 对政府的支付超过游说集团 j 在 **p** 处的总福利。正式地，对某些 B_j，真实捐献函数采取形式

$$C_j^T(\mathbf{p}, B_j) = \max[0, W_j(\mathbf{p}) - B_j] \tag{10}$$

注意：正式安排可微，除非捐献可能为零时，因为总收益函数可微。贝纳姆和惠斯顿（1986）已经表明，参与者本来不承担源自真实策略

的成本，因为对一个竞争者实行的任何策略的最优反映集合包含一个真实策略。他们也表明了受真实策略支持的所有均衡，并且只有这些均衡，对参与者之间的非相关传达是稳定的（即它们"避免联盟"）。由于这些原因，他们认为，真实纳什均衡（那些受真实出价函数支持的均衡）在纳什均衡集合中可能有焦点。

真实纳什均衡（TNE）有一个有趣的性质。任何 TNE 的均衡价格满足[7]

$$\mathbf{p}^\circ = \underset{\mathbf{p} \in \mathcal{P}}{\operatorname{argmax}} \Big[\sum_{j \in L} W_j(\mathbf{p}) + aW(\mathbf{p}) \Big] \tag{11}$$

等式11说明，在均衡中，真实捐献安排劝诱政府像最大化社会福利函数那样行事，这个函数给不同社会成员赋予不同权数，代表游说集团的个体得到的权数为 $1+a$，那些不被代表的个体得到的权数为 a。这样，我们的模型就为比如朗和沃斯登（Ngo Van Long and Neil Vousden, 1991））使用的简化形式的政治支持函数提供了微观分析基础。

现在，我们回到受可微——尽管并非必须全部真实——捐献安排支持的均衡贸易政策的特征。[8]我们根据 i 的不同取值将（9）加总，并用这个结果代替（8）式得出：

$$\sum_{i \in L} \nabla W_i(\mathbf{p}^\circ) + a \nabla W(\mathbf{p}^\circ) = 0 \tag{12}$$

这个等式刻画了由可微捐献函数支持的均衡国内价格的特征。注意，这仅仅是（11）式中最大化所必需的一阶条件，尽管我们看到，它应该更为一般性地具有这些特征（即对所有可微的捐献安排，不仅仅是处处真实的那些）。

我们的下一步是计算边际政策变化如何影响社会中不同集团的福利。首先看看某些游说集团 i 中的成员，我们从（3）和（4）中可以发现

$$\frac{\partial W_i}{\partial p_j} = (\delta_{ij} - \alpha_i) y_i(p_j) + \alpha_i (p_j - p_j^*) m_j'(p_j) \qquad (13)$$

式中，$m_j(p_j) \equiv Nd_j(p_j) - y_j(p_j)$ 表示净进口需求函数，δ_{ij} 是一个可变量，当 $i = j$ 时等于 1；否则等于 0。等式（13）说明，游说集团 i 从产品 i 国内价格上升到超过自由贸易水平中获益；从任何其他产品的价格下降中获益（因为 $m_j' < 0$）。产品的自由贸易供应越大，专用要素的所有者从其所在产业产品价格的上升中获得的收益越多。对利益集团 i 来说，从另一种产品 j 的价格下降中得到的收益，随游说集团 i 成员份额的缩小而下降，当取极限 $\alpha_i = 0$ 时，收益完全消失。当游说集团 i 的成员只是总人口中可以忽略的部分时，他们只得到对产品 j 征税产生的转移支付中微不足道的一部分，他们也只享受从产品 j 的消费中得到剩余的微不足道部分。在这种情况下，他们不受那种产品国内价格变化的影响。

既然所有组织起来的利益集团服从局部真实的捐献安排，我们需要知道政策变化如何影响那些积极影响政策的个人形成的整个集团的总福利。因此，对所有的 $i \in L$，加总（13）式中的表达式，可以得出

$$\sum_{i \in L} \frac{\partial W_i}{\partial p_j} = (I_j - \alpha_L) y_i(p_j) + \alpha_L (p_j - p_j^*) m_j'(p_j) \qquad (14)$$

式中，$I_j \equiv \sum_{i \in L} \delta_{ij}$ 是一个可变量，如果产业 j 被组织起来就等于 1，否则就等于 0；$\alpha_L \equiv \sum_{i \in L} \alpha_i$ 表示总人口中由游说集团代表的选民部分。等式（14）表明，从自由贸易价格开始，游说成员作为一个整体从任何由组织起来的产业生产的产品国内价格的微小上升中获益，（给定 $\alpha_L > 0$）也从任何由未组织起来的产业生产的产品的价格微小下降中获益。

最后，我们计算边际价格变化对总福利的影响。运用（6）中 W

的定义，我们发现

$$\frac{\partial W}{\partial p_j} = (p_j - p_j^*)m_j'(p_j) \tag{15}$$

当然，该式显示了随经济离自由贸易越来越远时的边际无谓损失。把 (14) 和 (15) 代入 (12)，可以得出政治均衡中的国内价格，假定这些价格位于 $\mathcal{P}$ 的内部。[9] 我们采用均衡从价贸易税或补贴表达这种结果，这可被定义为 $t_i^\circ \equiv (p_i^\circ - p_i^*)/p_i^*$。

假说 2（均衡政策） 如果游说集团使用围绕均衡点可微的捐献安排，并且如果均衡位于 $\mathcal{P}$ 的内部，那么政府选择贸易税收和补贴满足

$$\frac{t_i^\circ}{1+t_i^\circ} = \frac{I_i - \alpha_L}{a + \alpha_L}\left(\frac{z_i^\circ}{e_i^\circ}\right), \quad i = 1, 2, \cdots, n$$

式中，$z_i^\circ = y_i(p_i^\circ)/m_i(p_i^\circ)$ 是国内产出与进口的均衡比率（出口时为负值），$e_i^\circ = -m_i'(p_i^\circ)p_i^\circ/m_i(p_i^\circ)$ 是进口需求或出口供给弹性（前者被定义为正，后者被定义为负）。

假说 2 描述了修正的拉姆齐法则。在所有其他方面相同时，具有高进口需求和出口供给弹性的产业（绝对值）对自由贸易有更小的从价偏离。由于两个原因，这一点是真实的。第一，政府可能要承担创造无谓损失的政治成本（如果 $a>0$）。在该点如此的意义上，如果所有其他方面相同，它更偏向于从成本较小的部门中筹集捐献。第二，即便 $a=0$，如果 $\alpha_L>0$，作为一个集团，游说集团成员要分担由贸易政策造成的任何无谓损失。在不同于 i 的产业中，保护的社会成本越大，专用要素的所有者将为避免部门 i 的保护出价越高。

对无谓损失的考虑在均衡贸易保护结构的研究中根据政治变量修正。首先，注意在政治均衡中，由游说集团代表的所有部门都受到进口关税和出口补贴的保护。[10] 相比较而言，进口补贴和出口关税应用于所有没有由组织代表的部门。换句话说，组织起来的利益集团尽力集体抬高它们能够赚取收入的产品的国内价格，降低它们仅用于消

费的产品的价格。特定组织起来部门的政治力量通过国内产量与进口的比率反映出来。在具有国内产量的部门，专用要素所有者从国内价格上升中获益较多，然而（对于给定的进口需求弹性），当进口量较低时，经济由于保护受到的损失相对较小。[11]

相对于运动融资的一美元，政府赋予总福利中一美元的权重越小，所有贸易关税和补贴的绝对值就越大。然而，内解仍然是可能的，即便政府只关心捐献（$a=0$）。这是因为利益集团自身不希望扭曲变得太大。虽然属于一个或另一个利益集团的选民份额提高，组织起来的产业的均衡保护率下降。在端点，当所有选民属于一个利益集团（$\alpha_L=1$），并且所有部门都得到代表时（对所有的 i，$I_i=1$），自由贸易在所有市场盛行。在这种情况下，利益集团相互中立，使得在均衡中，一个产业对保护的需求，根据对立利益集团为更低国内价格进行的出价而调整。另一方面，如果利益集团成员只包含投票人口微不足道的一小部分（$\alpha_L=0$），那么非贸易关税或补贴将应用于没有得到游说集团代表的商品（对 $I_i=0$ 者）。当潜在的政治捐献者在数量上很少时，他们坚持从贸易保护中获得比其更少的收益。

4.4 政治捐献

我们已经给出了在政治过程中出现的保护结构的特征，无论利益集团什么时候使用局部可微的捐献安排。这种对捐献函数的限制给安排程度留下了许多不同的形式（远离均衡），并且事实上支持均衡政策变量的捐献安排集合不是惟一的。不同的均衡捐献安排集合引起了多个利益集团的不同均衡捐赠，并因此引起对集团成员的不同净支付。如果我们要详细阐述哪个游说集团捐献最多以影响政策的话，我们必须引入额外假定，即让我们在纳什均衡集合中选择。

在后面的内容中，我们集中于真实纳什均衡；回忆一下这些是当游说集团宣布真实捐献安排时出现的均衡。由于这种对政策出价性质的限制，游说集团之间的竞争只包括向量选择 $\{B_i\}$。给定这些确定的捐献函数，真实性要求规定了安排的形式［参见（10）中的定义］。

对于游说集团 i 的选择 B_i，它面对什么样的激励？从真实捐献安排的定义，我们看出，在均衡时，无论游说集团什么时候给政府正捐献，游说集团 i 的净福利都为 B_i。因此，游说集团希望使 B_i 尽可能大（使捐献尽可能小），但是不会在诱使政府偏离 $\mathbf{p}^o$ 而采用某些可能损害其利益的可选择政策上走得太远。

这一点通过一个例子可以说明清楚。现在，假定确实存在两个游说集团，并且政府只关心运动融资（$a=0$）。让游说集团为真实捐献安排预期设定值 $\hat{B}_1$ 和 $\hat{B}_2$。由于这些设定值，游说集团的捐献将为 $C_1^T(\mathbf{p}, \hat{B}_1)$ 和 $C_2^T(\mathbf{p}, \hat{B}_2)$，那当然依赖于政府采取的政策行动。在图 4—2 中，阴影区域代表捐献组（C_1，C_2）的集合，这是政府由于其所有可变的政策选择而筹集到的捐献。给定这个阴影区域，只关心最大化总捐献的政府将选择 Q 点，在该点，其边界与斜率为 -1 的直线相切。该点之下的部分为某些政策向量。如果该图形代表了均衡位置，它必定是假说 2 中确定的政策。

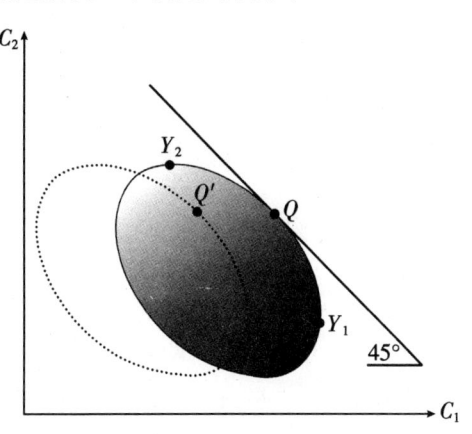

图 4—2　额外捐献

现在，我们检验游说集团 1 是否希望提高仅仅稍微超过 $\hat{B}_1$ 的 B_1。为了做到这一点，它等数量地缩减所有捐献。阴影区域将向左移动，一直移动到点线标明的区域。然后，政府将面对新的可能性集合，并选择点 Q'，Q 左侧的一个替代点。但是，位于点 Q' 之下的政策必定与点 Q 下的政策相同，既然不同政策的相对预期没有由于政府的（政治）预期而变化。有证据表明，游说集团 1 肯定从 B_1 的这种上升中获益。当然，图中标明的情况给游说集团 2 提供了改进其净福利的同样机会；因此，图 4—2 不能代表均衡情况。

至少只要与可行政策总集合相关的捐献保持为正，游说集团就继续看到提高它们 B_i 的激励。但是，最终，当 B_i 变得足够大，某些政策可能会从游说集团 i 中得不到任何捐献［再看（10）］。B_i 随后的上升将不再统一影响政府的选择；与游说集团 i 支持的政策相关的正收益，由于 B_i 的上升而缩减，但是针对游说集团 i 不支持的政策给出的零捐献却不会改变。游说集团 i 必定关心不提高 B_i 到如此高，以便政府决定采用这些不利政策中的一个。

图 4—3 描绘了一个均衡结构。这里，所有的游说集团都提高了它们的 B_i（相对于图 4—2 中描述的情况），使得对该政府有效的某些政策选择导致来自一个或另一个游说集团的零捐献。例如，考虑点 Y_1，这是对图 4—2 中同样标记点的反映。Y_1 点现在是不可行的，因为游说集团 2 不能够像隐含的那样提供负捐献。而且，如果政府选择位于该点之下的政策（顺便提及一点，这是游说集团 1 最偏爱的政策），它将会收到位于点 Z_1 处的捐献：从感恩图报的游说集团 1 收到较大的捐献；而在游说集团 2 处什么也得不到。在图 4—3 中，政府选择 Q，Z_1 和 Z_2 中的任何一个都会收到同样的捐献。没有任何一个点会提供如此大的捐献，以至位于这三个点之下的政策包含了对政府来说福利最大化的选择集合。政府愿意选择点 Q，并且没有一个游说集团希望进一步提高 B_i，因为担心政府会选择其对手最偏爱

的政策。

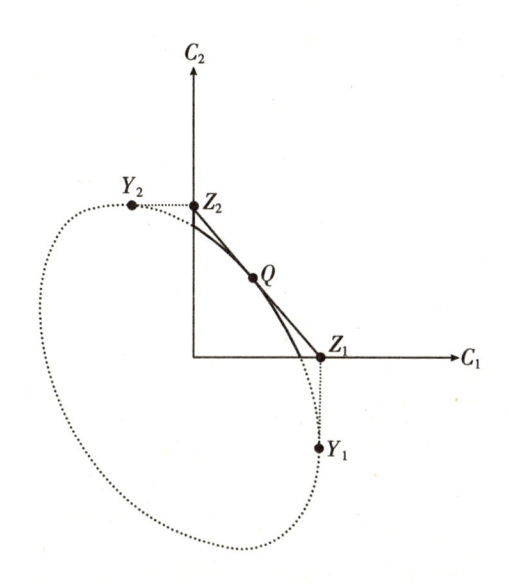

图 4—3　均衡捐献

注意，我们的均衡与假说 1 中的条件（iv）一致。那个条件要求对每个 i，都必定存在从游说集团 i 得不到任何捐献的政策，政府发现，作为均衡政策 $\mathbf{p}^\circ$，这具有相同的吸引力。在图形中，对游说集团 1 和 2 来说，这些政策分别是位于 Z_2 和 Z_1 之下的政策。

在格罗斯曼和赫尔普曼（1992a）中，我们提出了一个正式过程，用来计算当任意数量的游说集团制定真实捐献安排且政府有（5）中描述的更一般目标函数时的均衡捐献和净福利水平。这里，我们非正式地提出这个过程，依赖于刚刚讨论过的特殊案例中出现的直觉。然后，我们计算几个案例中的捐献，表明在这个过程中，政治环境如何决定剩余在利益集团和政治家之间的分割。

我们的特殊情况表明，每个游说集团都担心，如果它提高 B_i 到政府选择完全忽视其利益的水平，什么样的政策将会被选择。我们将 $\mathbf{p}^{-i}$ 定义为，如果游说集团 i 提供的捐献为零，在政府的政治最大化中出现的政策。即

$$\mathbf{p}^{-i} = \underset{\mathbf{p} \in \mathcal{P}}{\operatorname{argmax}} \sum_{\substack{j \in L \\ j \neq i}} C_j^T(\mathbf{p}, B_j^o) + aW(\mathbf{p}), \quad i \in L \tag{16}$$

在这个例子中，我们已经看到，游说集团 i 将会提高 B_i 到这样一点，在该点，政府对选择政策 $\mathbf{p}^{-i}$ 和选择均衡政策 $\mathbf{p}^o$ 无差异。下面的等式表达了这种无差异：

$$\sum_{\substack{j \in L \\ j \neq i}} C_j^T(\mathbf{p}^{-i}, B_j^o) + aW(\mathbf{p}^{-i})$$
$$= \sum_{j \in L} C_j^T(\mathbf{p}^o, B_j^o) + aW(\mathbf{p}^o) \quad \text{对所有的} \quad i \in L \tag{17}$$

这两组等式允许我们解出，在所有游说集团都给予正捐献时的真实纳什均衡（TNE）中不同游说集团的净福利水平。作为一个一致性检验，我们必须确保在 B_i^o 点，如果 $\mathbf{p}^{-i}$ 是政府选择的政策，游说集团 i 不给任何捐献。对于所有的 $i \in L$，这要求 $W_i(\mathbf{p}^{-i}) \leqslant B_i^o$。如果这个不等式对某些 i 不成立，那么游说集团会从提高 B_i 中获得收益（减少其均衡捐献），直到支付必须非负的约束得以遵守。这样的游说集团在政治均衡中将不会捐献任何东西，并且均衡政策将会相同，就好像这个游说集团代表的要素所有者在政治上没有组织起来。

我们现在分析三个特殊情况，看看在不同情况下，均衡捐献是如何决定的。

情况1：只有惟一一个组织起来的利益集团。假定只存在惟一一个在政治上积极的游说集团，它代表了某些产业 i 中特殊要素所有者的利益。在这种情况下，均衡政策向量为部门 i 提供保护（$p_i^o > p_i^*$），并且只要 $\alpha_i > 0$，它就要求对所有其他产品进行进口补贴、对出口征税（对于 $j \neq i$，$p_j^o < p_j^*$）。我们知道，如果政府不能够从惟一存在的那个特殊利益集团中得到任何捐献，它就会选择自由，这样（16）就给出了 $\mathbf{p}^{-i} = \mathbf{p}^*$。运用（17），我们发现游说集团 i 的均衡运动捐献，$C_i^T(\mathbf{p}^o, B_i^o) = aW(\mathbf{p}^*) - aW(\mathbf{p}^o)$。我们发现，游说集团捐献的数目，与均衡贸易政策对社会强加的额外负担成比例。这个比例

要素就是政府赋予其目标函数中总福利的权数（与运动捐献相关）。在这个政治均衡中，政治家得到的效用恰好等于没有影响支付时，他们从采用自由贸易中得到的效用。换句话说，*没有面对任何竞争利益的游说集团从其与政府的政治关系中获得所有剩余*。

情况 2：所有选民都由特殊利益集团代表。在这个情况中，所有选民在政治过程中都由一个或另一个游说集团代表。我们已经发现，在这种情况下，竞争导致自由贸易（$\mathbf{p}^o = \mathbf{p}^*$）。虽然如此，每个游说集团必须给出正的运动捐献以诱使政府选择这个结果，而不是从其角度看更差的结果。比如，只存在两种非单位商品和两个游说集团的情况。运用（17），我们有

$$C_i^T(\mathbf{p}^o, B_i^o) = [C_j^T(\mathbf{p}^{-i}, B_j^o) + aW(\mathbf{p}^{-i})] - [C_j^T(\mathbf{p}^o, B_j^o) + aW(\mathbf{p}^o)] \quad 对 \quad i=1,2; j \neq i \quad (18)$$

通过对 $\mathbf{p}^{-i}$ 的定义和 $\mathbf{p}^{-i} \neq \mathbf{p}^* = \mathbf{p}^o$ 这个事实，我们知道对 $i=1, 2$ 来说，（18）式的右边部分为正。这样，为了支持自由贸易结果，两个游说集团必定积极地给当权政府提供捐献。当所有的选民都积极参与购买影响的过程时，竞争性利益之间的竞争最为激烈，政府从政治关系中获得所有剩余。

两个游说集团中的哪一个给出更大捐献？为了回答这个问题，我们将等式（18）改写为[12]

$$C_i^T(\mathbf{p}^o, B_i^o) = [W_j(\mathbf{p}^{-i}) + aW(\mathbf{p}^{-i})] - [W_j(\mathbf{p}^*) + aW(\mathbf{p}^*)] \\ 对 \quad i=1,2; j \neq i \quad (19)$$

这个等式是说，在游说集团 i 自身不积极参与政治过程和实现完全政治均衡两种情况下，其对手和政府能够共同获得的利益。这样，每个游说集团根据其对手政治力量支付捐献数额。举例来说，存在这样一种情况，除了产业有不同的、完全无弹性的供给函数 $y_i(\mathbf{p}) = \bar{y}_i$，它们是对称的。那么，代表只拥有很少要素禀赋所有者的利益集团会给

出较大的政治捐献。

情况3：代表性特殊利益是高度集中的。最后一个情况是这样的，专用性要素的所有权如此集中，以至于其利益集团成员占总选民的数量可以忽略不计。在这种情况下，政治均衡对所有组织起来的部门都积极保护。但是，既然对所有的 i 而言，$\alpha_i = 0$，那么每个利益集团成员只能收到政府转移支付的忽略不计的一部分，并且从对非单位商品的消费中获得的剩余也只占可以忽略不计的一小部分。这样，在任何部门中，没有一个游说集团比它自己更愿意对贸易干预进行捐献。如果利益集团 i 不能捐献，政府选择的政策 $\mathbf{p}^{-i}$ 允许对产品 i 进行自由贸易（既然这个政策是社会有效率的，并且没有其他利益集团为任何干预出价），但是对其他产品的保护却与完全均衡时相同（既然游说集团 i 存在不影响政府和在其他部门有共同利益的那些集团之间的关系）。这里的共同代理问题与任何产业游说集团和政府之间存在独立委托代理关系的情况相同。就像情况1，每个游说集团必须为政府提供保护进行补偿（它支付的数额等于由产业政策 p_i^0 造成的无谓损失）。但是，如果不存在特殊利益之间的政治竞争，每个产业集团从其与政府的政治关系中获得所有剩余。[13]

4.5 为什么游说集团偏向贸易政策？

为了得出政治经济均衡，我们限制了政府对贸易关税和补贴政策工具的选择。利益集团好像偏爱于让政府采用更有效率的手段转移收入。我们的模型隐含着，这并非必定是事实。实际上，游说集团可能支持约束政府尽可能无效率转移收入的制度。因此，对游说者来说，相对于允许征收进口关税的制度，他们可能更希望只允许自愿出口限制（向外国人转移配额租金）的制度。现在我们讨论为什么这样。[14]

假定政府用生产补贴替代向游说集团——它们对特殊待遇进行出

价——转移收入的贸易政策。众所周知，要获得同样数量的收入转移，这种补贴将比关税和出口补贴造成更少的无谓损失。但是，利益集团愿意分享这些效率收益吗？

首先考虑要素所有权高度集中的情况，以便游说集团成员占总人口的比例可以忽略不计。在这种情况下，产业游说集团的利益并非直接敌对。就像我们看到的，在这些情况下，没有游说集团会出价反对支持其他利益集团的政治学。均衡产出补贴将是最大化每个利益集团和政府联合福利的政策。当然，与不允许生产补贴的制度相比，在允许生产补贴的制度中联合福利更高，因为生产补贴比这种贸易政策造成的无谓损失更小。而且，每个利益集团只为与特殊待遇相关的政治成本补偿政府（数量等于无谓损失）。因此，游说集团从更有效率政策工具的运用中获得所有剩余。

然而，现在考虑所有选民都由组织起来的利益集团代表的情况。在这种情况下，就像我们已经看到的，集团之间的政治竞争是相当紧张的。我们知道，在任何 TNE 中，均衡政策最大化受到代表和未受到代表选民效用的加权和，并且在这个出价过程中，当所有选民都受到代表时，均衡政策最大化总福利。因此，均衡使自由放任是必需的，就像政府只能利用贸易政策时在政治均衡中出现的自由贸易一样。这是因为每个游说集团必须在均衡中捐献，捐献数额等于自身不参与政治过程时竞争性游说集团和政府共同获得的福利和它们在政治均衡中获得的福利之差。均衡使每种制度下的这种共同福利是必需的，但是，竞争性游说集团和政府在允许生产补贴（或其他更有效率的政策）的政策制度中共同获得的福利大于不允许时的获利。因此，如果政治制度允许生产补贴，游说集团的捐献将更高，净福利将更低。

这些情况表明，竞争性利益集团之间竞争的程度决定它们对可选择政策制度之间的偏好。当利益集团之间的竞争紧张时（因为它们的利益直接相对），所有有效率收入转移工具的有效性使隐含政府加入敌对游说集团的力量是可置信的。在这种情况下，单个利益集团几乎没有政治权力,并且它们偏向于约束政府的手脚。然而,当游说集团的利益互不相关时,利益集团不会竞争优待,但会以牺牲未受到代表公众的利益而尽力攫取收益。那么,每个游说集团偏向于给政治家捐献超过可能转移收入的最有效手段。

4.6 结语与扩展

我们发展了一种新方法分析代议制民主中的贸易政策形成,就像许多前辈一样,我们将政治家看作追求自身私利最大化的代理人,而非寻求最大化公众福利的仁慈代理人。我们的模型集中于政府和一系列组织起来的特殊利益集团之间的政治关系。政府既关心运动捐献,又关心一般公众的福利;特殊利益集团只关心其成员的福利。在我们的方法中,与众不同之处在于我们对政治捐献作用的归纳:我们将利益集团的捐献不仅仅看作是对选举结果的投资,而且更看作是影响政府政策的手段。按照我们的观点,在许多民主制国家中,运动和政党融资的方式给政治家创造了贩卖其政策影响的强大激励。那么,贸易保护的结构注定反映了竞争政治优惠的结果,这是我们故事的中心议题。

在我们的模型中,游说集团使政治捐献的隐含提供成为政府采用的贸易政策的(进口和出口税收和补贴)向量函数。考虑到这些捐献,政府进一步将其政策设定为自己的目标,它(和可能在其他情况中)包含了对再选举的考虑。在政治均衡中,政府和游说集团都没有激励改变其行为。没有任何一个游说集团会修改其捐献安排以诱使政府选择能够为其成员带来更高净福利的政策;政府在给定其面对的捐献提供时也不会通过改变政策实现政治收益。

我们已经为这种情况下出现的保护结构得出了一个明确的规则。我们的规则将产业的均衡保护与其政治组织的状态、该产业的国内产出与净贸易量的比率以及进口需求和出口供给弹性联系起来。对所有政治上组织起来的产业提供的保护随着政府赋予运动捐献对选民福利的相对权重而提高，随属于组织起来的游说集团选民的比重而下降。我们已经详细讨论了不同利益集团均衡捐献规模、这些集团的相对政治权力以及政府和游说集团之间政治收益分割情况的决定因素。

我们在这篇论文中提出的问题具有相当大的独立意义。除了这些，我们为研究特殊利益集团和政策制定者之间关系而发展起来的工具也可能适用于许多其他问题。例如，我们的方法能用于研究社会转移安排内生设计、环境规制和政府支出计划。我们以对两个可能扩展的简单讨论作结论，这仍然处于表明我们方法之弹性和潜在有效性的贸易政策领域。

第一个扩展考虑了特殊利益集团之间更政治性的竞争。在我们的模型中，这种竞争受到高度限制，因为仅就专用要素所有者也作为普通消费者保护的自身利益来说，不同的产业集团相互对抗。在现实中，当高价格伤害了下游其他生产者的利益时，才出现对保护的最严肃政治反对。在反对进口壁垒方面，中间投入的使用者在政治上经常像支持这种保护的国内生产者一样积极。

本文的模型会很容易地扩展到考虑进口中间投入的情况。例如，假定存在一种这样的产品，在国内可以通过劳动和一种部门专用投入生产。进一步假定，中间产品在某些或全部生产非单位商品的部门使用，但是不在生产商品 0 的部门使用。那么，生产最终产品 i 使用的专用要素的所有者得到的总收益变成为 $\pi_i(p_i, q)$，其中，q 是中间产品的国内价格。国内生产中间产品所使用的专用要素的所有者得到的收益只依赖于 q。我们可以按照前面得出均衡贸易政策和运动捐献的方法继续下去。

两种最主要的结果是从这种实践中得出来的。首先，在政治均衡中，即使在生产那种产品中使用的专用要素所有者的利益在政治过程中得到代表，中间产品的进口仍可能会得到补贴。这与政治上组织起来的最终产品生产者的情况形成了对比，因为它们所有各方都成功地得到至少某些（有效率的）贸易保护。中间产品的生产者在政治上是脆弱的，因为最终产品生产者的代表积极出价反对对中间产品征收关税，尽管对消费品保护的反对更加不激烈。其次，在任何最终产品贸易中适用的均衡进口关税或出口补贴规则有两个条款构成，一个与假说2中的形式相同；另一个是运用于中间产品的均衡关税的递增函数。这两个结果表明，相对于中间产品生产者的利益，政治过程倾向于支持最终产品生产者的利益。

第二个扩展表现为大国之间的政策相互依赖。关税战的文献，从哈里·约翰逊（Harry Johnson，1953）的经典论文开始，讨论了一门心思服务于公共利益的政府之间的非合作政策博弈。同样，对谈判性关税协定的研究［例如，见 Wolfgang Mayer（1981）］一般从这样的假定开始，即国家带着最大化总福利的目标参与国际谈判。我们相信，通过考虑政府在外部交易中受国内政治压力影响，更具创见性的发现可能是在国际经济关系中获得的。我们1992b的工作论文在这个方面迈出了第一步，把我们的国内政治方法用于分析贸易战和贸易谈判。下一步的工作可能是估计具有选择性的国际"博弈规则"的相对愿望。这种规则限制对国内政府开放的政策选择，并且改变当选官员与其选民之间策略性关系的性质。我们的框架可用于形成在不同制度背景下，从这个过程中将出现哪些国内政策的预期，并因此估计哪种规则将导致受偏爱的政策结果。

【注释】

[1] 当然，我们认识到在大多数政治体系中售卖影响是非法的。我们需要记住，可能发生的政策捐献提供不必是直接的。就像现实中的大多数情况，特殊利益集团可能已经公布于众的是，它们倾向于更温和地支持那些政治家，让他采取有利于自己动机的政策立场。

[2] 麦哲比和尼尔森（Magelby and Nelson, 1990, p.55）的报告表明，在

255个从PACs得到绝大部分资金的当权议员中，只有19个参与竞争，其中挑战者得到了选票的45%或者更多。他们从这些证据评论中得出结论，"PAC的钱令人感兴趣"，在"观念中不仅仅是选举目标"。

[3] 加里·C·杰克森（Gary C.Jacobson, 1978, 1987）认为，对当权者赢得再次当选的可能性而言，运动支出水平只有很小的数量影响。然而，D.P. 格林和 J.S. 克拉斯诺（Donald Philip Green and Jonathan S.Krasno, 1988）对这种观点提出了挑战，他们指出杰克森既没有控制支出和对手质量之间的关系，又使用了不恰当的工具。他们发现，一旦考虑到竞争者的质量，执政支出对选举结果会有大得多的影响。

[4] 在他们1978年议会选举运动支出的研究中，E.N. 戈登堡等人（Edle N.Goldenberg et al., 1986）建议，执政者为了劝阻强有力的对手参与竞争，会积蓄捐献并用于初期的运动支出。然而，克拉斯诺和格林（Krasno and Green, 1988）在对竞争者质量进行的回归分析中，关于策略性支出只有很少的证据支持。

[5] 同样，我们可以将政府的福利函数写作 $\widetilde{G} = a_1 \sum_{i\in L} C_i + a_2 \left(W_i - \sum_{i\in L} C_i \right)$，其中 a_1 是政府对运动捐献赋予的权数，a_2 是对净的总福利赋予的权数。最大化 $\widetilde{G}$ 相当于给定 $a_1 > a_2$，$a = a_2/(a_1 - a_2)$ 时，最大化（5）中的 G。我们假定本书如此（即政治家赋予运动保险箱中美元的价值高于公众手中持有的美元价值）。这个假定意味着，对参数 a 的规模没有任何限制。

[6] 更正式地，让 $\widetilde{C}_i(\mathbf{p})$ 表示对游说集团 $i \in I$ 的预期竞价安排。假定他们劝诱政府选择 $\widetilde{\mathbf{p}}$，但是，给定当 $i \neq j$ 时的 $\{\widetilde{C}_i(\mathbf{p})\}$，$\hat{\mathbf{p}} \neq \widetilde{\mathbf{p}}$ 最大化 $V_j + G$。现在，让游说集团 j 将其捐献安排调整为 $\hat{C}_j(\mathbf{p}) \equiv \sum_{i\in L} \widetilde{C}_i(\widetilde{\mathbf{p}}) + aW(\widetilde{\mathbf{p}}) - \sum_{i\in L, i\neq j}\widetilde{C}_i(\mathbf{p}) - aW(\mathbf{p}) + \varepsilon h(\mathbf{p})$，其中，$h(\cdot)$ 是任意一个在 $\mathbf{p} = \widetilde{\mathbf{p}}$ 时实现惟一最大化的非负函数。面对代替了 $\widetilde{C}_j(\mathbf{p})$ 的这种新安排，只要 $\varepsilon > 0$，政府通过选择政策向量 $\hat{\mathbf{p}}$ 最大化 G。游说集团 j 的福利变为 $W_j(\hat{\mathbf{p}}) - \hat{C}_j(\hat{\mathbf{p}}) = W_j(\hat{\mathbf{p}}) - \widetilde{C}_j(\hat{\mathbf{p}}) + \nabla - \varepsilon h(\hat{\mathbf{p}})$，其中 $\nabla > 0$ 表示联合福利 $V_j + G$ 中的收益，它源自用 $\widetilde{\mathbf{p}}$ 替代 $\hat{\mathbf{p}}$。只要 ε 足够小，我们就有 $\nabla > \varepsilon h(\hat{\mathbf{p}})$，它意味着 $W_j(\hat{\mathbf{p}}) - \widetilde{C}_j(\hat{\mathbf{p}}) > W_j(\widetilde{\mathbf{p}}) - \widetilde{C}_j(\widetilde{\mathbf{p}})$（即，游说集团从这种捐献安排变化中获益）。

[7] 为了看到这一点，注意假说1中的条件（ii）意味着：对所有的 $\mathbf{p} \in \mathcal{P}$，

$\sum_{j\in L} C_j^o(\mathbf{p}^o) + aW(\mathbf{p}^o) \geqslant \sum_{j\in L} C_j^o(\mathbf{p}) + aW(\mathbf{p})$。如果捐献函数是真实的，那么从定义 (10) 可以得出，对所有的 $j\in L$ 和所有的 $\mathbf{p}\in\mathcal{P}$，$C_j^o(\mathbf{p}^o) = W_j(\mathbf{p}^o) - B_j^o$（其中，$B_j^o$ 是对游说集团 j 的均衡净收益）和 $C_j^o(\mathbf{p}) \geqslant W_j(\mathbf{p}) - B_j^o$。因此，对所有的 $\mathbf{p}\in\mathcal{P}$，$\sum_{j\in L} W_j(\mathbf{p}^o) + aW(\mathbf{p}^o) \geqslant \sum_{j\in L} W_j(\mathbf{p}) + aW(\mathbf{p})$。

[8] 即便有人不接收贝纳姆-惠斯顿对 TNE 的观点，他也希望要求捐献安排可微，因为这些安排在计算游说的部分时倾向于犯小错误，但是如果游说集团使用了不可微分的支付安排，它就可能会因为很小的计算错误受到重大惩罚。

[9] 如果几个限制中的一个完全相关时，产品 i 的国内价格可能被迫达到 $\mathcal{P}$ 的边界。首先，在产业 i 中使用的专用要素的所有者，可能没有足够的资源"保护自己"免受其他游说集团伤害（即为保持 p_i 超过 $\underline{p}_i$ 所必需的政治捐献可能超过总收入）。其次，某些游说集团 j 可能会为如此大的出口补贴出价，以至于某些个体的收入不足以补偿为补贴融资所必需的对每个个体的征税。然后，p_i 将被迫达到 $\bar{p}_i$。在我们的陈述中，这些极端结果可能具有线性特征，这不是该模型特别有趣的一个特征。这样，我们没有进一步探求有角点解的均衡。

[10] 均衡贸易税收的公式可以表述如下

$$t_i^o = \frac{I_i - \alpha_L}{a + \alpha_L} \left(\frac{y_i(p_i^o)}{[-p_i^* m_i'(p_i^o)]} \right)$$

如果这个等式对于 $I_i = 1$ 的情况有解，那么它必须包括 $t_i^o > 0$。如果这个等式无解，那么 $p_i^o = \bar{p}_i$，并且 $t_i^o > 0$。

[11] 我们的公式表明，只有两个变量（进口需求弹性和国内产量与进口的比率）应该解释保护水平的跨产业变化。R.E. 鲍德温（Robert E. Baldwin, 1984）和 K. 安德森与鲍德温（Kym Anderson and Baldwin, 1987）回顾了保护结构的经验研究。然而，现有研究不能控制进口需求弹性，虽然它包括我们的模型没有标明的标量（但它可能与忽略的变量相互关联），这就产生了从我们的理论看不可能解释的回归结果。

[12] 为了做到这一点，我们需要 $C_j^T(\mathbf{p}^{-i}, B_j^o) - C_j^T(\mathbf{p}^*, B_j^o) = W_j(\mathbf{p}^{-i}) - W_j(\mathbf{p}^*)$。给定捐献安排是真实的，如果 $C_j^T(\mathbf{p}^{-i}, B_j^o)$ 和 $C_j^T(\mathbf{p}^*, B_j^o)$ 为正，这将成为事实。我们已经看到后者为真。既然 (18) 式的右边为正并且 $W(\mathbf{p}^{-i}) < W(\mathbf{p}^*)$，我们有 $C_j^T(\mathbf{p}^{-i}, B_j^o) > C_j^T(\mathbf{p}^*, B_j^o)$。这样，前者也必定为真。

[13] 对进一步的细节有兴趣的读者可以参考我们（1992a）的工作论文。

[14] 我们的观点与 Dani Rodrik（1986）和 John D. Wilson（1990）的观点相关，但不相同。他们认为，相对于关税政策制度，社会可能更偏爱生产补贴，因为在前一种制度中内生出现的扭曲可能比后者更小。我们的讨论关注特殊利益集团而非外部观察者的制度偏爱。

参考文献

Anderson, Kym, and Baldwin, Robert E. (1987). The political market for protection in industrial countries. In A. M. El-Agraa (ed.) *Protection, Cooperation, Integration and Development: Essays in Honour of Professor Hiroshi Kitamura* (London: Macmillan, 20-36).

Baldwin, Robert E. (1984). Trade policies in developed countries. In R. W. Jones and P. B. Kenen (eds.). *Handbook of International Economics* Vol. 1. (Amsterdam: North-Holland, 571-611).

Bernheim, B. Douglas and Whinston, Michael D. (1986). Menu auctions, resource allocation, and economic influence. *Quarterly Journal of Economics* 101(1)(February):1-31.

Goldenberg, Edie N., Traugott, Michael W., and Baumgartner, Frank R. (1986). Preemptive and reactive spending in U.S. House races. *Political Behavior* 8(1):3-20.

Green, Donald Philip, and Krasno, Johnathan S. (1988). Salvation for the spendthrift incumbent: Reestimating the effects of campaign spending in House elections. *American Journal of Political Science* 32(4)(November):884-907.

Grossman, Gene M., and Helpman, Elhanan (1992a). Protection for sale. Working Paper NO. 4149. National Bureau of Economic Research.

_____. (1992b). Trade wars and trade talks. Discussion Paper in Economics No. 163, Woodrow Wilson School of Public and International Affairs, Princeton University.

Hillman, Arye L. (1982). Declining industries and political-support protectionist motives. *American Economic Review* 72(5)(December): 1180-1187.

――――. (1989). *The Political Economy of Protection*. (Chur: Harwood).

Hillman, Arye, and Ursprung, Heinrich W. (1988). Domestic politics, foreign interests, and international trade policy. *American Economic Review* 78(4)(September): 729-745.

Jacobson, Gary C. (1978). The effects of campaign spending in congressional elections. *American Political Science Review* 72(2)(June): 769-783.

――――. (1987). *The Politics of Congressional Elections*. 2nd ed. (Boston: Little, Brown).

Johnson, Harry G. (1953). Optimal tariffs and retaliation. *Revew of Economic Studies* 21(2): 142-153.

Krasno, Jonathan S., and Green, Donald Philip (1988). Preempting quality challengers in House elections. *Journal of Politics* 50(4)(November): 920-936.

Long, Ngo Van, and Vousden, Neil (1991). Protectionist responses and declining industries. *Journal of International Economics* 30(1-2)(February): 87-103.

Magee, Stephen P., Brock, William A., and Young, Leslie (1989). *Black Hole Tariffs and Endogenous Policy Theory: Political Economy in General Equilibrium* (Cambridge: Cambridge University Press).

Magelby, David B., and Nelson, Candice J. (1990). *The Money Chase: Congressional Campaign Finance Reform* (Washington, D.C.:

Brookings Institution).

Mayer, Wolfgang (1981). Theoretical considerations on negotiated tariff adjustments. *Oxford Economic Papers* 33(1)(March):135-153.

Olson, Mancur(1965). *The Logic of Collective Action* (Cambridge, Mass.:Harvard University Press).

Rodrik, Dani(1986). Tariffs, subsidies, and welfare with endogenous policy. *Journal of Intornational Economics* 21(3/4)(November):285-296.

Stigler, George J. (1971). The theory of economic regulation. *Bell Journal of Economics* 2(1)(Spring):359-365.

Wilson, John D. (1990). Are efficiency improvements in government transfer policies selfdefeating in political equilibrium? *Economics and Politics* 2(3)(November):241-258.

第 5 章　贸易战与贸易谈判[*]

5.1 引　言

最近发生的一些事件突出了国内政治作为国际经济关系基础的程度。在为乌拉圭回合贸易协定和北美自由贸易协定做准备的几个星期和几年中,特殊利益集团不仅非常明显,而且声音很大。同样,在美

---

[*] 本文由格罗斯曼和赫尔普曼合作完成。最早发表于《政治经济学杂志》(*Journal of Political Economy*) 第 103 卷 (1995 年 8 月): 675~708。版权归芝加哥大学出版社 (1995) 所有。这里得到许可重印。我们感谢国家科学基金和美—以两国科学基金提供的财政支持。同时,格罗斯曼感谢 John S. Guggenheim 纪念基金会,Sumitomo 银行基金,Daiwa 银行基金和普林斯顿大学国际研究中心。

国和日本连续不断的贸易冲突中,产业代表都是积极的参与者。利益集团已经影响了这些和其他一些政策结果。对这一点,很少有人能够提出怀疑。

在政治科学文献中,"国家"理论构成了关于对外经济政策最近分析的主流[见 Cowhey(1990)]。在国际事务中,这些理论将行政分支机构及其官员看作相对独立的参与者,他们制定服务于国家目标的政策(比如实力平衡外交),只是偶尔并且最低限度地向国内政治集团做让步。这种方法在贸易关系的经济文献中也有对应,这些文献也集中讨论自治政府间行为和相互关系。在其开创性论文"最优关税及其报复"中,哈里·约翰逊(Harry Johnson)表明了政府间的政策相互依赖如何模型化为两国关税博弈中的非合作均衡[又见 Kuga(1973);Riezman(1982);Kennan and Riezman(1988)]。迈耶(Mayer,1981)和里兹曼(Riezman,1982)将同样方法运用于谈判达成的贸易协定,将它们看作两国政府讨价还价博弈的均衡结果。当这些作者为强调表明对外政策决定特征的国际关系而备受称赞时,有人不禁提出疑问,他们的分析是否抓住了真实世界政府的"确切"目标。在每种情况下,作者都把政府看作国家利益的仁慈公仆。

现在已经非常普遍的观点是,将贸易政策看作并非一定带来总福利最大化政治过程的结果。关于内生政策形成日益增多的文献都将利益集团(有时候是选民)看作为赢得政治支持进行竞争的参与者,而这些政治支持是由服务于自身利益的政治家给出的。然而,这些文献只集中于小国或孤立国家的情况,它们制定贸易政策不考虑现存政策及其贸易伙伴的可能反应。

在本文中,我们发展了一个正式框架,它既能够解释国内层次上利益集团和政治家之间的策略性关系,又能够解释国际层次上政府之间的策略性关系。在这样做时,我们遵循了帕特纳姆(Putnam,1988)提出的思路。他认为,国际关系最好被看作这种"双层博弈"。在国内政治决定国际目标的背景下,我们研究了非合作与合作关税制定博弈两种情况。我们的目标是理解，一个国家的政治气候如何构成另外一个国家政策结果的条件，以及对政治家的国内政治压力如何构成了他们与外国对手关系的条件。[1]

在第2部分，我们给出模型的框架，并讨论与现有文献的关系。第3部分清楚说明模型的正式假定和政治均衡的性质。在第4和第5部分，我们研究了两国政策博弈，首先假定政府以非合作方式制定政策，然后分析它们进行国际谈判的情况。第6部分比较我们模型的预言与某些经验文献的发现。

5.2 模型框架及其与现有文献的关系

在民主社会中，贸易政策由当选的代表制定。由于一般公众对贸易问题不具有完全信息，由于大多数选举涵盖多个问题，这些代表通常未必选择最大化中间选民福利的政策。其他政策也可能更好地服务于政治家再次当选的目标或可能具有的更多目标。贸易政策形成的文献研究了当选代表们做出的选择，他们从特殊利益游说集团那里得到财政支持和其他好处。

文献的一条线索始于布洛克和马吉（Brock and Magee，1978），并在马吉、布洛克和杨（1989）中得到最详细的阐述。他们考虑了两个政党之间的选举，这两个政党分别代表保护主义者和自由贸易者的利益。在选举之前，每个政党都许诺一旦当选将会采取的贸易政策主张。然后，在看到这些政策主张之后，代表资本（从自由贸易中获益）和劳动（从高关税中获益）的游说集团会对支持自身利益的各个政党进行运动捐献。这些捐献是为运动支出筹资，反过来又会影响政党再次当选的可能性。马吉等研究了当政党相对于游说集团作为斯塔克尔伯格领导者行事时出现的纳什均衡情况。[2]

第二条线索是从斯蒂格勒（Stigler，1971）和佩茨曼（Peltzman，

1976）关于国内管制政策的论文引申出来的。希尔曼（Hillman, 1982）将这些思想运用于贸易政策形成的分析，并且由朗和沃斯登（Long and Vousden, 1991）做了进一步的详细阐述。他们的分析方法认为，当权政府选择贸易政策，但受下一次选举预期的约束。政府认识到，特殊利益集团承诺的支持可能会诱致出财政和其他支持，并可能导致一般选民的不满。回避了动机和行动的细节，作者们在政治支持函数中概述了相关权衡：政府的"支持"直接依赖于其政策（因为影响选民福利），并通过该政策对引起特定利益的租金的影响间接依赖于政策。政府选择最大化其政治支持的政策。

我们自己的方法，首先是由格罗斯曼与赫尔普曼（Grossman and Helpman, 1994）发展出来的，结合了两者的有益成分。就像在政治支持方法中一样，我们集中于制定国家贸易政策的当权政府。然而，通过模型化对组织起来的特殊利益起作用的行动和他们在决定政治卷入时面对的激励，我们突破了那种方法。换句话说，我们不仅仅是外生指定支持函数，而且是从利益最大化游说集团的均衡行动中得出。就像马吉等的选举竞争模型一样，在我们的模型中，游说者决定向政治代表提供运动捐献的规模。然而，与马吉等将游说集团看作政策主张给定后进行捐献，并将影响选举结果作为惟一目标不同，我们将游说集团看作提供捐献是为了影响政策主张自身。换句话说，我们的游说集团尽力获得垂涎其财政支持的政治家的支持。[3]

下面，我们给出模型的框架。游说集团代表在特定产业拥有利益的要素所有者。每个游说集团都让国家政府面临运动捐献安排，也就是说，该捐献安排将其许诺的捐献与政府采取的行动联系起来。[4]当然，这些安排不是正式契约，它们通常也不是明确宣布的。然而，政府都清楚，在其对待每个组织起来的游说集团的方式和其能够预期从集团得到的捐献之间存在隐含联系。我们假定，给定其他组织起来的集团的捐献安排，一个集团设定捐献安排是为了最大化游说集团成员的总福利。

面对不同游说集团的捐献安排，当权者选择对不同进口和出口产品的贸易关税和补贴向量。在这种情况下，其目标是最大化其自身的政治福利。我们让政治家的效用依赖于一般选民的福利和政治捐献的总量。一般福利包含在政府的目标中，来反映这样的可能性，即再次当选的预期依赖于一般选民的福利。捐献进入政府的效用函数，因为运动基金可能用于政治广告，并且政治捐献有时可以增加候选人的个人财富或为其提供其他政治利益［关于这一点的详细论述见格罗斯曼和赫尔普曼（1994）］。

在我们早期的论文中，我们遵循了政治经济学文献的思路，假定政府能够把价格看作给定。因此，不存在政府间相互作用的范围，在其他情况下也不存在利益集团影响政策结果的可能性。我们首先刻画两个受政治激励的政府之间非合作博弈纳什均衡的特征，然后我们考虑国际谈判中政策设定时的讨价还价情况。

5.3　正式模型

我们考虑两国——"母国"和"外国"的贸易关系。两个国家具有相同的政治和经济体制，尽管他们的偏好、禀赋和政治条件存在差别。我们详细描述母国的政治和经济结构，母国居民具有相同的额外独立偏好。每个人都最大化下列形式的效用函数

$$u = c_Z + \sum_{i=1}^{n} u_i(c_{X_i}) \tag{1}$$

式中，c_Z 表示对商品 Z 的消费，c_{X_i} 是对商品 X_i 的消费，$i = 1, 2, \cdots, n$。函数 $u_i(\cdot)$ 可微、递增并且严格凹性。商品 Z 充当单位商品，其世界和国内价格都等于1。我们用 p_i 表示商品 X_i 的国内价格，π_i 表示其离岸价格。[5] 由于具有这些偏好，每个国内居民需要

$d_i(p_i)$ 单位的商品 X_i，$i = 1, 2, \cdots, n$，其中 $d_i(\cdot)$ 是 $u_i'(\cdot)$ 的反函数。消费者将其总支出的剩余部分 E 用于消费单位商品，因此获得效用水平

$$v(\mathbf{p}, E) = E + S(\mathbf{p}) \tag{2}$$

式中，$\mathbf{p} = (p_1, p_2, \cdots, p_n)$ 表示非单位商品的国内价格向量，$S(\mathbf{p}) \equiv \sum_i u_i[d_i(p_i)] - \sum_i p_i d_i(p_i)$ 表示从这些商品的消费中获得的消费者剩余。

单位商品 Z 只用劳动生产，具有不变规模收益。我们假定总劳动供给 l 足够大，可以确保这种产品的正产量。然后，我们就可以选择单位数，以便竞争性工资率等于 1。每种其他商品都是用劳动和一种部门专用要素生产的，也具有不变规模收益。在无弹性供给中，不同数量的特定投入都可以得到满足。我们用 $\prod_i(p_i)$ 表示在生产商品时使用专用要素 X_i 能够得到的总租金，并且我们注意到这个函数的斜率给出了产业供给曲线，即

$$X_i(p_i) = \prod_i{}'(p_i) \tag{3}$$

政府具有有限的政策工具集可以运用。我们允许其对非单位商品额外征税或补贴，并且运用（中性的）人头税或补贴的方式征收收益或分配税收收入。换句话说，政府必须运用贸易政策影响经济中利益集团之间的收入分配。事实上，政府运用直接、透明的方式转移收入好像有困难，因此它们求助于更不直接的方式。我们的模型强调贸易政策作为收入分配潜在工具的作用。

从价贸易税或补贴拉大了国内和离岸价格之间的差距。我们用指数 τ_i 表示这些政策，以便 $p_i = \tau_i \pi_i$。那么，$\tau_i > 1$ 表示 1 加进口品关税税率或者 1 加对出口品的出口补贴率。同样，$\tau_i < 1$ 表示对进口补贴或者对出口征税。贸易政策向量 $\boldsymbol{\tau} = (\tau_1, \tau_2, \cdots, \tau_n)$ 产生了人

均政府收益

$$r(\tau,\pi) = \sum_i (\tau_i - 1)\pi_i \left[d_i(\tau_i\pi_i) - \frac{1}{N}X_i(\tau_i\pi_i) \right] \quad (4)$$

式中，$\pi = (\pi_1, \pi_2, \cdots, \pi_n)$，$N$ 衡量总人口，以后我们将其标准化为 1。政府平均地向公众再分配关税收益。

个人从几个来源获得收入。大多数人作为工人赚取工资，并且所有人从政府得到同样的转移支付（可能为负）。另外，有些人将其索取权归于一种专用性要素。这些资产不可分割、不可交易（例如，具有部门专用性的人力资本），因此个人拥有的要素不超过一种。很明显，拥有产业 i 中运用的某些专用要素的那些人将看到其收入与商品 X_i 的国内价格联系在一起。除了作为消费者在影响国内价格的政策中有一般收益外，这些个人在贸易政策 τ_i 中还有直接收益。

在部门 i 中运用的专用性投入的所有者，普遍希望对其产业进行保护（或出口补贴），可能选择加入某些游说力量来表达他们对当权政府的希望。我们假定专用性要素的某些（或者很可能全部）所有者形成政治行动集团，但其他专用性要素的所有者（如果有的话）在政治上不能够组织起来。组织起来的产业集团在这里看作外生。相对于单个要素所有者，组织起来的集团享有更大的政治收益，因为这些集团比个人在物质上能够控制更多资源。由于这些大量资源处于他们的控制下，游说者能够获得接近政治家以传达其政治需求的方法。我们假定，游说集团以捐献安排的形式表达其政治需求，即它们为当权政治家的运动提供捐献，其数量依赖于政府实施的特定政策，也依赖于政治家在贸易谈判过程中尽力与外国政府达成的妥协。虽然没有组织起来的个人（包括那些没有专用性要素者）也希望以这种方式对贸易政策"出价"，我们假定政治家不会花费时间听取他们的捐献安排，根据单个要素所有者的有限收入，那将是比较少的，并且个人在政策结果中的相关利益非常小。总之，我们假定政治上没有组织起来的个人不能通过运动捐献影响政策；他们只能作为选民参与政治过程。

组织起来的投入要素所有者协调行动以最大化他们的联合福利。代表产业 i 的游说集团，提供捐献安排 $C_i(\tau,\cdot)$，以最大化

$$v^i = \widetilde{W}_i(\tau,\pi) - C_i(\tau,\cdot) \tag{5}$$

式中，$\widetilde{W}_i(\tau,\pi) \equiv l_i + \prod_i(\tau_i,\pi_i) + \alpha_i[r(\tau,\pi) + S(\tau\pi)]$ (6)

α_i 表示拥有在部门 i 中使用的专用性要素所有者所占的人口比例（也可以看作 $N=1$ 条件下的数值）；l_i 是这些要素所有者的联合劳动禀赋。[6] 等式 (6) 给出了游说集团 i 中 α_i 个成员的总捐献福利，这是他们从工资、准租金，从政府得到的转移支付以及从消费非单位商品中获得的〔见等式 (2)〕。注意，我们已经省略了对捐献安排的讨论。这使我们将贸易战——在这种情况下，捐献安排只依赖于母国政府的行动——与贸易谈判的情况区别开来——在这种情况下，捐献安排也依赖于协定谈判过程中外国政府采取的行动。

面对不同游说集团提供的捐献安排，当权者制定贸易政策——要么单边决定，要么通过国际讨价还价过程以最大化其政治福利。我们假定，政治家关心运动捐献的积累，也关心普通选民的福利。就像我们在第 2 部分所讨论的，政治家将捐献看作运动广告筹资以及其他支出的来源。当再次当选的预期依赖于普通选民的幸福时，对一般选民福利的关心就会上升。我们提出一个线性形式的政府目标函数，即

$$G = \sum_{i \in L} G_i(\tau,\cdot) + \alpha \widetilde{W}(\tau,\pi), \quad \alpha \geqslant 0 \tag{7}$$

式中，L 代表组织起来的产业集合，并且

$$\widetilde{W}(\tau,\pi) \equiv l + \sum_i \prod_i(\tau_i\pi_i) + r(\tau,\pi) + S(\tau\pi) \tag{8}$$

衡量平均（或总）福利。(7) 中的参数 α 表示政府赋予一美元社会福利相对于一美元运动捐献的权重，既考虑了假想融资的政治值，也考虑了与捐献者福利损失相关的间接成本。

就像我们在前面提到的，外国有相同的政治和经济结构。尽管这些国家的次效用函数 $u_i^*(\cdot)$，利润函数 $\prod_i^*(\cdot)$，组织起来的产业集合 L^*，对部门 i 中使用的专用要素拥有所有权的选民数量 α_i^*，以及政府赋予总福利相对于总捐献的权重 a^* 等方面，与母国不同（类似的函数或指数不带星号）。与（1）~（8）类似的等式适用于外国。在这些国家，政策是 $\tau^* = (\tau_1^*, \tau_2^*, \cdots, \tau_n^*)$；国内价格是 $\mathbf{p}^* = (p_1^*, p_2^*, \cdots, p_n^*)$，部门 i 的产量为 X_i^*，等等。

已经详细说明了每个经济的生产和需求方情况，现在我们转向国际均衡。在母国，产品 i 的净进口为 $M_i(p_i) = d_i(p_i) - X_i(p_i)$；外国的净进口等于 $M_i^*(p_i^*) = d_i^*(p_i^*) - X_i^*(p_i^*)$。回想 $p_i = \tau_i \pi_i$，并且 $p_i^* = \tau_i^* \pi_i$。那么，当

$$M_i(\tau_i \pi_i) + M_i^*(\tau_i^* \pi_i) = 0, \quad i = 1, 2, \cdots, n \tag{9}$$

时，世界产品市场出清。这个等式可以让我们求解出产品 X_i 市场出清的价格，作为两个国家对该产业征收的贸易关税和给予补贴的函数。我们用 $\pi_i(\tau_i, \tau_i^*)$ 表示该函数关系。从（9）式，接下来可以得出，函数 $\pi_i(\cdot)$ 是负一次函数的同类函数，即如果母国提高对某产品进口征收的关税，或外国政府按照相同比例提高补贴，那么世界价格将会下跌，以使每个国家的国内价格不变。

运用（9），我们可以把每个国家组织起来的利益集团和普通选民的（总捐献）福利水平表示为贸易政策向量 τ 和 τ^* 的函数。例如，在（6）式中，在母国产业 i 中使用的专用性要素所有者总福利的表达式为 $W_i(\tau, \tau^*) \equiv \widetilde{W}_i[\tau, \pi(\tau, \tau^*)]$，母国选民的平均福利可以写作 $W(\tau, \tau^*) \equiv \widetilde{W}[\tau, \pi(\tau, \tau^*)]$。将这些函数代入（5）或（7）以及它们的外国对应表达式，就给出了游说者和政治家的目标为每个国家贸易政策向量的函数。

最后，我们描述两国模型中不同主体的行动序列。每个国家的游

说集团首先行动，设定捐献安排，其捐献可能与不同的政策结果联系在一起。每个游说集团都同时、非合作地行事，它们都在假定本国和他国其他游说者捐献安排给定的条件下行事。然后，政府设定它们的国内贸易政策。在第 4 部分中，我们研究贸易战，这些政策是在非合作、同时博弈行动中给出的。第 5 部分，我们研究国际谈判，政策出现于特定的讨价还价过程。在两种情况下，我们都假定一个国家的政治家和利益集团之间的隐含函数（即，由游说集团传达给政治家的捐献安排）对其他国家的政府是不可观察的。这一假定的重要性，将随我们研究的深入而逐渐突出出来。

5.4 贸 易 战

我们以贸易战为实例，开始分析具有政治激励动机的政府之间的国际经济关系。在这里，政府采取单边行动，忽视了其行动对敌对国家政治或经济主体的影响。当纯粹非合作的结果不可能出现在一个重复相互作用和多个贸易谈判论坛的世界上时，非合作的极端情况强调政治力量。在贸易领域中，在经常脱离和谐与合作的时期，这种力量形成贸易政策。

我们界定每个国家对其他国家专断政策选择的均衡反应。我们用母国表明这一点，尽管同样的定义也适用于外国。

定义 1：让 τ^* 表示外国的专断政策向量。一系列可行的捐献函数 $\{C_i^o\}_{i \in L}$ 和贸易政策向量 τ^o 是对 τ^* 的均衡反应，如果（a）

$$\tau^o = \underset{\tau}{\operatorname{argmax}} \sum_{i \in L} C_i^o(\tau; \tau^*) + aW(\tau, \tau^*)$$

（b）对每个组织起来的利益集团 $i \in L$，不存在可行的捐献函数 $C_i(\tau; \tau^*)$ 和贸易政策向量 τ^i，使得（ⅰ）

$$\tau^i = \underset{\tau}{\mathrm{argmax}} C_i(\tau;\tau^*) + \sum_{j\neq i, j\in L} C_j^o(\tau;\tau^*) + aW(\tau,\tau^*)$$

和（ⅱ）

$$W_i(\tau^i,\tau^*) - C_i(\tau^i,\tau^*) > W_i(\tau^o,\tau^*) - C_i^o(\tau^o,\tau^*)$$

均衡反应包含了一系列可行的捐献安排和政策向量。每种捐献安排都描述了对母国政府可能选择的每种贸易政策向量 τ 的政治捐献。可行安排只包含非负捐献，并且捐献数额不超过集团成员的总收入。定义中的条件（a）规定，给定外国政府的政策和本国游说集团的捐献安排，政治家选择最能够服务于其利益的政策向量。条件（b）说明，给定所有其他游说集团的捐献，没有一个游说集团 i 会提高选择不同于 $C_i^o(\cdot)$ 的捐献安排 $C_i(\cdot)$ 的可能性，而诱使母国政府选择政策向量 τ^i。

对这个定义的几个方面要做进一步讨论。首先，我们的定义假定，游说集团之间不相互合作。尽管这种情况偶尔会成为事实，即一个国家中几个不同游说集团之间相互协调行为以追求共同目标，甚至不同国家的游说集团也会参与其中，但惯例当然是不同的产业代表采取相互独立的政治行动。对这种观察的一种解释可能是，压力集团不能够跟政治家签订契约以规定其捐献和其他政治行动。由于不存在这种契约，不同的游说集团相互之间实施合作性契约就很困难。在我们的模型中，在任何一个国家中，不同游说集团之间的合作范围都是有限的，因为不同生产者之间的利益大多数情况下相互对立。就像我们观察到的，不同国家中，代表不同产业的游说集团对于希望得到的政策干预也抱有相反观点。

我们的定义也假定，游说集团许诺的捐献是以预期其他国家政府的政策选择为条件的。换句话说，游说集团假定其他国家的政策为给定，尽管这些游说集团在政府做出决策前就做决策。如果可能的话，游说集团当然希望影响其他国家政府的政策选择。但是，在这里就是我们的假定——即游说集团对本国政府的捐献不会被其他国家的政府观察到——起作用了。如果本国游说集团的许诺可以被他国政治家观察到,并且如果他们能够持续不变地实施该捐献安排,那么游说集团就会策略性地制定捐献安排以诱使外国政府做出对自己有利的政策反应。这种情况类似于菲舍曼和贾德的分析(Fershtman and Judd,1987),他们表明,企业所有者一般希望制定补偿安排,这给企业经理以激励,使其按照与其他企业进行寡头竞争的方式采取进攻性行动。但是,正如卡茨(Katz, 1991)后来指出的,仅当委托人和代理人之间的契约可以被双方观察到时,代理人补偿安排的战略性设计在委托代理博弈(即代理人代表委托人行事的博弈)中才会有作用。否则,相互对立的两方将不会受到委托人—代理人契约(不可观察的)限制的影响,并且对委托人(在我们的案例中,即国内游说者)来说也不存在从这种控制中得到的收益。

对我们来说,假定捐献安排不可被国外观察到是很自然的,这至少有两方面的原因。首先,特殊利益集团公开并清楚地表达它们为获得政府优待而进行支付是值得怀疑的;其次,即便利益集团宣布其将会根据政治家的立场改变自己支持的意愿,这些诺言也没有在法律上给出限定,并且国外决策者也不知道,除了这些公开的内容之外,是否还存在进一步的细节及相关协议。在多重协定或谈判可行的情况下,一个游说集团对捐献安排的宣称几乎没有任何约定价值[见 Katz (1991)]。因此,我们认为研究这样一个均衡——在此均衡中,产业集团将其游说策略建立在预期的水平上,而不管其他国家政府的政策选择是什么——是正当的,但不认为它们能够根据自己对捐献安排的选择来影响这些政策。

寻找每个国家的均衡反应,就像我们在格罗斯曼与赫尔普曼(1994)中所研究的。在那里,我们对均衡贸易政策研究的是外部价格给定的小国情况。我们注意到了贝纳姆和惠斯顿(1986)发展的共同代理理论的适用性。在他们的模型中,一个行为者同时作为几个不同委托人的代理人。在本文中,一旦我们将外国政策向量看作给定,我们就有了这样一个情形，母国政府发挥本国不同特殊利益集团代理人的作用。我们已经得出了对后者公开的每个行为的委托人和代理人的损益，因此我们能够继续将贝纳姆-惠斯顿的结果运用于刻画均衡反应的特征。

从贝纳姆和惠斯顿（1986）的引理2［或者格罗斯曼和赫尔普曼（1994）的假说1］，我们知道，对τ^*的均衡政策反应除了满足定义1中的条件（a）外，还满足下面的要求，即条件（b）所表示的[7]：

$$\tau^o = \underset{\tau}{\arg\max} W_i(\tau, \tau^*) - C_i^o(\tau; \tau^*) + \sum_{j \in L} C_j^o(\tau; \tau^*)$$
$$+ aW(\tau, \tau^*) \quad 对每个 \quad i \in L \quad (10)$$

这个条件有一个简单的解释：均衡贸易政策向量必须满足，除了i之外所有游说集团的捐献安排给定时，每个游说集团i和政府的联合福利最大化。如果这一点尚未成为事实，游说集团i就会重新构造其捐献安排，诱使政府选择联合最优的政策向量而不是相反。它以这种方式这样做是为了从政策转变中分享剩余。在均衡中，对利益集团来说不存在提升其福利的机会。当然，这一点对每个外国游说者也同样正确。因此，类似于（10）的等式也适用于τ^{*o}。

现在，让我们假定游说者设定可微的——至少在均衡点附近是可微的——捐献安排。[8]在格罗斯曼和赫尔普曼（1994）中，我们就提出，对集中于具有这种性质的捐献安排有几个明显的原因。例如，可微捐献安排可以避免较小的计算误差。由于可微，满足条件（10）的贸易政策向量也满足一阶条件：

$$\nabla_\tau W_i(\tau^o, \tau^*) - \nabla_\tau C_i^o(\tau^o; \tau^*) + \sum_{j \in L} \nabla_\tau C_j^o(\tau^o; \tau^*)$$
$$+ a\nabla_\tau W(\tau^o, \tau^*) = 0 \quad 对所有 \quad i \in L \quad (11)$$

根据定义1的（a）部分，国内政治家的效用最大化确保：

$$\sum_{j \in L} \nabla_\tau C_j^o(\tau^o; \tau^*) + a\nabla_\tau W(\tau^o, \tau^*) = 0 \quad (12)$$

第5章 贸易战与贸易谈判

合并起来，(11) 和 (12) 意味着

$$\nabla_\tau C_i^o(\tau^o;\tau^*) = \nabla_\tau W_i(\tau^o,\tau^*) \quad \text{对所有} \quad i \in L \tag{13}$$

那就是说，捐献安排这样设定，以便对国内政策的微小改变所引起的捐献的边际变化（假定外国政策给定）与政策变化对游说者总福利的影响相适应。在格罗斯曼和赫尔普曼（1994）中，我们指出均衡捐献安排的这个性质是局部真实的。

我们对所有的 i 加总等式 (13)，并将其代入 (12) 可以得出：

$$\sum_{j \in L} \nabla_\tau W_i(\tau^o,\tau^*) + a\nabla_\tau W(\tau^o,\tau^*) = 0 \tag{14}$$

这个等式使得我们可以计算，对于单一的外国政策向量 τ^* 做出的均衡国内政策反应。同样，我们有

$$\sum_{i \in L^*} \nabla_\tau^* W_i^*(\tau^{*o},\tau) + a^*\nabla_\tau^* W^*(\tau^{*o},\tau) = 0 \tag{14*}$$

这给出了外国对于国内单一政策向量的均衡反应。

至少，我们已经定义了贸易战中的全部均衡。当政策给定时，每个政府都针对其所预期的外国政策向量做出均衡反应。下面，我们引入纳什均衡概念。

定义 2：非合作的贸易政策均衡包含政治捐献函数 $\{C_i^o\}_{i \in L}$ 和 $\{C_i^{*o}\}_{i \in L^*}$ 以及两个贸易向量 τ^o 和 τ^{*o}，这就得出 $[\{C_i^o\}_{i \in L},\tau^o]$ 是对 τ^{*o} 的均衡反应，$[\{C_i^*\}_{i \in L^*},\tau^{*o}]$ 是对 τ^o 的均衡反应。

现在，我们用 τ^{*o} 代替 (14) 中的 τ^*，用 τ^o 代替 (14*) 中的 τ，刻画均衡政策向量，然后将这些等式看作一个联立方程组。我们运用 (4)、(6)、(8) 以及进口函数 $M_i(\cdot)$ 与总收益函数 $W_i(\cdot)$ 和 $W(\cdot)$ 的定义，计算 (14) 中的微分。可以得出

$$(I_{iL} - \alpha_L)(\pi_i + \tau_i^o \pi_{i1})X_i + (a + \alpha_L)$$
$$\times [(\tau_i - 1)\pi_i(\pi_i + \tau_i^o \pi_{i1})M_i' - \pi_{i1}M_i] = 0 \tag{15}$$

式中，I_{iL}是一个可变指数，如果产业i在政治上组织起来就等于1，否则等于零；$\alpha_L \equiv \sum_{j \in L} \alpha_j$是由游说者代表的选民部分。从（9）中我们发现世界价格函数$\pi_j(\cdot)$的一部分。[9]把它们代入（15）得出母国均衡政策的表达式，即

$$\tau_i^o - 1 = -\frac{I_{iL} - \alpha_L}{a + \alpha_L} \frac{X_i}{\pi_i M_i'} + \frac{1}{e_i^*}, \quad i = 1, 2, \cdots, n \qquad (16)$$

式中，$e_i^* \equiv \tau_i^* \pi_i M_i^{*'}/M_i^*$是外国进口需求和出口供给的弹性（这根据$M_i^*$的正负来确定）。相似的等式描述了均衡的外国贸易政策，即

$$\tau_i^{*o} - 1 = -\frac{I_{iL}^* - \alpha_L^*}{\alpha^* + \alpha_L^*} \frac{X_i^*}{\pi_i M_i^{*'}} + \frac{1}{e_i}, \quad i = 1, 2, \cdots, n \qquad (16^*)$$

式中，$e_i \equiv \tau_i \pi_i M_i'/M_i$是母国的进口需求和出口供给弹性。

等式（16）和（16*）将每个国家的从价贸易税和补贴率看作两部分之和。这两部分分别表示贸易干预的政治支持和贸易条件动机。对于均衡贸易政策而言，第一部分与格罗斯曼和赫尔普曼（1994）描述的世界价格固定时小国的表达式具有完全相同的形式。它反映了与贸易政策（给定贸易条件）相关的无谓损失和特殊利益集团能够从这些政策中获得的收益之间的平衡。第二部分代表了常见的、适用于仁慈独裁者执政的大国的"最优关税"（或出口税）。给定在第一个条件中隐含的特殊和一般利益平衡，第二个条件是作为非合作性的政府希望对国际贸易征税的附加原因进入政治计算的。

从（16）和（16*）中显然可以看出，组织起来的进口竞争产业是由于保护性关税的贸易战而出现的（当外国出口商品为i时，$e_i^* > 0$），然而没有组织起来的母国出口产业要忍受出口税（当外国进口产品为i时，$e_i^* < 0$）。在前一种情况下，贸易条件考虑加强了产业的游说努力；在后一种情况下，政府通过出口税抬高世界价格的期望从所有组织起来的集团那里找到支持，这些集团的成员是可出口

产品的消费者。只有在出口部门组织起来和进口部门没有组织起来的情况下,特殊利益和一般利益才相互冲突——至少对预期的贸易政策而言,符号如此,在大小上也相反。

例如,考虑一个组织起来的出口产业(以便 $e_i^* < 0$ 和 $I_{iL} = 1$)。该产业对确保出口补贴的前景预期越好,其产量越高,国内供给和需求的价格敏感性就越小,国内政治家赋予平均福利的权重 a 就越小。较大的国内产量能够提高专用要素所有者的利益,并且使他们愿意出资更多以寻求支持。这种出资对政治家有更大的影响,当他们更少考虑公共利益时,与偏离自由贸易相关的无谓损失越小(即,$|M_i'|$ 越小)。另一方面,对于 a 的给定值和国内市场上的给定条件,外国进口需求曲线越没有弹性,本国政府越倾向于选择出口税作为均衡政策。这与直觉是一致的,因为本国贸易的市场力随国外弹性的倒数变化,因此,随着 $|e_i^*|$ 的下降,贸易税中的潜在社会收益变得更大。我们注意到,即使政府注意不到国家福利是什么(即,$a = 0$),第二个条件的重要性也超过第一个。原因在于,不同利益集团的成员自身分享贸易税中产生的贸易条件收益,他们可能会集体游说以获得产业 i 的出口税,即使代表某个产业的游说集团施加压力要求补贴。[10]

比较我们模型的政策结果和根据约翰逊(Johnson,1954)政府最大化社会福利模型得出的结果,是非常有意思的。这种比较让我们将国内政治在决定贸易战结果中所起的作用分离出来。我们注意到,我们的模型将约翰逊均衡改变为一种政府绝对关心选民福利时的情况(以致 a 和 a^* 趋于无穷大)。[11]然后,政府运用倒数弹性法则设定贸易税收。

在进行比较时,我们集中于两个国家有不变贸易弹性的特定情况。我们将注意力限定在单一产业的结果,因为均衡政策反应仅仅依赖于产业 i 的性质和总体变量[见(16)和(16*)]。更具体地说,我们设母国为产品 X_i 的进口者,然后,其进口需求曲线由 $M =$

$m(\tau\pi)^{-\varepsilon}$ 给定，其中 $m>0$，$\varepsilon=-e_i>1$。[12] 外国的出口供给函数形式为 $-M^*=m^*(\tau^*\pi)^{\varepsilon^*}$ 其中 $m^*>0$，$\varepsilon^*=e_i^*>0$。

图 5—1 中的 J 点表明了约翰逊均衡。该点位于两个最优反应函数的交点，BB 是国内的，B^*B^* 是外国的，其中，B 表示统治每个国家的仁慈独裁者。在不变弹性情况下，曲线分别是垂直和水平的。倒数弹性法则给出了约翰逊均衡中的均衡政策，$\tau_J = 1+(1/\varepsilon^*)$ 和 $\tau_J^* = 1-(1/\varepsilon)$。当然，这些在国内是关税（$\tau_J>1$），在国外是出口税（$\tau_J^*<1$）。

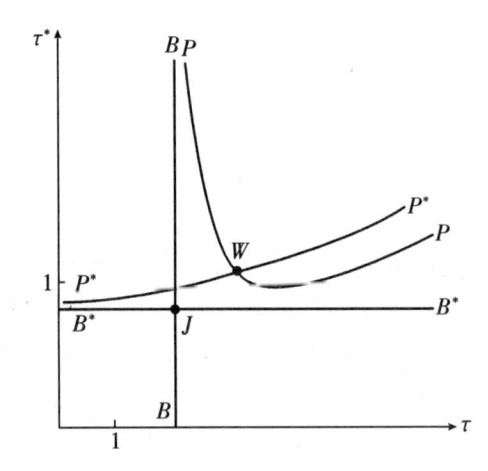

图 5—1 贸易战均衡

在受到政治激励的政府间的贸易战中，对产品 i 市场出清的世界价格可以运用（9）和定义不变进口需求和出口供给函数的表达式来发现。我们发现

$$\pi(\tau,\tau^*) = \left(\frac{m}{m^*}\right)^{1/(\varepsilon+\varepsilon^*)} \left(\frac{1}{\tau}\right)^{\varepsilon/(\varepsilon+\varepsilon^*)} \left(\frac{1}{\tau^*}\right)^{\varepsilon^*/(\varepsilon+\varepsilon^*)} \quad (17)$$

同时，（16）和（16^*）给出了均衡政策反应，在不变弹性情况下可以写作

$$\tau = \left(1+\frac{1}{\varepsilon^*}\right)\left[1 - \frac{I_L-\alpha_L}{a+\alpha_L}\frac{X(\tau\pi)}{\varepsilon m(\tau\pi)^{-\varepsilon}}\right]^{-1} \quad (18)$$

第 5 章 贸易战与贸易谈判

和 $\quad \tau^* = \left(1 - \dfrac{1}{\epsilon}\right)\left[1 - \dfrac{I_L^* - \alpha_L^*}{a^* + \alpha_L^*} \dfrac{X^*(\tau^*\pi)}{\epsilon^* m^*(\tau^*\pi)^{\epsilon^*}}\right]^{-1} \quad (18^*)$

式中，(18) 和 (18*) 中的 π 代表了 (17) 式中给出的均衡 $\pi(\tau, \tau^*)$。

图 5—1 表明，在两个国家（即，$I_L = I_L^* = 1$）中，具有积极游说集团的产业的均衡反应。母国的均衡反应函数 (18) 用 PP 代表，(P 代表政治的)，外国的 (18*) 用 P^*P^* 表示。PP 曲线位于 BB 右边的某个地方，并且呈 U 型：它在 $\tau = 1 + (1/\epsilon^*)$ 处渐近于 BB，并且随 τ 逐渐变大，越来越接近于一条从原点发出的射线。[13] P^*P^* 曲线位于 B^*B^* 上方的某个地方，并总是向右上方倾斜。[14]

点 W 描述了贸易战中的政治均衡。[15] 该点位于点 J 处约翰逊均衡的右上方。很明显，受政治激励的政府支持组织起来的利益集团偏向的贸易政策；在政治均衡中，母国关税高于约翰逊均衡的情况，其中，对外出口税较低或者甚至可能有补贴。[16]

接下来，我们考虑，当政治气候起作用时，政策结果如何变化。假定国内政治家对公众利益更不敏感，而更关心自己的运动捐献；也就是说，考虑 a 为递减的。对于每个国家国内进口商品具有积极游说者的情况而言，图 5—1 描述了最初的均衡。a 的下降引起 PP 曲线向上运动，均衡向上移动并且沿固定的 P^*P^* 安排向右移动。[17] 新的均衡将会出现更高的国内关税和更低的对外出口税（或者更高的出口补贴）。在第一种情况下，会出现关税上升，因为游说者意识到，从政府那里"购买"保护的边际成本更低。既然外国游说者和外国政府期望本国政府采取更加保护主义的立场，政治计算也会改变那种情况。特别是，在其他条件相同的情况下，更高的国内关税意味着更低的世界价格。这会降低出口补贴的私人收益和社会成本，但后者将以更高的比例下降。这样，产业支付补贴（或抵制税收）的意愿将会以低于政府提供支持的成本的速度下降。新的对外政策更加支持外国的产业。

我们注意到，在每个国家，进口关税的上升和出口税的下降对内部价格具有抵消性的作用。尽管作为贸易条件的结果，国内关税的上升会提高国内价格，但是外国出口税的下降也会通过其对 π 的影响推动国内价格的下降。同样，τ^* 的上升对 p^* 产生向上的压力，但是与 τ 上升相关的贸易条件变动在相反的方向上起作用。然而，图形表明，τ/τ^* 必定上升。[18] 既然 $\tau\pi$ 是 τ/τ^* 的增函数，$\tau^*\pi$ 是同一个比例的减函数，a 的下降会引起国内进口品在国内价格的上升，而在国外下降。

政治环境的变化以更加相同的方式对组织起来的出口产业产生影响。图5—2表明了这样一个部门的政策结果。既然我们的贴标签传统使外国成为讨论中产品的出口者，我们提出，政府对由于 a^* 下降造成的总福利下降的担心降低。这使得 P^*P^* 曲线向左移动。出口税（或补贴）可能上升，也可能下降，而进口关税总是下降。但是，不论出口国家的政策以哪种方式变化，τ/τ^* 必定下降，因此，在经历政治环境变化的国家中，内部价格上升，而其他国家的价格下降。在出口和进口两种情况下，政府对一个国家特殊利益关心的敏感度上升将会提高该国家组织起来的要素所有者的收益，而以牺牲国外对手的利益为代价。

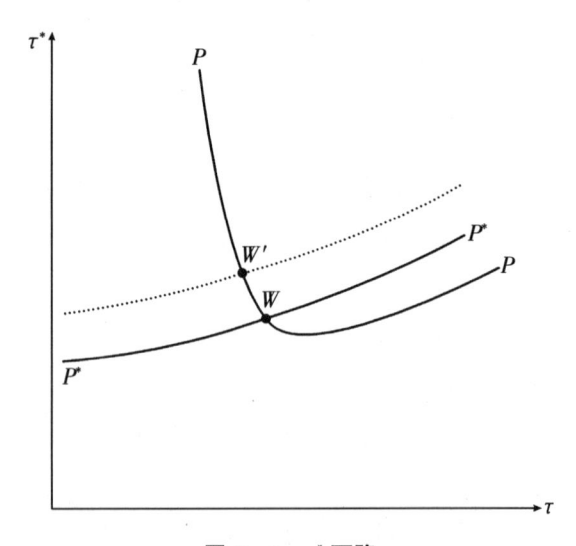

图5—2 a^* 下降

这个分析表明，国内政治环境勾勒了国家之间的策略性相互行为。我们已经看到国内指数 a 的下降诱致外国政策的变化，以改进本国的贸易条件。这提高了政治悖论的潜在可能性：不对公共利益做出反应的政府实际上可能也服务于一般选民，因为自利的政府可能许诺积极支持国内产业的政策。

5.5 贸易谈判

我们已经描述了，不同国家的政府官员为追求自身利益而制定自己国家的贸易政策并相互博弈的情况。作为积聚运动捐献的一种手段，这些官员宁愿将无谓损失强加于其选民身上。这样，政治均衡的经济无效率将不会成为对它们的过度关心。然而，存在与第 4 部分的均衡必然联系在一起的另一类无效率，那可能更值得关注。通过非合作地选择其国内政策，当权政治家相互增加了不可避免的政治成本。如果政治家们意识到了这一点，他们可能宁愿并确实急于进入多边贸易谈判。在这一部分，我们研究具有政治激励的政府之间进行贸易谈判所出现的贸易均衡。

我们允许两国政府为贸易政策安排 τ 和 τ^* 相互讨价还价。同时，我们也允许它们对转移支付 R（或正或负）进行讨价还价，那是外国作为谈判合约的一部分支付给本国的。[19] 某些贸易合约，像欧盟共同农业政策，实际上需要这种国家间的转移支付。然而，就像我们下面看到的，当 R 取极限为零时，谈判博弈实际上具有同样的均衡。这样，当转移不可行时，我们的结果也适用。

为方便说明，我们从这样一个情况开始：在每个国家中，组织起来的专用要素所有者构成了选民中可以忽略不计的一部分。由于 $\alpha_L = \alpha_L^* = 0$，游说集团成员从消费非单位商品中享受的剩余份额可以忽略不计，并且它们支付的、政府征收的人头税份额也可以忽略不计。这样，利益集团只担心其要素收入和政治捐献量。在谈判博弈中，组织起来的游说集团将其捐献与在国际谈判中出现的政策联系起来；那就是说，捐献是 τ 和 τ^* 的函数。一般来说，游说者也可能将其捐献以国际转移的规模为条件。但是，在这里，它们不需要这样做，因为其成员在数量上如此少，以至于收到或者捐献的份额只占微不足道的一部分。

面对捐献安排集 $\{C_i(\tau, \tau^*)\}$，本国政府来到谈判桌前，目标是最大化

$$G = \sum_{i \in L} C_i(\tau, \tau^*) + a[W(\tau, \tau^*) + R] \tag{19}$$

(19) 式中的第一项是运动捐献总额；第二项代表每个人的福利，权数为 a，它反映了政府对公共利益的关心。注意，转移支付 R 已经增加到前面定义的平均总福利量。这反映了我们的假定，即转移支付与贸易税和补贴中的任何净收益联系起来，以及政府以人均收入均衡为基础对剩余再分配（或者是征收不足）。这对外国政府同样是正确的，因此其目标变为

$$G^* = \sum_{i \in L^*} C_i^*(\tau^*, \tau) + a^*[W^*(\tau^*, \tau) - R] \tag{19*}$$

现在，我们不再考虑任何的谈判程序。而且，我们只假定政治家就从他们自身看是有效率的结果进行谈判。换句话说，我们假定从谈判中得出的贸易政策是这样的，不降低 G^*，G 就不会提高。在其他解下，纳什谈判解和鲁宾斯坦（1982）的非合作谈判均衡，具有这种有效率的性质。有效性要求政府选择贸易政策向量以最大化

$$a^* G + a G^* = a^* \sum_{i \in L} C_i(\tau, \tau^*) + a \sum_{i \in L^*} C_i^*(\tau^*, \tau)$$
$$+ a^* a [W(\tau, \tau^*) + W^*(\tau^*, \tau)] \tag{20}$$

一旦这个和已经最大化，政府就可能在 (20) 定义的直线上，运用国际转移支付来选择（几乎）任何效用组 (G, G^*)。[20]

现在，我们定义两阶段均衡，游说者在第一阶段非合作地选择捐献安排，并且政府对第二阶段的贸易政策进行讨价还价。

定义 3：均衡的贸易协定包含系列政治捐献函数 $\{C_i^o\}_{i\in L}$ 和 $\{C_i^{*o}\}_{i\in L^*}$ 集合和一对贸易政策向量 τ^o 和 τ^{*o}，使得

（ⅰ） $(\tau^o, \tau^{*o}) = \underset{(\tau, \tau^*)}{\mathrm{argmax}}\, a^* \sum_{i \in L} C_i^o(\tau, \tau^*) + a \sum_{i \in L^*} C_i^{*o}(\tau^*, \tau)$
$+ a^* a [W(\tau, \tau^*) + W^*(\tau^*, \tau)]$

（ⅱ）对每一个组织起来的游说者 $i \in L$，不存在一个可行的捐献函数 $G_i(\tau, \tau^*)$ 和一对贸易政策向量 (τ^i, τ^{*i})，使得（a）

$(\tau^i, \tau^{*i}) = \underset{(\tau, \tau^*)}{\mathrm{argmax}}\, a^* \left[C_i(\tau, \tau^*) + \sum_{j \neq i, j \in L} C_j^o(\tau, \tau^*) \right]$
$+ a \sum_{j \in L^*} C_j^{*o}(\tau^*, \tau) + a^* a [W(\tau, \tau^*)$
$+ W(\tau^*, \tau)]$

和（b）

$W_i(\tau^i, \tau^{*i}) - C_i(\tau^i, \tau^{*i}) > W_i(\tau^o, \tau^{*o}) - C_i^o(\tau^o, \tau^{*o})$

（ⅲ）对每一个组织起来的游说者 $i \in L^*$，不存在一个可行的捐献函数 $G_i^*(\tau^*, \tau)$ 和一对贸易政策向量 (τ^i, τ^{*i})，使得（a）

$(\tau^i, \tau^{*i}) = \underset{(\tau, \tau^*)}{\mathrm{argmax}}\, a^* \sum_{j \in L} C_j^o(\tau, \tau^*)$
$+ a \left[C_i^*(\tau^*, \tau) + \sum_{j \neq i, j \in L^*} C_j^{*o}(\tau^*, \tau) \right]$
$+ a^* a [W(\tau, \tau^*) + W^*(\tau^*, \tau)]$

和（b）

$W_i^*(\tau^{*i}, \tau^i) - C_i^*(\tau^{*i}, \tau^i) > W_i^*(\tau^{*o}, \tau^o) - C_i^{*o}(\tau^{*o}, \tau^o)$

定义中的条件（ⅰ）规定，从两个谈判政府的角度看，解是有效率的。注意，这里的有效性意味着两方政治家的联合符合最大化，并非

对选民的帕累托效率。条件（ⅱ），类似于定义1中的相应条件，要求对母国任何组织起来的游说集团而言，通过重新构造捐献安排获得收益是不可能的，考虑到两个政府中的一个面对可以替代的政治激励时，会达成不同的协定。对国外组织起来的游说集团而言也是如此，那是条件（ⅲ）的含义。均衡贸易协定也产生特定的转移，R^o，其规模依赖于讨价还价过程的细节。

这两个国家博弈所具有的结构，几乎与小国政策设定［见Grossman and Helpman（1994）］中的特征完全相同。在小国情况下，组织起来的游说集团根据代理人的假想成本制定捐献安排，诱致它们的共同代理人（政府）采取政策行动。不同的安排是同时制定的，并且每一个都包含对其他各方的最优反应。在这里，存在两组组织起来的游说集团，它们仍然同时、非合作地设定捐献安排。当不存在可明确区分的共同代理人时，（20）式中的目标函数可以被解释为一个"好像"的中介者或者一个设定的世界政府的函数。换句话说，均衡的贸易协定与下列情况相同，即如果单一决策者具有（20）式右边给定的偏好，并且由两个国家的组织起来的游说者组成的一系列利益集团进行捐献以影响这个代理人的决定。再一次，均衡政策可以在贝纳姆和惠斯顿（1986）引理2的含义中找到。那就是说，我们根据要求替换定义3中的条件（ⅱ）和（ⅲ）——与（10）类似，要求即为：当所有其他游说者的捐献安排给定时，谈判的政策结果必须最大化每个组织起来的游说者和假想的中介者的联合福利。这个要求可以写成：

$$(\tau^o, \tau^{*o}) = \underset{(\tau, \tau^*)}{\mathrm{argmax}}\, a^*[W_j(\tau, \tau^*) - C_j^o(\tau, \tau^*)]$$
$$+ a^* \sum_{i \in L} C_i^o(\tau, \tau^*) + a \sum_{i \in L^*} C_i^{*o}(\tau^*, \tau)$$
$$+ a^* a[W(\tau, \tau^*) + W^*(\tau^*, \tau)]$$
$$\text{对所有的 } j \in L \quad\quad (21)$$

和

$$(\boldsymbol{\tau}^o, \boldsymbol{\tau}^{*o}) = \underset{(\boldsymbol{\tau}, \boldsymbol{\tau}^*)}{\mathrm{argmax}}\, a[W_j^*(\boldsymbol{\tau}^*, \boldsymbol{\tau}) - C_j^{*o}(\boldsymbol{\tau}, \boldsymbol{\tau}^*)]$$
$$+ a\sum_{i \in L} C_i^o(\boldsymbol{\tau}, \boldsymbol{\tau}^*) + a \sum_{i \in L^*} C_i^{*o}(\boldsymbol{\tau}^*, \boldsymbol{\tau})$$
$$+ a^* a[W(\boldsymbol{\tau}, \boldsymbol{\tau}^*) + W^*(\boldsymbol{\tau}^*, \boldsymbol{\tau})]$$

对所有的 $j \in L^*$ （21*）

现在，就像前面一样，我们引入一个假定，即所有的捐献安排在均衡点周围可微。然后，我们可以利用以定义 3 中的条件（a）和（21）与（21*）最大化的解为特征的一阶条件。将这些联合起来，我们发现均衡捐献安排也是局部真实的，并且达成的政策必须满足

$$a^* \sum_{i \in L} \nabla_{\boldsymbol{\tau}} W_i(\boldsymbol{\tau}^o, \boldsymbol{\tau}^{*o}) + a \sum_{i \in L^*} \nabla_{\boldsymbol{\tau}} W_i^*(\boldsymbol{\tau}^{*o}, \boldsymbol{\tau}^o)$$
$$+ a^* a[\nabla_{\boldsymbol{\tau}} W(\boldsymbol{\tau}^o, \boldsymbol{\tau}^{*o}) + \nabla_{\boldsymbol{\tau}} W^*(\boldsymbol{\tau}^{*o}, \boldsymbol{\tau}^o)] = 0 \qquad (22)$$

和

$$a^* \sum_{i \in L} \nabla_{\boldsymbol{\tau}}^* W_i(\boldsymbol{\tau}^o, \boldsymbol{\tau}^{*o}) + a \sum_{i \in L^*} \nabla_{\boldsymbol{\tau}}^* W_i^*(\boldsymbol{\tau}^{*o}, \boldsymbol{\tau}^o)$$
$$+ a^* a \nabla_{\boldsymbol{\tau}}^* W(\boldsymbol{\tau}^o, \boldsymbol{\tau}^{*o}) + \nabla_{\boldsymbol{\tau}}^* W^*(\boldsymbol{\tau}^{*o}, \boldsymbol{\tau}^o)] = 0 \qquad (22^*)$$

在（22）和（22*）中计算偏导数是直接的。代替这些表达式，我们得到：

$$a^*[I_{jL}X_j + a(\tau_j^o - 1)\pi_j M_j'](\pi_j + \tau_j^o \pi_{j1})$$
$$+ a[I_{jL}^* X_j^* + a^*(\tau_j^{*o} - 1)\pi_j M_j^{*'}]\tau_j^{*o}\pi_{j1} = 0 \quad \text{对} j \in L \quad (23)$$

和

$$a[I_{jL}^* X_j^* + a^*(\tau_j^{*o} - 1)\pi_j M_j^{*'}](\pi_j + \tau_j^{*o}\pi_{j2})$$
$$+ a^*[I_{jL}X_j + a(\tau_j^o - 1)\pi_j M_j']\tau_j^o \pi_{j2} = 0 \quad \text{对} j \in L^* \quad (23^*)$$

等式（23）和（23*）是两组等式，如果独立，这两组等式将用于求解 τ^o 和 τ^{*o}。然而，这些等式是线性依赖的。[21] 换句话说，到目前为止我们提到的均衡要求只决定比例 τ_1^o/τ_1^{*o}，τ_2^o/τ_2^{*o}，…，τ_n^o/τ_n^{*o}，而

不是 τ_i^o 和 τ_i^{*o}。我们将解释这个当前发现的含义,但我们首先从(23)和(23*)中得到,下列等式隐含地给出了产业 i 中的均衡政策比率:

$$\tau_i^o - \tau_i^{*o} = \left(-\frac{I_{iL}}{a}\frac{X_i}{\pi_i M_i'} \right) - \left(-\frac{I_{iL}^*}{a^*}\frac{X_i^*}{\pi_i M_i^{*'}} \right), \quad i=1,2,\cdots,n \quad (24)$$

注意,当(24)的两边都除以 τ_i^{*o} 时,贸易政策只以比率形式进入这个等式。[22]

反过来,很清楚,定义3——我们已经用于表明均衡贸易协定的特征——为什么只强调两个国家贸易政策的比率,而不是这些政策的水平。这个定义表明,均衡必须对两国政府都是有效率的,但没有表明剩余如何在它们之间分配。但是比率 τ_i/τ_i^* 决定了内部价格 p_i 和 p_i^*,它反过来决定每个国家的产业产出、需求、贸易流量和要素价格。简言之,资源的分配不单独依赖于 τ_i 和 τ_i^*,并且联合福利对两组政治家也不是有效的。[23]

这使我们得出了重要一点:等式(24)必须表明均衡贸易协定的特征,即使国家之间的转移支付被限制为零。既然配置不单独依赖于两个国家政策边界的规模,政府可以通过提高(或降低)某些 τ_i 和 τ_i^* 来模仿某些国际转移支付,当保持它们的比率为常数时。考虑这将对每个国家的贸易税收收益产生什么影响。母国从产业 i 的税收和补贴中得到的收益总和为 $r_i = (\tau_i - 1)\pi_i M_i$,并且外国征收的收益等于 $r_i^* = (\tau_i^* - 1)\pi_i M_i^*$。$\tau_i$ 和 τ_i^* 的等比例递增将使得 $\tau_i\pi_i$,$\tau_i^*\pi_i$,M_i 和 M_i^* 不变。因此,在进口产品 X_i 的国家,税收收入必定上升,而在出口这种产品的国家将下降。然而,政府收益的这种抵消性变化的确具有同样规模。τ_i 和 τ_i^* 的等比例上升以每种方式等同于出口国对进口国的直接转移。接下来,当它们并不这样并转移可行时有效率的讨价还价保持如此。[24]

回忆一下,到目前为止,我们一直把注意力集中于这样一种情况，即游说集团成员仅占全部选民人口微不足道的一部分。现在，我们将分析扩展到一般情况。当 $\alpha_L \geq 0$ 和 $\alpha_L^* \geq 0$ 时，用下面的方程式代替（24）：

$$\tau_i^o - \tau_i^{*o} = \left(-\frac{I_{iL} - \alpha_L}{a + \alpha_L} \frac{X_i}{\pi_i M_i'}\right) - \left(-\frac{I_{iL}^* - \alpha_L^*}{a^* + \alpha_L^*} \frac{X_i^*}{\pi_i M_i^{*'}}\right), i = 1, 2, \cdots, n \quad (25)$$

这个方程可以采用两种方式中的任何一种得出。第一，我们让 $R = 0$，并且解关于具有目标 $v^i = W_i(\tau, \tau^*) - C_i(\tau, \tau^*)$ 和 $v^{*i} = W_i^*(\tau^*, \tau) - C_i^*(\tau^*, \tau)$ 的游说者和一个假想的最大化（20）右边部分的中间人的共同代理问题。推导过程跟前面一样。反过来，我们让 $R \neq 0$，但必须让游说者把捐献的条件建立在其政府作为贸易协定一方获得的转移支付的规模上。如果考虑这种依赖性，写出 $C_i(\cdot) = \tilde{C}_i(\tau, \tau^*) + \lambda_i R$，并且同样考虑外国游说者，那么我们将再次作为共同代理问题的结果得出（25）。[25]

等式（25）揭示出，与自由贸易相关，谈判达成的贸易协定支持具有更大政治影响力的产业集团。当右边圆括弧中的第一项大于第二项时，我们有 $\tau_i/\tau_i^* > 1$；当第二项大于第一项时，$\tau_i/\tau_i^* < 1$。既然在自由贸易中，$\tau_i/\tau_i^* = 1$，并且国内（外国）价格是 τ_i/τ_i^* 的递增（递减）函数，与自由贸易相比较而言，在政治上更加强大的产业能够在协定下获得更大利润。

有几个因素进入到政治权力的衡量中。首先和最重要的一个是，政治权力源于政治过程中的表现。如果一个国家中产业 i 的专用要素所有者被组织起来，而其他产业未被组织起来，那么，相对于自由贸易，组织起来的集团通常能够确保从贸易协定中获得收益。当两个国家的专用要素所有者在某些产业中被组织起来，那么更有实力的集团将是在谈判中具有更大利益的集团（即，X_i 对 X_i^*），是政府对公众福利赋予更小权重的集团（即 a 对 a^*），是在这个国家中更小部分的选民人口支持政策的集团（即 α_L 对 α_L^*）。如果国内进口需求或出口供给相对国外是价格更不敏感的,该国内产业利益集团就能够获得相对国外对手更多的政治收益。高价格敏感性提高了政府歪曲价格的成本,从而使政府对产业寻求保护更不开放。

当产业 i 的利益集团在两个国家享受同等的政治权力时,谈判协定将得出同等水平的进口税和出口补贴。在这种情况下,国内价格、世界价格、产业产出和利润水平与自由贸易时相同。这个发现指出了这样一个结论,不论总效率损失是否源于谈判的贸易协定,它们都不是源于两个国家中特殊利益政治的几乎不存在,而是源于利益集团形成政治压力扩展的差异。贸易协定使一国有实力的游说者与另一国进行竞争,从而使每一方的实力(在某种意义上讲)都处于中性。

在(25)的公式中,特别没有考虑的是两个国家相对市场实力的衡量。也就是说,国外贸易弹性——它完全决定了约翰逊均衡,并且是作为第4部分中讨论的贸易战均衡的组成部分出现的——它被假定的贸易协定调解者忽略了。众所周知,政策引致的贸易条件运动使一国受益,而以另一国的受损为代价,并且将无谓损失强加到世界经济中。当完全可能弥补不这样就可以获得收益的一方时,有效的谈判将会消除这种无谓损失的根源。

为了表明这如何决定谈判两方之间的剩余分配,现在是引入专门讨价还价程序的时候了。为了直观,就像宾莫尔、鲁宾斯坦和沃林斯基(Binmore, Rubinstein and Wolinsky, 1986)和萨顿(Sutton, 1986)所扩展的,我们运用鲁宾斯坦(1982)的讨价还价模型来加进风险因素,即当协定尚未达成时,谈判随时可能遭到中止。

假定两国政府来到谈判桌前,此时正处于就像前面表明的第4部分的贸易战均衡。两国政府利用本国提出的贸易政策向量 τ 和 τ^* 代替非合作均衡的贸易政策。当一国政府提出时,另一国政府可能接受,也可能拒绝。如果它接受,协定立刻生效;如果它拒绝,那么在一段时间内,(16)和(16*)给定的政策将继续生效。在这个时期结束后，谈判可能受外部影响而终止，或者第二国政府得到一个给出相对提议的机会。终止以 $1-e^{-\beta\Delta}$ 的概率发生，其中 Δ 代表讨价还价时期的长短，β 是衡量单位时间内谈判失败可能性的指数。交互的提议过程将一直延续到协定要么达成，要么谈判彻底失败。在后者的情况下，非合作均衡将无限期地延续下去。

在这种背景下，为达成即期协定，存在两种失败成本。首先，非合作均衡运用于讨价还价时期；其次，两方都面临着谈判终止的风险。为了理解这种延误的成本，我们引入两国政府的折现率 ρ 和 ρ^*。例如，如果政治家和要素所有者有相同的折现率，并且政治家直到谈判结束都不接受许诺赠与，那么它们就可能出现。[26] 折现率意味着本国政府假定，经过 k 轮讨价还价后达成的协定为同样的协定立即签订时价值的 $e^{-\rho\Delta(k-1)}$ 倍。

在这个讨价还价博弈中，当一组政策能够严格地为两国政府提供更大福利时，没有一个政府有动力提供另一组政策。换句话说，提供的政策必须最大化（20）右边的部分。假定这个表达式的最大值为 $\bar{G}$。那么我们就可以认为政府对即时的福利水平 G 和 G^* 进行直接讨价还价，约束条件为 $a^*G+aG^*=\bar{G}$。一旦福利分配达成一致，两国政府就通过选择满足（25）的政策履行协定，并且按照协定要求分享贸易税收益。

我们可以按照萨顿（1986）建议的方式求解讨价还价博弈。让母国首先提出方案，并且表示出对剩余的分配方案（G_H，G_H^*）。当然，提议必须满足

$$a^*G_H+aG_H^*=\bar{G} \tag{26}$$

此外，当外国政府相对于拒绝该提议没有得到额外收益时，该提议就会得到立即接受。如果外国政府接受，它将永远都得到 G_H^*。如果它拒绝，非合作均衡将持续至少为 Δ 的一段时间。那么，谈判结束和非合作均衡永远持续下去的概率将是 $1-e^{-\beta\Delta}$。外国政府得到机会提

出相对提案的概率为 $e^{-\beta\Delta}$，我们记为 (G_F, G_F^*)。在延迟 Δ 之后，如果谈判没有失败的话，外国政府将总是会选择（恰好）被接受的提案，以便能够得到效用流量 G_F^*。本国政府的提案将恰好使得外国政府接受和不接受无差异。

$$\frac{G_H^*}{\rho^*} = \frac{1-e^{-\rho^*\Delta}}{\rho^*}G_N^*$$
$$+ \left[\frac{(1-e^{-\beta\Delta})e^{-\rho^*\Delta}}{\rho^*}G_N^* + \frac{e^{-\beta\Delta}e^{-\rho^*\Delta}}{\rho^*}G_F^*\right]$$

式中，G_N^* 是第 4 部分的非合作均衡中外国政府的效用流量。右边的两项分别表示：在第一个可能的对应提案之前时期内（即从时期 0 到时期 Δ）效用流量的现值和从那个时间往前的预期值。重新安排这个等式，将得出

$$G_H^* = [1-e^{-(\beta+\rho^*)\Delta}]G_N^* + [e^{-(\beta+\rho^*)\Delta}]G_F^* \qquad (27)$$

现在，如果已经到了对应提案期，我们得出外国将会给出的提案。对应的提案 (G_F, G_F^*) 将满足：

$$a^* G_F + aG_F^* = \overline{G} \qquad (26^*)$$

并且，它给国内政治家提供了恰好足够的效用，使得他们接受提案和等待另一个讨价还价周期是无差异的。这个无差异条件意味着：

$$G_F = [1-e^{-(\beta+\rho)\Delta}]G_N + [e^{-(\beta+\rho)\Delta}]G_H \qquad (28)$$

式中，G_N 是贸易战中对本国政府的效用流量。

我们解四个方程（26）、（26^*）、（27）和（28）得到提案 (G_H, G_H^*) 和对应提案 (G_F, G_F^*)。既然最初的提案通常被接受，我们可以非常容易地计算出鲁宾斯坦修正博弈中的剩余分配。就像这个博弈中的通常情况，讨价还价的结果依赖于哪国政府提出最初的方案。然而，首先提案者的收益将随着提案之间的时间收缩为零而消失。由于

持续不断的讨价还价（即，$\Delta \to 0$），均衡贸易协定将给两国政府产生如下效用流量：

$$G = \frac{1}{2+\gamma+\gamma^*}\left[\frac{1+\gamma^*}{a^*}\overline{G} + (1+\gamma)G_N \right.$$
$$\left. 1 - \frac{a}{a^*}(1+\gamma^*)G_N^* \right] \tag{29}$$

和

$$G^* = \frac{1}{2+\gamma+\gamma^*}\left[\frac{1+\gamma^*}{a}\overline{G} + (1+\gamma^*)G_N^* \right.$$
$$\left. - \frac{a^*}{a}(1+\gamma)G_N \right] \tag{29*}$$

式中，$\gamma = \rho/\beta$ 和 $\gamma^* = \rho^*/\beta$。这里，剩余分配依赖于可依靠的地位。也就是说，每个政府从合作中得到的收益越大，在贸易战均衡中得到的政治福利就越大。就像通常情况，原先的高福利给了谈判者在谈判桌上更有力的地位。每个政府能够在贸易协定中获得的收益越多，在谈判中就越有耐心。耐心给了谈判者取消低福利方案的可置信威胁，这样其对手必须提供更多以确保协定的达成不致被推迟。

5.6 结　论

在这篇论文中，我们将特殊利益政治学引入到国际贸易关系的分析中。我们的模型以产业游说者的运动捐献影响自利政治家的政策偏好为特征。我们运用这个模型研究了合作和非合作国际背景下的政策形成。

我们的方法依赖于这样一个主要假定：利益集团给政治家提供捐献的目的是影响其政策选择。这个假定在麦戈比和尼尔森（Magelby and Nelson，1990）与斯奈德（Snyder，1990）提供的证据中找到了支持。此外，议会投票行为的计量经济学研究表明，这种投资有很大的作用。例如，鲍德温（Baldwin, 1985）发现，议员们越倾向于反对1974年的贸易法案，他或她能够从反对该法案的主要工会中得到的捐献就越多；托斯尼和托尔（Tosini and Tower, 1987）发现，在支持1985年保护主义者纺织品法案的选民和从纺织服装产业公司和联盟中得到的捐献规模之间，存在正相关关系。

当两国政府非合作地制定贸易政策时，每一方都忽略了其政策对国外要素所有者和政治家的影响。我们的模型预测，在这种环境下，在其他条件相同的条件下，高关税税率将出现在政治上组织起来的产业中。在贸易政策中，相对于一般选民而言，保护率应该随着专用要素的利害关系（即本国产量对进口的比率）而变动，而随着外国出口供给和国内进口需求的弹性大小而呈相反变动。

评价这种预言如何能够得到经验证据的更好证实是困难的。有关产业间保护的决定因素，存在许多计量经济学研究，但大多数都有严格的缺陷。首先，当"解释"一个产业中的保护水平时，包括一长串回归量是经常的。通常情况下，每个回归量与许多理论概念之间只有松散的关系，并且不同的解释可以归结到右边同一个变量中。其次，许多（共线的）回归量被人为地确定代表同一个变量，因此当其他变量隐含地持续不变时，给出其中一个变量系数的含义是非常困难的。再次，几乎所有的回归都受到普通最小二乘法的估计，尽管事实是保护水平明显影响许多假定的、外生的右边变量。[27] 最后，没有一个研究包含与对外政治和经济条件相关的回归量，这样它们隐含地假定，国际相互依赖是不重要的或者外国的产业条件与国内的毫不相关。

由于这些思想中先入为主的偏见，证据并不表明保护水平和产业在政治上被组织起来的程度之间存在正相关关系。拉维涅（Lavergne, 1983）、鲍德温（Baldwin, 1985）和特雷弗勒（Trefler, 1993）已经通过企业在经济和地理上的集中程度分析了政治上的积极性，因为这些因素被假定会影响政治上组织起来的难易程度。这些作者发现，这些变量中的一个或者两个将会对关税和非关税壁垒水平产生积极的巨大影响。对于我们的预言，即能够从保护中获得收益越大的产业，保护水平越高，这里的证据是含糊的。里德尔（Riedel，1977）、鲍德温（Baldwin，1985）以及其他学者发现，就业水平越高的产业，保护水平越高。这个结果尽管与我们的预言一致（在其他条件相同时，更高的就业率意味着更大的利益相关），但难以被解释，因为这些作者将劳动份额包含在价值增加之中，并且将进口渗透率看作独立的解释变量。几项研究发现，进口渗透率与保护水平是正相关的。我们的模型预言，相反的情况也是真实的，但知道经验结果意味着什么是困难的，因为进口渗透实际上应该被内生处理，也因为回归要保持与国内产业规模相关的几个变量连续不变。最后，对于进口需求和出口供给弹性的效应，它们没有在现有的经验研究中得到检验。

我们的模型也形成了关于贸易谈判的预言。例如，当政府有效地进行讨价还价时，特定产业的贸易政策不应该反映两个国家贸易中的市场实力。换句话说，应该进入非合作博弈中每个国家关税税率的外国出口供给弹性，不应该依赖合作条件下的这些税率。由于政府之间讨价还价，保护率应该不仅反映国内特殊利益集团的政治力量——就像政治积极主义、国内产量对净贸易量的比率以及国内进口需求和出口供给规模所表明的，而且应该反映外国相同产业利益集团的政治力量。在国内利益集团强大而国外相同产业利益集团弱小的情况下，保护水平应该特别高。在两方同样强大的情况下，他们的政治影响将不起作用，贸易协定中的国际价格应该与完全自由贸易条件下盛行的价格相等。

只有少数不多的证据表明，政府之间讨价还价因素的确影响美国的贸易政策。例如，拉维涅（1983）发现，在加拿大生产者占美国市场的最大份额时，美国的关税削减是最大的。他将这一点解释为反映了代表其产业利益的加拿大政府所受压力的结果，以及美国政府希望从出口者提供的相应让步角度出发所做出的妥协。要检验贸易协定描述的政策是否以及如何反映政府在谈判协定所面临的政治压力,还有大量的工作要做。

【注释】

[1] 希尔曼和默泽(Hillman and Moser, 1995)也将贸易政策看作受政治激励的政府间相互关系的结果。他们的分析与我们的差别在于,他们运用了简化形式的政治支持函数来描述每个政府的目标(见下面的讨论)。我们的分析进一步模型化了决定政策选择和政治支持特定关系的特殊利益集团的行为。同时,他们研究了单一部门的情况,而我们考虑了多种产品的非合作与合作均衡中保护结构的问题。

[2] 芬德利和威利兹(Findlay and Wellisz, 1982)发展了布洛克和马吉方法的简化形式。在他们的模型中,关税形成函数概括了两个游说集团的捐献(和其他支出)与政治过程中出现的政策之间的关系。他们在政策函数给定的情况下,研究了游说集团的纳什均衡捐献。

[3] 在格罗斯曼和赫尔普曼(1994)中,我们讨论了美国政治行动委员会运动捐献的经验证据。这些证据强有力地表明,"PAC 的钱是有权益的钱"因为"不仅仅要记住选举目标"[Magelby and Nelson (1990), p.5]。

[4] 关于产业游说集团能否也向其他国家政府的政治家提供捐献的问题已经提出来。有时候,利益集团的确尽力影响外国政府的政策选择。但是,政治家通常将来自外国的捐献看作肮脏货币。在这篇文章中,我们选择集中于游说者只向本国政府提供捐献的情况,同时在一系列论文中处理外国捐献的情况。

[5] 离岸价格未必与外国价格相等,因为外国可能征收贸易关税或进行补贴。我们用 p_i^* 表示外国的国内价格。

[6] 在(6)中,在对 $S(\cdot)$ 的讨论中,我们已经使用符号 $\tau\pi$ 表示向量 $(\tau_1\pi_1, \tau_2\pi_2, \cdots \tau_n\pi_n)$。因此,$\tau\pi = p$ 表示母国价格向量。

[7] 这对均衡是一个必要条件。所有的充要条件是在格罗斯曼和赫尔普曼(1994)中给出的。

[8] 很典型的是,当支付非负的限制变为固定时,捐献安排不是可微的,例如 $C_i(\cdot) = 0$。然而,对我们的讨论来说,既然我们假定,可微只在 $C_i^\circ(\tau^\circ,$

第 5 章 贸易战与贸易谈判

$\tau^{*o}) > 0$（所有的 i）均衡附近，这一点就不成什么问题。

[9] 我们有 $\pi_{i1}/\pi_i = -M'_i/(\tau_i M'_i + \tau_i^* M_i^{*'})$ 和 $\pi_{i2}/\pi_i = -M_i^{*'}/(\tau_i M'_i + \tau_i^* M_i^{*'})$。

[10] 在游说集团向外国政治家提供捐献跟对本国政府一样时，它们会发现，在给每个政府的捐献提供中，局部真实是最优的。含义是，(15) 式的左边有某些额外条件代表本国关税的边际变化对外国利益集团成员总福利的影响。为了计算国内关税的反应函数，我们需要将下面表达式增加到 (15) 式的左边：

$$(I_{iL}^* - \alpha_L^*)\tau_i^* \pi_{i1} X_i^* + \alpha_L^* [(\tau_i^* - 1)\pi_i \tau_i^* M_i^{*'} - M_i^*] \pi_{i1}$$

与关税方程 (16) 类似的结果在某种程度上是复杂的，但很容易理解，因为游说集团在每个国家的选民人口中都可以忽略不计；即 $\alpha_L = \alpha_L^* = 0$。在这种特殊情况下，当存在国内和外国游说集团的捐献时，母国均衡关税由下式给定：

$$\tau_i^o - 1 = -\frac{I_{iL}}{a}\frac{X_i}{\pi_i M'_i} + \frac{I_{iL}^*}{a}\frac{X_i^*}{\pi_i M_i^{*'}} + \frac{1}{e^*} \tag{16'}$$

比较 (16) 和 (16')，我们发现外国游说者的寻求影响，有助于降低对任何给定外国关税的国内关税反应规模，这个越大，外国产业的产量就越大，对外国出口供给的价格反应就越小。外国产量 X_i^* 衡量规模，因此，从对国际价格引致的影响看，外国产业的政治影响和外国出口供给的斜率，可以用来衡量外国政府同意更低关税的愿望。

[11] 约翰逊均衡也包含所有选民都属于一个利益集团和所有产业都在政治上组织起来的情况。在这种情况下，所有个人都能够表达他们对政治家的政治需要，因此所有人在政治过程中都是平等代表的。这种相反的利益集团在努力给自己转移收入时是相互中立的，并且所剩下的只是对贸易政策的贸易条件需求，这可以使他们都成为潜在的受益人。贝克尔 (1983) 在一个关于政治过程的不同模型中得出一个类似的中性结果。

[12] 既然所有指数和变量都是对产业 i 的，我们省略对产业时间过程的描述。

[13] 从 (18) 中，我们看出，当且仅当右边括号中的条件接近于零时，$\tau \to \infty$。既然 $X(\tau\pi)/(\tau\pi)^{-\epsilon}$ 是 $\tau\pi$ 的一个递增函数，这给出了 $\tau\pi$ 的惟一值，并因此给出了随着 τ 不断增大时 τ/τ^* 的值 [见 (17)]。

[14] (18^*) 式右边部分随外国价格 $p^* = \tau^* \pi$ 递减,因为对外出口($m^* p^{*\varepsilon^*}$),即外国生产和需求的差额,比外国供给(X^*)对价格更为敏感。但是,从(17)中我们看到,外国价格 $\tau^* \pi$ 随 τ^*/τ 递增。它使得 P^*P^* 必须向右上方倾斜。我们注意到,如果该部门投入要素的所有者没有被组织起来(即,如果 $I_L^* = 0$),其斜率就将是模糊的。

[15] 这个图形表明了惟一均衡,当随着 τ 和 τ^* 变大,P^*P^* 曲线比 PP 曲线更加陡峭时,这是存在的。如果曲线随着 τ 和 τ^* 变大而变得更加陡峭,那么曲线或者有零点,或者有两个交点。在有两个交点的情况下,我们的结论仅仅适用于和第一个交叉相关的均衡。

[16] 对于进口竞争利益组织起来而出口利益未组织起来的产业而言,贸易战既产生比约翰逊均衡更高的进口关税,也产生更高的出口税。在出口利益组织起来而进口竞争利益没有组织起来时,两个国家的贸易税都比 J 点更低,甚至在一个或者两个国家都会有补贴。最终,在两个国家都组织起游说集团的产业中,比起 J 点,进口关税更低,出口税率更高;然后,代表其他产业的组织起来的利益集团为了更低的消费价格,会支持非反对方,牺牲没有代表的专用性要素所有者的利益。

[17] 给定 τ,等式(18)要求 τ^* 作为对 a 下降的反应是上升的,以使 π 上升而 X/M 下降。

[18] 沿着 P^*P^* 的每一个点,曲线都比从原点发出的射线平坦。这意味着,当我们沿曲线向外移动并且向右移动时,τ^*/τ 下降。

[19] 当我们允许官方的、政府对政府的转移时,我们不允许从一组政治家到另一组的单方面支付(即回扣)。

[20] 在 R 被终止以后,等式(20)是通过(19)和(19^*)的加权和得出的。对可行(G, G^*)的惟一限制是,没有一个政府可能对另一个国家的政府许诺超过其国民产品总和更多的转移支付。

[21] 为了得到这一点,运用注释9中提到的价格函数 $\pi_i(\cdot)$ 的性质。

[22] 那就是,X_i 和 M_i' 是 $p_i = \tau_i \pi_i$ 的函数,它对 τ_i 和 τ_i^* 零阶同位。同样,X_i^* 和 $M_i^{*'}$ 是 $p_i^* = \tau_i^* \pi_i$ 的函数,它对 τ_i 和 τ_i^* 也是零阶同位的。最终,当等式被 τ_i^* 除时,条件 $\tau_i^* \pi_i$ 直接出现在圆括弧内两个表达式的分母中。这样,它们都能够被表示为比例 τ_i/τ_i^* 的函数。

[23] 迈耶（1981）在讨论两个追求总福利最大化国家之间的有效率讨价还价时，注意到了这一点。

[24] 在游说者能够给两个国家的政治家提供捐献时，所有的运动捐献都将集中于接受这种捐献后容易摆动的一个政府。也就是说，每个产业不论其位于何处，都不会对赋予普通选民福利更高权重的政府进行捐献，而会把全部努力集中于影响那些会把选民福利与运动资金进行权衡的政府的谈判立场。这个结论是，不用（24），这个谈判的关税安排将满足

$$\tau_i^o - \tau_i^{*o} = \left(-\frac{I_{iL}}{\tilde{a}} \frac{X_i}{\pi_i M'_i}\right) - \left(-\frac{I_{iL}^*}{\tilde{a}} \frac{X_i^*}{\pi_i M_i^{*'}}\right), \quad i = 1, 2, \cdots n \tag{24'}$$

式中 $\tilde{a} = \min(a, a^*)$。

[25] 我们也表明，没有一个游说者能够通过使用独断的捐献函数 $C_i(\tau, \tau^*, R)$ 代替形式为 $\widetilde{C}_i(\tau, \tau^*) + \lambda_i R$ 的函数而改善其地位。

[26] 政府的贴现因素也反映了这样一个事实，即当权的政治家不会永远执政。我们把贴现因素看作一种简单方式，来理解政府假想的与达成协定有关的任何成本。

[27] 这个规则的一个例外是特雷弗勒（Trefler, 1993）的论文，他联系解释贸易模式的方程式来评价解释非关税壁垒水平的方程式。他在两个方程式中发现了同时发生的真实证据。

参考文献

Baldwin, Robert E. (1985). *The Political Economy of U.S. Import Policy* (Cambridge, Mass.: MIT Press).

Becker, Gary S. (1983). A theory of competition among pressure groups for political influemce. *Quarterly Journal of Economics* 98 (August): 371–400.

Bernheim, B. Douglas, and Whinston, Michael D. (1986). Menu auctions, resource allocation, and economic influence. *Quarterly Journal of*

Economics 101(February):1-31.

Binmore, Ken, Rubinstein, Ariel, and Wolinsky, Asher (1986). The Nash bargaining solution in economic modelling. *RAND Journal of Economics* 17 (Summer):176-188.

Brock, William A., and Magee, Stephen P. (1978). The economics of special interest politics:The case of the tariff. *American Economic Review Papers and Proceedings* 68 (May):246-250.

Cowhey, Peter F. (1990) "States" and "politics" in American foreign economic policy. In John S. Odell and Thomas D. Willett(eds.). *International Trade Policies: Gains from Exchange between Economics and Political Science* (Ann Arbor:University of Michigan Press).

Fershtman, Chaim, and Judd, Kenneth L. (1987). Equilibrium incentives in oligopoly. *American Economic Review* 77 (December):927-940.

Findlay, Ronald, and Wellisz, stanislaw (1982). Endogenous tariffs, the political economy of trade restrictions, and welfare. In Jagdish N. Bhagwati (ed.). *Import Competition and Response* (Chicago:University of Chicago Press, for NBER).

Grossman, Gene M., and Helpman, Elhanan (1994). Protection for sale. *American Economic Review* 84 (September):833-850.

Hillman, Arye L. (1982). Declining industries and political-support protectionist motives. *American Economic Review* 72 (December): 1180-1187.

Hillman, Arye L., and Moser, Peter (1995). Trade liberalization as politically optimal exchange of market access. In Matthew Canzoneri et al. (eds.). *The New Transatlantic Economy* (Cambridge:Cambridge University Press).

Johnson, Harry G. (1954). Optimum tariffs and retaliation. *Review of Economic Strdies* 21(2):142-153.

Katz, Michael L. (1991). Game-playing agents: Unobservable contracts as precommitments. *RAND Journal of Economics* 22(Autumn):307-328.

Kennan, John, and Riezman, Raymond (1988). Do big countries win tariff wars? *International Economic Review* 29 (February):81-85.

Kuga, Kiyoshi (1973). Tariff retaliation and policy equilibrium. f*Journal of International Economics* 3 (November):351-366.

Lavergne, Réal P. (1983), *The Political Economy of U. S. T-ariffs: An Empirical Andlysis* (Toronto: Academic Press).

Long, Ngo Van, and Vousden, Neil (1991). Protectionist responses and declining industries. *Journal of International Economics* 30(February):87-103.

Magee, Stephen P.; Brock, William A.; and Young, Leslie (1989). *Black Hole Tariffs and Endogenous Policy Theory: Political Economy in General Equilibrium* (Cambridge, Mass.: MIT Press).

Magelby, David B., and Nelson, Candice J. (1990). *The Money Chase: Congressional Campaign Finance Reform* (Washington, D.G.: Brookings Institution).

Mayer, Wolfgang (1981). Theoretical considerations on negotiated tariff adjustments. *Oxford Economic Papers* 33(March):135-153.

Peltzman, Sam (1976). Toward a more general theory of regulation. *Journal of Law and Economics* 19(August):211-240.

Putnam, Robert D. (1988). Diplomacy and donestic politics: The logic of two-level games. *International Organization* 42(Summer):427-460.

Riedel, James C. (1997). Tariff concessions in the Kennedy Round and the structure of protection in West Germany: An econometric assessment. *Journal of International Economics* 7 (May):133-143.

Riezman, Raymond (1982). Tariff retaliation from a strategic viewpoint. *Southern Economic Journal* 48 (January):583-593.

Rubinstein, Ariel (1982). Perfect equilibrium in a bargaining model *Econometrica* 50 (January):97-109.

Snyder, James M,. Jr. (1990). Campaign contributions as investments: The U.S. House of Representatives, 1980—1986. *Journal of Political Economy* 98 (December):1195-1227.

Stigler, George J. (1971). The theory of economic regulation. *Bell Journal of Economics and Management Science* 1(Spring):1-21.

Sutton, John (1986), Non-coopreative bargaining theory: An introdaction. *Review of Economic Seudies* 53(October):709-724.

Tosini, Suzanne C., and Tower, Edward (1987). The textile bill of 1985: The determinants of congressional voting patterns. *Public Choice* 54, no.1:19-25.

Trefler, Daniel (1993). Trade liberalization and the theory of endogenous protection: An econometric study of U.S. import policy. *Journal of Political Economy* 101 (February):138-160.

第 6 章　政治学和贸易政策[*]

6.1　引　言

　　经济学家们将大部分精力投入到研究贸易政策的效率特征中。这些努力已经产生了大量文献，描述贸易政策工具——如关税、出口补贴、配额或自愿出口限制——如何影响贸易双方的经济。他们还

---

[*]　本文的作者是 E. 赫尔普曼。最初发表在《经济学和计量经济学前沿：理论和应用》(*Advances in Economics and Economitrics: Theory and Applications*)（第一卷），克莱普斯和沃利斯（D.M.Kreps and K. F. Wallis）主编，19~45 页，版权归剑桥大学出版社（1997）。这里得到许可得以重印。我感谢国家科学基金的财政支持，以及吉尼·格罗斯曼和阿兰·文特的有益评论。

创造了许多经验模型。这些模型一方面广泛用于评价贸易政策的效率损失；另一方面用于估计贸易改革的预期收益。这些例子包括对欧洲单一市场计划［如 Flam（1992）］和 NAFTA［如 Garber（1993）］的研究。

同时，文献的另一条线索是检验占主导地位的贸易政策的可能解释。在这里，效率考虑不占主导地位。许多政策——如配额和自愿出口限制——将巨大的负担强加给了社会。因此，为了解释这些方面，许多相关研究寻找政策制定者的目标而不是总体效率。文献强调分配因素的考虑。它将贸易政策看作对社会中所偏好集团收入转移的工具，并且它通过对决策者目标函数的政治讨论解释了他们致力于这种代价巨大的转移的愿望［有关的评论见 Hillman（1989）］。

对贸易政策政治经济学的解释是重要的，因为它们有助于理解保护结构和对主要公共政策的讨论。事实上，不更加关注政治因素而理解这些讨论是不可能的。这些例子包括在美国关于 NAFTA 的讨论，其中特殊利益——如食糖业——能够在议会中有效地发表所关心的问题。或者在法国关于乌拉圭回合的争论，这引起农民们在大街上游行示威。更经常的情况是，国家制定贸易政策，是按照向特殊利益集团屈服的方式，并且在国际领域内，贸易谈判以同样的方式做出反应。

然而，尽管贸易政策中蕴涵的政治经济学看上去如此重要，但是不存在解释这一点的统一理论。强调政策形成过程某些特征的模型已经由经济学家和政治科学家们设计出来了。但是，他们尚未补充一个统一的理论。造成这种状态的一个原因在于不存在关于国内政治的达成一致的理论。这部分反映了这样一个事实，即存在多种渠道，通过这些渠道居民传达他们对政策制定者的希望，并且这些方式在问题之间、在社会相关团体之间也各不相同。然而，政治制度在每个国家是不同的，并且它们影响了政治影响通过不同体制发挥作用的方式。结果是，潜在地存在许多相互作用的模式要求得到更加详细的阐述。然而，特殊利益政治学非常流行，经济学家需要理解这些过程以便更好地预测政治结果和更好地设计可行的政策选择。

在本文中，我的目的在于描述已经发展起来的解释贸易政策的政治经济学方法。我在第2节提出这些方法，运用一个统一的框架，以助于认清它们之间的主要差别。这些对比围绕政治均衡预言的关税方程展开。一个典型的方程解释了部门之间保护率的差别，以及国家之间部门平均保护率的差别。第3节回顾了从新方法到国际经济关系与国内政治相互关系的一系列结果。重要的是，就像帕特纳姆（Putnam，1988）指出的，在这些体系中，有两条思路的相互关系。它们将国际层次上贸易政策的形成与国内特殊利益集团的形成联系起来。这种框架的运用对适当分析许多重要问题是必要的，比如关税水平的谈判或自由贸易领域的形成。最近的研究已经发展出了这个问题的适当工具，我将在第3节进行讨论。

6.2 政治经济学的分析方法

在这一部分，我简单描述、解释贸易政策形成的主要政治经济学方法。

6.2.1 直接民主方法

沃尔夫冈·迈耶（Wolfgang Mayer，1984）提出将贸易政策看作多数选民对关税水平投票的结果。当然，存在极少数国家，将直接民主制运用于更广泛范围的问题，瑞士是最主要的例子。然而，也存在一种观点，在代议制民主国家中，政策结果非常合理地接近多数选民支持的情况。在这些情况中，多数投票制的简单分析起着良好和近似的作用。当然，在对多层次问题进行投票的时候，还存在许多困难，这些困难尚未解决［见 Shepsle（1990）］。这些困难也适用于贸易政策，在性质上通常具有多重性。例如，作为证据的是 GATT 支持下的贸易自由化的多轮谈判（乌拉圭回合是最后一轮），削减和消除多种关税和其他贸易壁垒就同时谈判。然而,我们能够从直接民主方法中学到许多有用的知识。

迈耶方法的主要内容是非常简单的。假定一个国家不得不对特定关税税率做出决定。我们用 τ_i 表示 1 加上产品 i 的关税率。[1]那么,我们能够得出选民 j 简化形式的间接效用函数,$\hat{v}_i(\tau_i, \gamma^j)$,其中,$\gamma^j$ 是表示选民特征的向量。这些特征可能包括其禀赋(例如技能、拥有的公司股份)或描述其消费偏好的指数。很自然,$\hat{v}_i(\cdot)$ 的形式依赖于经济结构的多种细节。如果要求个人 j 选择最偏好的关税水平,他将会选择最大化 $\hat{v}_i(\tau_i, \gamma^j)$[2] 的 τ_i。作为个人特征的函数,让 $\hat{\tau}_i(\gamma^j)$ 描述这个问题的解。$\hat{\tau}_i(\cdot)$ 是一个函数的假定,意味着个人对关税率的偏好是单峰的。在这些条件下,对多组可选择关税率的投票将导致采用 τ_i^m,这是中间选民最偏爱的。也就是说,正是这个关税税率具有这样一个特征,偏爱高关税率的选民人数等于偏爱低关税率的选民人数。结果是,在对 τ_i^m 的竞争中,没有其他任何关税水平能够获得更多选票。

迈耶研究了赫克谢尔—俄林类型的两部门、两要素经济中均衡保护率 τ_i^m 的性质,在这种经济中,所有人都有相同的偏好,每个部门按照不变规模收益生产相同的产品,每个人对两种要素的禀赋存在差别。设劳动和资本是两种要素,γ^j 表示个人 j 的资本—劳动比率。那么,假定关税收益按照收入的比例分配给公众,它能够得出中间投票人最偏好的关税率并研究其特征。

作为直接投票决定关税的例子,我现在发展一个也能够用于未来目的的模型。考虑一个个人连续集合的经济。每个人都有效用函数:

$$u(c) = c_0 + \sum_{i=1}^{n} u_i(c_i) \tag{1}$$

式中,c_i 是对产品 i 的消费,$u_i(\cdot)$ 是一个递增的凹函数。人口规模等于 1。

假定在每个部门 i 都存在劳动和一种部门专用投入。总劳动供给被标准化为1。个人拥有总劳动的 γ_L^j 部分。[3]单位商品，被指数化为0，是只用劳动制造的，每单位产品运用一单位劳动。其他的每一种产品都是用劳动和部门专用要素生产的。我们用单位商品衡量所有产品的价格。那么，工资率等于1，部门 i 专用要素的收益 $\prod_i(p_i)$，是产品 i 价格 p_i 的增函数。现在将所有外国产品的价格标准化为1。那么 $p_i = \tau_i$。接下来，让 γ_i^j 表示个人 j 所拥有的部门 i 专用要素的部分。[4]最后，假定政府按照一次总付税的方式再分配关税收入，并且对每个人都是平等的。那么，接下来，简化形式的间接效用函数由下式给出：

$$\hat{v}(\tau, \gamma^j) = \gamma_L^j + \sum_{i=1}^n (\tau_i - 1) M_i(\tau_i)$$
$$+ \sum_{i=1}^n \gamma_i^j \prod_i(\tau_i) + \sum_{i=1}^n S_i(\tau_i) \qquad (2)$$

式中，$M_i(\tau_i)$ 表示产品 i 的总进口量。[5]右边的第一项表示劳动收入。第二项表示从政府转移来的收入，第三项表示个人从部门专用要素所有权中得到的收益。最后一项表示消费者剩余。

从（2）中很明显地可以得出，个人 j 对部门 i 关税率的偏好只依赖于其在那个部门中专用要素的所有权份额。这个偏好函数可以用 $\hat{v}_i(\tau_i, \gamma_i^j) = (\tau_i - 1) M_i(\tau_i) + \gamma_i^j \prod_i(\tau_i) + S_i(\tau_i)$ 表示。[6]结果是，我们有 $\partial \hat{v}_i(\tau_i, \gamma_i^j)\partial\tau_i = (\tau_i - 1) M'_i(\tau_i) + (\gamma_i^j - 1) X_i(\tau_i)$，其中，$X_i = \prod_i'$ 表示部门 i 中的产出水平。既然进口量随关税水平的上升而下降，那么，接下来部门专用要素所有权超过平均水平的个人将会投票支持关税；而所有权低于平均水平的个人将会支持进口补贴。[7]并且个人偏好的关税水平越高，其占有的专用要素投入份额就越大。接下来，对部门 i 的关税水平的投票将导致这样一个关税率，即拥有中间价值 γ_i^j 的个人最偏爱的关税率。这个中间价值 γ_i^m 越大，导致的关税率就越高。当中间选民最偏爱的关税率不在可能性集合的边界上时，它可以通过条件 $\partial \hat{v}_i(\tau_i, \gamma_i^m)/\partial \tau_i = 0$ 计算出来，产生了均衡关税的如下方程式：[8]

$$\tau_i - 1 = (\gamma_i^m - 1)\frac{X_i}{(-M_i')} \tag{3}$$

当中间选民对部门专用要素所有权拥有的份额越高时，关税税率就越高，它越高，该部门的产量也就越高，进口需求函数的斜率也就越小。更高的产量水平意味着对该产业更高的相关性利益，那就使得高关税将更有利可图（只要 γ_i^m 超过平均水平）。进口需求函数的弹性越小，关税的额外负担就越低。这个额外负担部分是由中间选民承担的。因此，这个边际成本越低，他就越偏爱高关税。当然，这是拉姆奇定价中的标准因素。

在直接民主方法中，关于均衡关税率的最后一点应该注意。我的讨论假定专用要素所有权广泛地分散到全部人口中。这一点，偶尔（甚至是经常地）不是一个事实。因此，考虑另一种极端情况，即部门 k 中的专用要素所有权是高度集中的，直到这样一点，它被人口中微不足道的一小部分人所拥有。在这些环境下，大量的这种小集团，拥有有限数量的部门专用要素，希望关税税率尽可能地高。另一方面，对这种要素没有任何所有权的人希望有进口补贴。既然后一类选民占选民总数的几乎100%，中间选民最偏好补贴进口。更一般情况下，从这样一个例子看非常清楚的是，在多数投票制下，在要素所有权高度集中的部门，我们不应该观察到关税，而是应该观察到进口补贴。如果可能，相反的情况也可能是真实的。然而，正如奥尔森（1965）所讨论的，在要素所有权高度集中的部门，它能够相对容易地克服搭便车问题并且形成压力集团，它们的目标就是保护部门专用要素收入。因此，我们需要考虑这种组织在形成贸易政策中的作用，这是我们在后面的部分要考虑的。

6.2.2 政治支持函数方法

一种可以替代的方法是由希尔曼（Hillman, 1982）提出来的。他借用了由斯蒂格勒（1971）和佩茨曼（1976）发展出来的经济管制理论，表明我们可以将关税率的选择看作最优化问题的解，其中政府在从产业利益集团中获得的政治支持和消费者的不满之间进行权衡。产业利益集团的利润越多，提供的支持就越大；消费品的价格越低，政府就能够从消费者那里获得的支持越多。在这种情况下，通过提高国内价格，关税越高，产业利益集团提供的支持就越多——因为它们的利益上升——从消费者那里获得的支持就越少——因为他们的实际收入下降。政府将选择一个最大化总支持的关税水平。

希尔曼为论述部门 i 的关税提出了一个简化形式的总支持函数，$P_i\left[\prod_i(p_i) - \prod_i(p_i^*), p_i - p_i^*\right]$，其中，第一项表示贸易政策的利润收益，该政策将国内价格从自由贸易价格 p_i^* 提高到 p_i，第二项表示由于同一个价格的上升所造成的消费者福利损失。在第一项中，政治支持上升，而在第二项中下降，因为 $p_i^* < p_i$。希尔曼将这个方法运用到对降低的外国价格做出贸易政策反应的研究中。他特别表明，在适当的假设下，外国价格的下降将导致更高的国内保护，但由此造成的关税上升不能完全弥补外国价格的下降。结果是，外国价格的下降也导致国内价格的下降，但是程度要更小一些。

现在，为了得出可以与（3）比较的均衡关税率方程，我将重新改写政治支持函数方程。为此目的，假定经济结构与2.1节中的描述相同。在这种情况下，我们可以通过将个人福利函数融入总人口中，运用（2）计算总福利。结果是

$$W(\tau) = 1 + \sum_{i=1}^{n}(\tau_i - 1)M_i(\tau_i) + \sum_{i=1}^{n}\prod_i(\tau_i) + \sum_{i=1}^{n}S_i(\tau_i) \tag{4}$$

接下来，假定政府在某项政策中得到的政治支持是部门专用要素收入收益和总福利收益的增函数。为了简化，假定这个函数是线性的[9]，即

$$\hat{P}(\tau) = \sum_{i=1}^{n} \frac{1}{a_{pi}} \left[\prod_i (\tau_i) - \prod_i (1) \right] + [W(\tau) - W(1,1,\cdots,1)] \tag{5}$$

指数 a_{pi} 表示政府政治支持函数中总福利和部门 i 特殊利益集团利润的边际替代率。这个指数在不同的部门之间变动。a_{pi} 越大，政府就越愿意放弃部门 i 的利润换得总福利。政府选择最大化其政治支持的保护率，就像 $\hat{P}(\tau)$ 所测量的。运用（4）和（5），这个最大化问题的内解意味着下列关税率：[10]

$$\tau_i - 1 = \frac{1}{a_{pi}} \frac{X_i}{(-M'_i)} \tag{6}$$

将这个方程与（3）进行比较，我们可以看出，除了指数 $1/a_{pi}$ 替代（$\gamma_i^m - 1$）以外，它们是相同的。也就是说，在两种情况下，关税越高，部门的产量水平越高，进口需求函数越平坦。然而，更加重要的是，政治支持函数方法意味着每个特殊利益非常重要的部门（即，a_{pi} 有界）都将受到保护，而没有一个部门将被提供负保护。如果专用要素的中间所有权部门超过平均值时，对关税进行直接投票将导致正的保护；但是如果专用要素的中间所有权部门低于平均值时，将可能导致负的保护率。接下来，在直接民主制中，所有权的分配对保护结构有重要影响，然而在代议民主制中——政府在设计贸易政策时评估政治支持函数——政治支持函数在消费者福利和部门利益之间的边际替代率将非常重要地影响保护结构。非常明显的是，建立在政治支持函数方法之上，对形成保护结构力量的更好解释要求某些新的洞察——关于什么决定总福利和特殊利益集团利润的边际替代率的洞察。不幸的是，对于这个重要的方面，理论显得非常无助。

6.2.3 关税形成函数

政治支持函数概括了一种权衡，一方面是政府从特殊利益集团那里得到的支持，另一方面是政府从消费者那里得到的支持。在这种方法下，政府设计贸易政策以便以一种更有利的方式平衡这些相互对立的利益集团之间的冲突。当然，这种考虑在代议制民主中相当普遍，甚至在极权主义体制中，统治者也倾向于听取公众所关心的问题。但是，对偏好处理的竞争通常采取积极的形式，而不是在政治支持函数方法中所假定的消极方法。对真实收入保护的游说非常盛行，并且许多利益集团参与到这个过程中。

为了处理公众对这种真实收入保护的寻求，芬德利和威利兹（1982）提出运用关税形成函数。这类函数将给产业提供的保护水平看作：一方面依靠一组保护的支持者致力于游说的资源数量，另一方面看作反对方的游说努力。根据这种观点，游说水平反映了在这个问题上相互对立的两方之间相互竞争的结果。[11] 更精确地分析，让 $T_i(C_i^S, C_i^O)$ 描述部门 i 的关税形成函数，其中，C_i^S 表示支持保护的利益集团的游说支出，C_i^O 表示反对保护的利益集团的游说支出。前一个利益集团的支出越大，后一个利益集团的支出越小，所导致的保护率就越高。在政治均衡中，$\tau_i = T_i(C_i^S, C_i^O)$。

为了得出均衡的保护水平，我们需要描述不同利益集团的激励。因此，假定支持保护的游说集团的利益由增函数 $W_i^S(\tau_i)$ 给定，而反对者的利益是由减函数 $W_i^O(\tau_i)$ 给定的，二者都用货币收入来衡量。那么，游说支出水平是由非合作博弈纳什均衡决定的，其中，每个利益集团都选择其游说水平以便最大化其净收益，对支持保护的游说者而言为 $W_i^S[T_i(C_i^S, C_i^O)] - C_i^S$，而反对者为 $W_i^O[T_i(C_i^S, C_i^O)] - C_i^O$。芬德利和威利兹发展了一个两部门专用要素模型，其中，进口竞争产业的专用要素的所有者游说支持进口保护，而出口产业专用要素的所有者反对保护。众所周知，在这种经济中，前一个集团从保护中获得收益，而后一个集团受损［参见 Jones（1971）］，因此它们自然站在保护的反对方。在这个框架中，芬德利和威利兹考察了均衡保护率的决定因素。然而，给定结果依赖于关税形成函数的形式，加之他们的理论对这种形式涉及甚少，从而不能够得出精确的预测。

为了将这种方法与我以前的讨论联系起来，让我们考虑关税形成模型中某种程度不同的变量。假定经济与 2.1 节中的经济相同。并且假定部门 i 专用要素的所有者形成了一个游说保护的利益集团。游说集团的目的就是最大化个人的联合福利。不论利益集团什么时候解决其内部冲突——比如确保全部要素所有者参与并且分担游说成本，联合福利最大化都是最恰当的。如果这些所有者构成了总人口的 α_i 部分，并且它们从部门 i 获得的联合福利可以表示为［见（2）］:[12]

$$W_i^S(\tau_i) = \prod_i(\tau_i) + \alpha_i[(\tau_i - 1)M_i(\tau_i) + S_i(\tau_i)]$$

右边第一项表示部门专用投入的收入，第二项描述了在关税削减和消费者剩余中游说者的份额。因此，这描述了保护主义游说者的收益函数。保护的边际收益等于 $W_i^{S\prime} = (1 - \alpha_i)X_i + \alpha_i(\tau_i - 1)M_i'$，该式对不太大的 τ_i 值而言为正。

接下来假定存在一个反对保护的游说集团，它保护经济中的所有其他人。[13] 这个集团从给定关税水平中得到的联合福利等于

$$W_i^O(\tau_i) = (1 - \alpha_i)[(\tau_i - 1)M_i(\tau_i) + S_i(\tau_i)]$$

也就是说，他们获得关税削减的 $1 - \alpha_i$ 部分和同等部分的消费者剩余。对这个集团而言，保护的边际收益等于 $W_i^{O\prime} = (1 - \alpha_i)[-X_i + (\tau_i - 1)M_i']$，对正的保护率（即，$\tau_i > 1$）而言，该值为负。

最后，考虑利益集团之间非合作博弈的内部均衡。对支持贸易保护的游说集团来说，最大化净收益的游说支出选择的一阶条件由 $[(1 - \alpha_i)X_i + \alpha_i(\tau_i - 1)M_i']T_{iS} = 1$ 给出；而相对其对手而言，一阶

条件为 $(1-\alpha_i)[-X_i+(\tau_i-1)M'_i]T_{iO}=1$。$T_{iS}$ 和 T_{iO} 分别表示关税形成函数对支持保护的游说集团和反对保护的游说集团支出水平的偏导数。在第一个条件中，左边部分表示为提高保护水平多花费一美元的边际收益，它包含保护的边际收益产品和从一美元支出中得到的保护的边际收入。右边部分表示边际成本。支持保护的游说集团选择其支出水平以便在边界上平衡成本和收益。同样的解释也可以针对第二个条件，该条件适用于反对保护的利益集团。把这些条件联合起来得出：

$$\tau_i - 1 = \frac{(1-\alpha_i)(b_i-1)}{\alpha_i b_i + (1-\alpha_i)} \frac{X_i}{(-M'_i)} \tag{7}$$

式中，$b_i = T_{iS}/T_{iO} > 0$ 表示在关税形成函数中支出水平之间的边际替代率。[14] 当 $b_i > 1$ 时，支持保护的利益集团游说支出增加一美元提高的关税大于反对保护的利益集团增加一美元支出降低的关税。从这个等式我们看出，当且仅当 $b_i > 1$ 时，部门是受到保护的，并且如果一个利益集团增加一美元游说与其他利益集团增加一美元游说具有相同的效果，那么就存在自由贸易。重要的是，无论这个部门什么时候受到保护，相对于反对保护的利益集团而言，支持保护的利益集团增加一美元游说的效果越大，属于后一个集团的人数占总人口的比重越小，保护率就越高。后一个结果的含义是，部门专用要素的所有权越集中，给这个部门提供的保护率就越高。这个恰好与直接投票模型预测相反的结果源于这样一个事实，即部门专用投入的所有者越少，游说集团所有者承担的保护造成的额外成本就越少。在极端情况下，当全部人口都与这个部门利益相关时，自由贸易将得到实行，因为游说者内部化了所有的福利因素。最后，就像前面讨论的情况，保护率越高，产出水平越高，进口需求函数就越平坦。

方程（7）部分源于这样一个假定，支持保护的游说者的反对者包括了经济中所有其他人。很明显，这不是一个典型的情况。然而，重要的一点是，至少一部分普通公众的福利在整个设计中是重要的。这些社会成员可能由组织起来的集团代表，或者由政府自身代表。在后一种情况下，政府的激励可能是进行了很好的或者冷静的政治计算后的期望。事实上，芬恩斯特和巴格瓦蒂（1982）已经运用了关税形成函数，其中政府关心公众福利。在这些背景下，最小化额外负担的期望发挥了重要作用。

6.2.4 选举竞争

与贸易政策政治学的大多数其他方法不同，马吉、布洛克和杨（Magee, Brock and Young, MBY, 1989）强调选举竞争。[15]根据这种观点，利益集团给政党或候选人提供捐献，目的是提高他们当选的可能性。这与捐献影响政策选择的关税形成函数是不同的。为此，MBY构造了一个选举中两党竞争的模型。每个政党在利益集团做出捐献选择前许诺一个政策。结果是，捐献选择并不影响政策选择，并且它们的惟一作用就是提高一个或另一个政党当选的可能性。然而，在运动捐献中，政党——对民意测验中最大化当选前景感兴趣——参与选举运动，选择准确预期未来运动捐献的政策。

稍微正式一点的模型假定，存在两个政党和两个游说集团。每个游说集团与一个政党结成联盟。在MBY模型中，存在一个与资本所有者游说集团联系在一起的支持资本的政党和一个与劳动者联系在一起的支持劳动的政党。当然，其他联盟也是可能的，这依赖于具体情况。为了当前目的，假定我们对这些联盟的精确解释是不可知的，并且让我们假定存在政党A和政党B，游说集团1和游说集团2。游说集团1与政党A结成联盟，游说集团2与政党B结成联盟。政党A当选的概率为$q(\sum_{i=1}^{2}C_i^A, \sum_{i=1}^{2}C_i^B, \tau^A, \tau^B)$，其中$C_i^K$代表游说集团$i$给政党$K$提供的政治捐献，$\tau^K$是政党$K$的贸易政策。政党A筹集的捐献越多，政党B筹集的越少，政党A当选的可能性就越大，政党

A的贸易政策就越不扭曲，而政党B的政策就更加扭曲。

在博弈的第二阶段，在两个政党已经许诺各自的贸易政策后，游说集团决定运动捐献。让 $W_i(\tau)$ 表示贸易政策为 τ 时，游说集团 i 的收益函数。那么，这个游说集团期望获得收益 $W_i(\tau^A)$ 的概率为 $q(\cdot)$，获得收益 $W_i(\tau^B)$ 的概率为 $1-q(\cdot)$。游说集团以非合作的方式选择其捐献。因此，捐献是一个博弈的纳什均衡，每个游说集团都最大化自身的净收益。也就是说，游说集团 i 对其他游说集团捐献水平的最优反应是由下列问题的解给出的：

$$\max_{C_i^A \geqslant 0, C_i^B \geqslant 0} q\Big(\sum_{i=1}^{2} C_i^A, \sum_{i=1}^{2} C_i^B, \tau^A, \tau^B\Big) W_i(\tau^A)$$
$$+ \Big[1 - q\Big(\sum_{i=1}^{2} C_i^A, \sum_{i=1}^{2} C_i^B, \tau^A, \tau^B\Big)\Big] W_i(\tau^B) - \sum_{K=A,B} C_i^K$$

在由此得出的纳什均衡中，捐献水平是税收政策的函数。将这些函数代入 $q(\cdot)$，得出一个只依赖于贸易政策的、简化形式的概率函数，$\tilde{q}(\tau^A, \tau^B)$。函数 $\tilde{q}(\cdot)$ 预期两个游说集团针对两个政党的政策选择将要做出的捐献博弈。在第一阶段，政党进行非合作博弈。每个政党选择自己的政策以最大化赢得选举的概率。因此，政党A选择 τ^A，最大化 $\tilde{q}(\tau^A, \tau^B)$；而政党B选择 τ^B，以最大化 $1-\tilde{q}(\tau^A, \tau^B)$。这个博弈中的纳什均衡表明了保护率的均衡水平。

迈耶和李（1994）运用或然性投票理论作为微观基础，重新检验了 MBY 分析。或然性投票理论考虑投票人的偏好，这依赖于经济政策，也依赖于政党的其他性质，比如它们对社会问题的立场或政治意识形态。对非经济问题的偏好是变化多端的，并且政党只知道他们在投票人口中的分布［见 Coughlin (1992)］。迈耶和李也假定，投票人不确定政党的经济政策立场，并且每个政党为了表明自己的政策立场可以利用运动捐献。每个政党选择自己的政策以最大化当选的可能性。

他们的分析支持了 MBY 的某些结论，但不是全部。例如，它支持一个游说集团最多向一个政党提供捐献的结果，也就是说，游说集团在运动捐献中是特定的。不幸的是，这个结果在经验背景下并不幸运；在议会体制中，对游说集团来说，游说集团向两个主要的政党提供捐献是非常普遍的（例如以色列）。另一方面，迈耶和李发现，两个游说集团可能以向同一个政党提供捐献而告终结，然而 MBY 假定每个游说集团只跟一个政党有关。我从迈耶—李的分析中得出的结论是，为了更满意地分析贸易政策的作用，发展更加详细的模型的确非常重要。我将在下一部分中更加详细地讨论这部分内容。

6.2.5 影响驱动捐献

影响选举结果的政治捐献是贸易政策模型的一个突出特征。然而，它们好像强调最多只能算作第二位的捐献动机。当然，从政治家及其政党的观点看，捐献的总数量在提升他们当选或再次当选的可能性方面起非常重要的作用。但是，这并不意味着，个体捐献者将候选人提高当选的机会作为提供捐献的主要考虑因素。一方面，典型的情况是存在许多个捐献者，每个捐献者的捐献相对于捐献总额而言微不足道。这一点对于那些限制捐献数量的国家而言特别真实，但并不仅是这类国家。结果是，每个人的捐献对选举结果都有边际影响。在这种情况下，更加可能的情况是，捐献设计出来是为了影响政策选择而不是为了影响选举结果。也就是说，要在强调捐献的当选动机（如在 MBY 模型中）和影响动机之间进行选择，后者好像更符合理论背景。这一点在选举竞争的更详细模型和格罗斯曼与赫尔普曼的特殊利益政治学（1996）中更加明显，在这个模型中，他们表明，由于组织起来的利益集团数目巨大，运动捐献的当选动机微不足道。[16]

同时，经验文献也支持了影响动机更为突出的观点。例如，麦戈比和尼尔森（1990）报告道：(a) 在 1988 年的议会运动中，美国的政治行动委员会（PACs）将超过 3/4 的总捐献给了执政候选人；(b) 不算对公开席位的竞争，执政者得到的是其竞争者的六倍多；(c) 政治行动委员会运动捐献超过 60% 出现在选举周期的早期阶段，通常甚至在竞争者已经确认以前；(d) 政治行动委员会将其捐献转向获胜者，即使从支持失败者开始。另外，在议会民主中，利益集团通常向不只一个主要的政党提供捐献。

根据这些考虑，格罗斯曼与赫尔普曼（1994）发展出了一个理论，将影响动机放在运动捐献的核心。根据这种方法，利益集团首先行动，向政治家提供依赖于其政策立场的运动捐献。然后，政治家将会选择政策立场，并且知道利益集团的捐献如何依赖于已经选择的政策。政治家寻求最大化政治目标函数，这依赖于捐献和普通公众的福利。[17]

依赖于捐献和选民福利的政治目标函数与选举竞争是一致的。格罗斯曼与赫尔普曼（1996）已经表明，它出现在这样一种政治体制中，特殊利益集团以上面描述的方式设计捐献，两个政党竞争议会中的席位。[18]

因此，再一次假定经济与 2.1 节相同，但是政策制定者的目标函数是 $C+aW$，其中 C 代表它能够筹集的捐献，W 代表总福利（或者每个人的福利），a 是一个指数，代表了福利和捐献之间的边际替代率。a 越大，相对于捐献而言，赋予选民福利的权重越大。[19] 捐献依赖于政策选择，福利也如此，政策制定者最大化这个政治目标函数。

现在考虑特殊利益集团。假定，在部门的某个子集——记作 $\mathscr{L} \subset \{1, 2, \cdots, n\}$——中，部门专用投入的所有者形成游说集团。让 α_i 表示（就像前面）拥有部门 i 投入的人口部分。同样假定，每个人拥有至多一种部门专用投入。那么，属于游说集团 i 的个人的总福利由下式给定：

$$W_i(\tau) = l_i + \prod_i(\tau_i)$$
$$+ \alpha_i \sum_{j=1}^{n} [(\tau_j - 1)M_j(\tau_j) + S_j(\tau_j)] \qquad (8)$$

右边第一项表示它们在劳动供给中的份额；第二项表示它们从部门专用要素中得到的收入；最后一项表示它们在关税削减和消费者剩余中的份额。[20]游说集团的目的是最大化 $W_i(\tau) - C_i$，其中，$C_i \geqslant 0$ 是游说集团 i 的捐献。游说集团应该如何设计它们的捐献呢？

利益集团 i 将所有其他利益集团 $j \neq i$ 的捐献函数看作给定。因此，它知道如果不游说，政策制定者将获得政治福利 $G_{-i} = \max_\tau \left[\sum_{j \neq i} G_j(\tau) + aW(\tau) \right]$；也就是说，政策制定者将选择最大化其目标函数的政策向量 τ，而不考虑游说集团 i 的偏好。[21]接下来，如果游说集团 i 希望影响政策结果，它需要提供引致政策变化的捐献函数，并且至少给政策制定者提供 G_{-i}。也就是说，为了实现 τ，其捐献函数必须满足

$$G_i(\tau) \geqslant G_{-i} - \left[\sum_{j \neq i} G_j(\tau) + aW(\tau) \right] \tag{9}$$

这是委托人—代理人问题中的标准参与约束。很自然，利益集团不希望给政策制定者提供的捐献多于引起政策变化必需的捐献。因此，在均衡点，它会选择（9）中等号的捐献函数。最大化游说集团目标函数 $W_i(\tau) - C_i$ 的政策向量是

$$\tau^i \in \underset{\tau}{\operatorname{argmax}} \ W_i(\tau) + \left[\sum_{j \neq i} G_j(\tau) + aW(\tau) \right]$$

设计出这个捐献函数是为了满足这个政策向量，并且很典型地存在许多满足该条件的捐献函数。尽管游说集团 i 使用哪个捐献函数实现这个政策向量是无差异的，但是其选择可能影响其他游说集团的决策问题。因此，通常情况下，存在许多满足这个均衡政策向量的捐献函数，并且对不同的政策向量也有多个均衡 [见 Bernheim and Whinston (1986)]。均衡包括可行的捐献函数 $\{C_j^o(\cdot)\}_{j \in \mathscr{L}}$ 和政策向量 τ^o，使得：(a) 对所有的 $i \in \mathscr{L}$，$\tau^o \in \operatorname{argmax}_\tau \ W_i(\tau) + \left[\sum_{j \neq i} C_j^o(\tau) + aW(\tau) \right]$；(b) 对所

第 6 章 政治学和贸易政策

有的 $j \in \mathscr{L}$, $C_j(\cdot)$ 实现 τ^o; (c) 对所有的 $i \in \mathscr{L}$, $\sum_{j \in \mathscr{L}} C_j^o(\tau^o) + aW(\tau^o) = G_{-i}$。

为了阐明某些相关考虑，首先假定只存在一个组织起来的利益集团，即部门 i。那么，均衡政策向量最大化 $W_i(\tau) + aW(\tau)$。运用（4）和（8），这意味着

$$\tau_j - 1 = \frac{I_j - \alpha_i}{a + \alpha_i} \frac{X_j}{(-M_j')}$$

式中，当 $j = i$ 时，I_j 等于 1，否则等于零。首先，注意到仅有部门 i——它是由组织起来的利益集团所代表的——是受到保护的；所有其他部门都被提供负的保护。原因在于特殊利益集团游说政策制定者，是为了部门 i——其中它是一个净销售者——中的高价格以及为了所有其他部门——在这些部门它是一个净购买者——的低价格。如果部门 i 的专用要素所有权越集中，该部门的保护率越高，在部门专用要素所有权越集中的部门（因为游说集团将更少关注过重的负担），相对于捐献，政策制定者将赋予福利更小的权数（因为用捐献影响政策制定者将更加省钱），部门的产出水平将更大（因为它提高了影响动机的收益），并且进口需求函数更平坦（因为那样的话，政策制定者关注的强加于社会的过重负担将越低）。观察一下，产出的影响和进口需求函数的斜率在我们从直接民主制中、政治支持函数方法中和关税形成函数方法中得出的方程中是相同的。另外，所有权集中度的影响类似于关税形成函数方法，然而福利和捐献之间的边际替代率所起的作用类似于政治支持函数方法中福利和利润的边际率。这些相似不是偶然的。我已经有目的地构建了其他方法的变量，这些变量让我们得出与影响驱动方法的这些类似性。

当存在不只一个组织起来的利益集团时，将会发生什么？格罗斯曼和赫尔普曼（1994）已经表明，如果我们限制捐献函数围绕均衡向量 τ^o 可微，那么必将局部真实；也就是说，在 τ^o 点，$C_j^o(\cdot)$ 的斜率

等于 $W_i(\cdot)$ 的斜率。这引出关税方程

$$\tau_j - 1 = \frac{I_j - \alpha_{\mathscr{L}}}{a + \alpha_{\mathscr{L}}} \frac{X_j}{(-M'_j)} \qquad (10)$$

式中，$\alpha_{\mathscr{L}} = \sum_{j \in \mathscr{L}} \alpha_j$ 表示拥有部门专用要素的人口占总人口的比重。这个方程与前一个方程——它是从只有一个部门拥有组织起来的游说集团的情况中得出的——的差别在于，用 $\alpha_{\mathscr{L}}$ 替代了 α_i。因此，解释仍然有很多是相同的。现在，重要的一点是，拥有组织起来的游说集团的所有部门都享受保护，然而，没有游说集团的部门只能得到负保护。在极端情况下，当所有部门都拥有组织起来的压力集团，并且每个人都在某个部门利益相关时，就存在自由贸易。在这些环境下，游说集团为保护自身利益进行竞争，并且在这个过程中相互中立。尽管存在这样一个事实，即他们中虽然没人能够成功确保给顾客更高的价格，但仍然要花费资源在这个过程中（就像参与约束所表明的那样）。在这种情况下，捐献的作用在于避免受到其他游说集团的伤害。

方程（10）描述了当每个游说集团都将捐献建立在总体关税向量上时所导致的保护率。在现实中，这不可能是一个事实。很明显，纺织产业游说集团主要关心纺织品的保护率，但在补贴茶叶进口中的利益要小得多。在这种情况下，它可能选择忽视其捐献于茶的政策为条件，特别是如果通过大量的政策工具传播游说的努力代价高昂时。政治过程的完整模型应该包括专门化的游说技术，这会决定游说的相对成本。那时，我们期望压力集团将注意力集中于核心行动上，并且仅当卷入其他政策设计的直接或间接收益很大或边际成本很小时，它才会这样做。为了看到集中游说努力可能造成的差别，假定部门 i 的游说集团仅让其捐献以为 τ_i 条件，对于所有的 $i \in \mathscr{L}$。在这种情况下，在每个没有组织起利益集团的部门都将存在自由贸易，而在有压力集团的部门中，保护率为

· 216 ·

$$\tau_j - 1 = \frac{1-\alpha_j}{a+\alpha_j} \frac{X_j}{(-M_j')}, \quad j \in \mathscr{L}$$

我们看到，部门规模的影响与其进口需求函数的斜率和在其他方程中相同。然而，与压力集团游说所有政策的情况相比，有两个主要的差别。首先，现在还未组织起来的部门不受保护，而在（10）中，它们受到负的保护。其次，现在组织起来的部门的保护率依赖于该产业中利益相关的选民的比重（即 α_i），而在（10）中，它依赖于属于任何游说集团的选民的比重，而不是必须属于正在考虑的游说集团（即 $\alpha_{\mathscr{L}}$）。含义是，部门中所有权的集中程度对保护率有直接影响，所有权集中程度高的部门获得高的保护。这是一个预期的特征，就像在现实中发现的那样。

我的讨论集中在了贸易税。然而，必须清楚的是，同样的分析工具也可以运用于其他政策工具。[22]然而，存在一个关于保护工具选择的主要问题。例如，为什么使用关税而不是生产补贴，即使从效率角度看，后一个工具效率更高时？基于政治经济学的考虑，一部分答案是由罗德里克（1986）和格罗斯曼与赫尔普曼（1994）给出的。但是，正如罗德里克（1995）强有力的讨论所表明的，工具的选择是一个仅仅受到有限关注的中心问题。既然对这个问题的好答案还未出现，我在下一个主题将会进行讨论。

6.3 双层博弈

到目前为止，我们已经检验了一个国家面对不变世界价格的贸易政策情形。这种简化有助于我们集中讨论国内政治，也就是说，利益集团与政策制定者之间的相互关系。然而，许多贸易政策受国际限制的影响。结果是，即使一个国家设定本国的贸易政策议程时，它也不得不考虑国际回应。对于大国而言，尤其如此。但是，国家之间也对贸易规则、关税削减、自愿出口限制、自由贸易区和其他内容进行谈判。因此，分析贸易政策形成而不考虑国际相互影响是不完整的。

考虑到这些方面，在强调两层策略性相互行为的框架中分析贸易政策的形成是恰当的。一方面，在国际领域内，政府之间相互面对设计贸易政策。另一方面，每个政府又不得不处理其国内政治体制。这种两层相互关系产生了国内和国际政治之间的同时相互依赖。政府，比如要谈判自由贸易协定，要知道在同外国政府交易时，这个协定的国内影响。同时，希望影响政策结果的国内压力集团知道谈判过程，以及相互替代结果的正面影响和负面影响。这种依赖性是这部分讨论的主题，这是从埃文斯、杰克森和帕特纳姆（1993）的著作中引出的。他们的著作为了研究这种情况描述了一系列案例研究，这是建立在帕特纳姆（1988）发展的概念框架基础上的。本部分的其余内容将描述建立在两层相互关系之上的三个案例：非合作关税设定、谈判的关税和谈判的自由贸易协定。

6.3.1 贸易战

格罗斯曼和赫尔普曼（1995a）已经将影响驱动捐献方法扩展到两个国家采取非合作方式制定贸易政策的情况。在每个国家中，经济都是按照6.2.1小节的情形构建的，压力集团按照6.2.5小节描述的方式游说国内的政策制定者，同时，政策制定者最大化政治目标函数，这个函数是捐献和总福利的线性函数。[23]游说集团和政策制定者都将其他国家的政策向量看作给定。但是，他们考虑国内政策影响贸易条件这个事实。特别是，国家分别记做 A 和 B，国际价格记做 π_i，世界市场出清产品 i 的条件为 $\sum_{K=A,B} M_i^K(\tau_i^K \pi_i) = 0$，这隐含地将国际价格定义为两国贸易政策的函数。运用这种关系，得出一系列捐献安排和国内政策向量是可能的，而这是对其他国家贸易政策的政治反应。同样的政治反应也适用于其他国家。均衡包含每个国家的捐献

安排和政策向量，以便每个国家的捐献安排和政策向量代表对其他国家贸易政策的政治反应。这些均衡的贸易政策满足

$$\tau_j^K - 1 = \frac{I_j^K - \alpha_\mathscr{L}^K}{a^K + \alpha_\mathscr{L}^K} \frac{X_j^K}{(-\pi_j M_j^{K'})} + \frac{1}{e_j^L}, \quad K,L = A,B \text{ 且 } L \neq K \quad (11)$$

其中，e_j^L 是国家 L 在部门 j 中的出口供给弹性（如果该国进口该产品，这个弹性就为负数）。这个方程有两个部分：与（10）相同的政治力指数和包含贸易条件考虑的第二部分。后者——众所周知是从约翰逊（1953—1954）得出的，并且就是现在标准的最优关税方程——得出，对外出口供给函数越没有弹性，关税水平应该越高。

国家 K 在部门 i 的税率，就像（11）给出的，依赖于其他国家的贸易政策（也就是说，它通过国际价格 π_j 依赖于其他国家的贸易政策）。这种相互依赖具有非常有意思的含义。特别是，对于不变弹性的进口需求和出口供给函数，它意味着，在进口国家的政治目标函数中，相对于捐献而言，福利的更低权重引导它采取了更加具有侵略性的政策立场。结果是，其贸易条件得到改善，关税越高——并且高得足以确保受保护产业的国内价格更高——出口国家的国内价格越低。接下来，出口国家的相同产业只受到较小的保护，或者是它受到了负的保护。这个例子证明了一个国家政治环境的改变如何影响每个国家的保护程度。很明显，这类分析有助于观察，一个国家的贸易政策如何依赖于其他国家的政治环境。

6.3.2 贸易谈判

在 6.3.1 小节中，贸易税是在非合作的背景下制定的。结果是，政策制定者不仅给两个国家的居民造成了无谓损失，而且给两个国家也造成了无谓损失。为了避免这类伤害，他们可以采用合作的方式制定贸易政策，就像政府经常做的那样。

当政府之间相互谈判贸易政策时，它们知道国内的政治反应，包

括与特殊利益集团相关的反应。这些反应会影响它们的战略。同时，当特殊利益集团期望政策制定者相互谈判，而不是采用非合作的方式制定政策时，它们的运动捐献也会采用不同的方式设计。一个游说集团如果预期到两国政府相互谈判，他们会设计捐献安排以便得到符合其利益的协定。最优安排依赖于谈判进行的制度框架。然而，就像格罗斯曼和赫尔普曼（1995a）表明的，只要谈判程序允许政策制定者从自身角度看最有效率的结果中选择，所导致的均衡政策向量满足

$$\tau_j^A - \tau_j^B = \frac{I_j^A - \alpha_{\mathscr{L}}^A}{a^A + \alpha_{\mathscr{L}}^A} \frac{X_j^A}{(-\pi_j M_j^{A'})} - \frac{I_j^B - \alpha_{\mathscr{L}}^B}{a^B + \alpha_{\mathscr{L}}^B} \frac{X_j^B}{(-\pi_j M_j^{B'})} \qquad (12)$$

这个方程只决定了 τ_j^A/τ_j^B 的相对值，该值独立于谈判程序。它们确保该结果处于政府的效率边界上。然后，将这些政策变量和政府之间的直接转移（就像欧洲的共同农业政策表明的）用于选择效率边界上的特定收益分配是可能的。[24]政府选择哪种特定分配依赖于谈判程序，也依赖于经济和政治变量的变化。[25]重要的是，当且仅当国家 A 中这个产业的政治权力指数较大时，该产业在国家 A 受到保护，而在国家 B 则不然。对贸易税的谈判使得来自两个国家该产业的特殊利益站在问题的两面；每一方都希望以牺牲另一方的利益为代价受到保护。结果是，他们对谈判的两方施加相反的压力，并且获胜者将是有较大政治影响力的游说集团。例如，如果纺织业在 A 国组织起来，而在 B 国则不然，那么，相对于自由贸易而言，纺织业在 A 国受到正的保护，而在 B 国受到负的保护。方程（12）也表明，当且仅当两国纺织产业游说集团的政治力量指数相同时，两国政府将在纺织业达成自由贸易（或者在两国将有相同的国内价格）。

最后，观察一下，与（11）相反，没有供给弹性出现在（12）中。这源于这样一个事实，即在贸易战中，每个政府都运用贸易税优化本国的贸易条件。然而，当两国政府进行谈判时，贸易条件作为收

入转移方式的应用在政治上是没有效率的。因此，在贸易税的合作性设计中，不使用这些方式。

6.3.3　自由贸易协定

谈判贸易政策另一个重要的例子是自由贸易协定（FTAs）。然而，不像谈判贸易税，FTAs 包含分散的选择（尽管相对于详细说明的条件而言，某些连续也是可能的）。如果协定取消签约国对"实际上全部贸易"的关税或限制，那么 GATT 协定条款 XXIV 允许国家之间除了"最惠国"条款外形成自由贸易区。格罗斯曼和赫尔普曼（1995b）已经研究了当代表不同产业的利益集团通过运动捐献表达它们关注的问题时，这种协定的政治经济学。每个利益集团都能够通过捐献，表达在 FTA 形成或遭到拒绝时对某个协定的支持或反对。

首先，假定一个国家正考虑加入一个它不能够影响的、已经详细阐明了条款的自由贸易区。在对协定的争论中，每个部门都有代表，并且产业的代表都试图最大化部门专用投入的收益。就像 6.2.5 节表明的，政府试图最大化 $C + aW$。经济模型与 6.2.1 节相同。在这种环境下，决策者不得不在两种体制中选择其一：体制 F（即，加入自由贸易协定），或者体制 N（即，不加入）。在体制 $R = F$ 或 N 时，部门 i 中的专用要素收入等于 $\prod_{iR}$，并且福利由 W_R 给定。游说集团 i 提供一组捐献（C_{iF}, C_{iN}），第一个表示体制 F 被采用时的捐献，第二个表示体制 N 被采用时的捐献。其中一个等于零。

要问的第一个问题是：在这些环境中，能够产生哪类政治均衡？格罗斯曼和赫尔普曼表明，可能出现两类。如果提供更高总福利水平的体制相对于另一种体制产生了足够高的福利收益，那么将出现一种政治均衡，政府将选择福利最优的体制，所有游说集团的捐献为零。当福利最优的体制被选择时，如果产品 a 的福利收益超过了单一部门的最大损失，那么为此目的的收益就足够大。[26] 很明显，没有任何条件让政府选择福利最优的体制。然而，就这一点来说，在这种特定的环境下，没有一个游说集团能够从诱使政府选择福利最优的体制中获得足够的收益，从而没有一个游说集团认为值得捐献一个必需的最小额，以诱使政策制定者改变体制。很明显，这一均衡建立在游说集团缺乏协调上，并且每个游说集团自己没有足够的利益来诱使体制改变。

压力集团之间最低的协调——对于偏好的结果采取非联合最优表达的方式——导致这种避免联盟（coalition-proof）的均衡。在这种均衡中，政策制定者选择的体制，能够为组织起来的利益集团和政府提供最大的联合福利。[27]而且，至少存在一个游说集团的捐献来支持被选择体制的每个均衡都具有这种性质。在这些均衡中，相对利益集团的捐献使政府在两种可以选择的体制之间无差异。含义是，在这些均衡中，得出的是微弱的平衡，这是对大约相等的政治力量支持问题的每一方而言的。[28]

这些结果可被用于检验哪些国家可能成为自由贸易协定的候选国。在政治均衡中，协定要求两个国家选择体制 F。为了实现这个目的，赞成该协定的足够支持将不得不在每个国家聚集起来。

现在，对每个协定的支持来自两个来源中的一个。或者 F 提供更高的福利，在这种情况下政府为了让选民高兴，很愿意签署协定；或者是对自由贸易区的潜在出口商——它们期望在伙伴国销售产品的价格更高——为了开放那些市场愿意捐献足够多的钱。而那些预期在自由贸易区面对更激烈竞争的部门则反对这种协定。

如果最初的保护率反映了 6.2.5 小节所描述的那类政治力量的平衡，那么每个国家为了克服相对立的政治压力，都需要足够多的支持 FTA 的潜在出口者。这意味着国家间的贸易不平衡不得不足够小，因为一个国家对自由贸易区的出口就是另一个国家的进口。不幸的是，支持该协定的潜在出口者这样做了，因为他们期望收取更高的价格，而更高的价格对福利是有害的。结果是，自由贸易协定在两个国家最愿意承受联合福利损失的制度下最可能存活。[29]

如果某些政治上敏感的部门可能被排除在协定之外，并且允许坚持最初的保护率，那么两个国家都更愿意对 FTA 进行捐献。给定选择，每个国家都宁愿排除这些部门，其中自由贸易区产生最大的福利损失加每单位全面受限制要素的游说收入，而受限制要素代表了对 XXIV 条中"实际上全部贸易"的解释。受限制要素的例子包括被排除在协定之外的产业部分和免税产品中发生的贸易部分。所有部门都可以按照这个标准排序，并且折点是由全部限制决定的。[30]

然而，非常不可能的是，两个国家根据这个标准有相同的排序。在这种情况下，矛盾源于这一系列例外，并且国家为了实施 FTA 需要达成妥协。格罗斯曼和赫尔普曼表明，如果两个政府致力于例外的纳什讨价还价，那么它们同意根据每个国家愿意从自身利益出发使用的标准的加权平均数来排除一系列被排序的部门。[31] 权数反映了两国政府的相对讨价还价能力。折点是由术语"实际上全部贸易"强加的全部限制决定的。

这些例子表明了强调国内政治和国际经济关系两层相互关系方法的解释力；也表明——尽管存在这些相互关系产生的复杂性——这种方法产生了关于重要政策问题的令人感兴趣的洞见。然而，为了解决制度设计问题——它们是当前有关贸易、直接对外投资和知识产权等讨论的核心，这个框架必须进一步丰富。

【注释】

[1] 当 τ_i 大于 1 且产品进口时，我们有正常关税。相反，当 τ_i 小于 1，产品进口时，我们对该进口进行补贴。如果产品出口，并且 τ_i 大于 1，我们就有出口补贴；如果 τ_i 小于 1，并且产品出口时，我们就有出口税。

[2] 根据上下文，将 τ_i 的选择限制在可行集合内是必要的。很明显，它必定是非负的。但某个上限也可能作为政治限制或国际协定存在。

[3] 本文的讨论假定劳动和部门专用投入所有权的分配是原子式的，即它稀薄地分散在总人口中。结果是 γ_L^j，被作为个人 j 所拥有的劳动方式，意味着

$\int_j \gamma_L^j dj = 1$。

[4] 即，对每个 $i = 1, 2, \cdots, n$，都有 $\int_j \gamma_i^j dj = 1$。

[5] 当存在贸易税时，只有消费价格等于生产价格。众所周知，效用函数 (1) 具有相关的标准间接效用函数 $v(p, E) = E + \sum_{i=1}^n S_i(p_i)$，其中 E 表示总支出，$S_i(p_i) = u_i[d_i(p_i)] - p_i d_i(p_i)$ 是从产品 i 中得到的消费者剩余，其中，$d_i(p_i)$ 是产品 i 的需求函数。产品 i 的进口量是由 $M_i(\tau_i) = -\left[S_i'(\tau_i) + \prod_i{}'(\tau_i) \right]$ 给出的。

[6] 也就是说，简化形式的间接效用函数 (2) 由 $\hat{v}(\tau, \gamma^j) = \gamma_L^j + \sum_{i=1}^n \hat{v}_i(\tau_i, \gamma_i^j)$ 给出。

[7] 我使用术语"关税"考虑 $\tau_i > 1$，而不论产品是进口还是出口。也可以观察到，在我们对人口规模的标准化中——即人口等于 1——部门专用要素的平均所有权份额等于 1。

[8] 产量和进口需求函数的斜率依赖于关税率，但是为方便起见，这些讨论在下列方程中进行了压缩。

[9] 线性假定对我们的目的是不合逻辑的。由于非线性政治支持函数，关税率的方程具有边际替代率 a_{pi}，它依赖于部门专用投入的收入和总福利水平。

[10] 观察将 (4) 代入 (5) 中，我们得到一个目标函数，其中每一美元的实际收入都获得 1 的权重，除了能够获得权重 $1 + 1/a_{pi}$ 的部门专用要素的收入之外。这些对不同来源真实收入的权重得出了这些结果。朗和沃斯登（Long and Vousden, 1991）已经提出了关于政治支持函数方程的某种不同方法，权重随个人变化，而不是随不同的收入来源变化。

[11] 芬恩斯特和巴格瓦蒂（1982）采取了相同的方法，除了他们将政府看作公共利益的保护者之外。结果是，支持保护联盟的游说成本随着价格的歪曲而上升。我们将在后面的部分再回到这一点。

[12] 我从这个方程中排除了劳动收入恒定的条件。

[13] 当然，假定反对保护的游说集团包括经济中所有其他人是不现实的。但是，它能够简化分析。

第 6 章　政治学和贸易政策

[14] 如果个人中只有一部分 $\alpha_i^o < 1-\alpha_i$ 属于反对保护的游说集团，那么(7)中右边的第一项应该被 $[(1-\alpha_i)(b_i-1)+1-\alpha_i-\alpha_i^o]/(\alpha_i b_i+\alpha_i^o)$ 替代。

[15] 选举竞争隐含在政治支持函数和关税形成函数方法中，然而在马吉、布洛克和杨（Magee, Brock and Young, 1989）的方法中，它占有中心地位。

[16] 捐献动机给游说集团产生收益。作为捐献，目的是相同的。该性质使利用这个捐献动机是可以希望的，即使存在数量巨大的利益集团。

[17] 政治支持函数方法可以解释为影响驱动捐献方法的简化形式。为了某些目的，影响驱动捐献方法的细节是不需要的。然而，为了其他目的，它们非常重要。

[18] 每个政党寻求最大化期望的议席数。成功改进政策的可能性依赖于要求的议席数。政党利用从特殊利益集团那里得到的捐献影响无知或者"易受影响"选民的投票模式。另一方面，每个有信息的选民投票时的基础是，不论哪个政党许诺的自己最偏爱的政策。然而，每个选民在建立于其他基础——例如他们对于非经济问题的立场——之上的政党之间可能也有自己的偏好。这引出了或然性投票问题。在这个框架中，政党可能选择公众偏爱的政策，从而保证得到有信息选民的支持。作为替代，它可能为了获得运动捐献，支持特殊利益集团而倾斜政策立场。在这种情况下，它失去了某些有信息选民的支持，但能够运用捐献获得易受影响选民的支持。这种在两个选民集团支持之间的权衡，和政党尽可能多地在议会获得议席的目标，解释为最大化目标函数的希望，这个函数是捐献和公众福利的递增函数。当对非经济问题的偏好呈正态分布时，这个函数是收入的线性函数。政治目标函数的指数依赖于这些偏好的离散程度，依赖于选民偏好中的非经济偏向，依赖于总人口中有信息选民相对于无知选民的数量，依赖于运动支出在吸引易受影响选民中的有效性。

[19] 就像前面的注释所解释的，在格罗斯曼和赫尔普曼（1996）的特殊利益选举竞争模型中，a 依赖于主要参数的变化。

[20] 观察一下，这里不像关税形成函数的例子，我们包括所有产品对福利的贡献，而不仅是部门 i 的产品。原因在于我们让所有利益集团在所有部门为贸易税进行游说（也就是说，不仅仅在他们有部门专用要素相关利益的部门）。对于这一点，后面将有更详细的论述。

[21] 为了简化符号，我使用 $\sum_{j\neq i} G_j(\tau)$ 作为除了 i 之外的所有组织起来的

游说集团捐献之和的简单表达式。

[22] 例如，对商品税的应用参见迪克西特（1995）。同样的方法也可以用来处理配额和其他形式的数量限制问题。

[23] 允许压力集团游说外国政府也是可能的，就像格罗斯曼和赫尔普曼（1995a）表明的。

[24] 关于这个问题，又见 Mayer（1981）。

[25] 关于这个例子，参见 Grossman and Helpman（1995a）。

[26] 让 R 表示福利最优体制，即 $W_R > W_K$，$R \neq K$。那么，存在一个均衡，其中捐献为零，不论什么时候 $a(W_R - W_K) \geq \max[0, \max_i(\prod_{iK} - \prod_{iR})]$，政府都选择 R。

[27] 当 $\sum_{j \in \mathcal{L}} \prod_{jR} + aW_R \geq \sum_{j \in \mathcal{L}} \prod_{jK} + aW_K$ 时，体制 R 被选择。

[28] 在美国议会投票期间，NAFTA 差点没有通过的事实可以被解释为这类均衡的反映。

[29] 在这篇综述中，福利用 W 衡量，并且它不包括政府的福利。

[30] 假定存在一个部门的连续区间，并且全部限制由 $\int_{i \in E} T_i di \leq T$ 给出，其中，E 表示例外部门集合，T_i 表示部门 i 对全部限制的贡献，并且 T 表示所有限制。例如，如果全部限制是对可准予例外的部门数量，那么对每个部门都有 $T_i = 1$，并且代表在 XXIV 条款下，被允许在 FTA 例外部门的最大数量。另一方面，如果限制是针对贸易量的，那么 T_i 表示部门 i 的贸易量，T 表示可以在协定例外的最大贸易量。产业排序建立在指数 $g_i = (a \Delta W_i + \Delta \prod_i)/T_i$ 之上，其中 ΔW_i 表示部门 i 从 FTA 中得到的福利收益，$\Delta \prod_i$ 表示游说集团 i 从 FTA 中得到的收入收益。政府按照 g_i 的递增顺序给部门编指数，是希望排除 g_i 为负值的部门，一直到由 $\int_{i \in E} T_i di \leq T$ 所允许的限制为止。

[31] 也就是说，部门是按照 $\omega^A g_i^A + \omega^B g_i^B$ 排序的，其中 ω^K 是国家 K 的权数。全部限制仍然与前一个注释相同。

参考文献

Bernheim, Douglas B., and Whinston, Michael D. (1986). Menu auctions, resource allocation, and economic influence. *Quarterly Journal of Economics* 101:1-31.

Coughlin, Peter J. (1992). *Probabilistic Voting Theory* (Cambridge: Cambridge University Press).

Dixit, Avinash (1995). Special-interest. lobbying and endogenous commodity taxation. Mimeo, Princeton University.

Evans, Peter, Jacobson, Harold, and Putnam, Robert (eds.). (1993) *Double-Edge Diplomacy* (Berkeley: University of California Press).

Feenstra, Robert C., and Bhagwati, Jagdish N. (1982). Tariff seeking and the Efficient tariff. In Bhagwati, Jagdish N. (ed.). *Import Competition and Response* (Chicago: University of Chicago Press).

Findlay, Ronald, and Wellisz, Stanislaw (1982). Endogenous tariffs, the political economy of trade restrictions, and welfare. In Bhagwati, Jagdish N. (ed.). *Import Competition and Response* (Chicago: University of Chicago Press).

Flam, Harry (1992). Product markets and 1992: Full integration, Large gains? *Journal of Economic Perspectives* 6:7-30.

Garber, Peter M. (ed.). (1993). *The Mexico-US Free Trade Agreement* (Cambridge, Mass: MIT Press).

Grossman, Gene M., and Helpman, Elhanan (1994). Protection for sale. *American Economic Review* 84:833-850.

———. (1995a). Trade wars and trade talks. *Journal of Political Economy* 103:675-708.

———. (1995b). The politics of free trade agreements. *American*

Economic Review 85:667-690.

———. (1996). Electoral competition and special interest politics. *Review of Economic Studies* 63:269-286.

Hillman, Arye L. (1982). Declining industries and political-support protectionist motives. *American Economic Review* 72:1180-1187.

———. (1989). *The Political Economy of Protection* (Chur: Harwood).

Hillman, Arye L., and Ursprung, Heinrich (1988). Domestic politics, foreign interests, and international trade policy. *American Economic Review* 78:729-745.

Johnson, Harry G. (1953—1954). Optimal tariffs and retaliation. *Review of Economic Studies* 21:142-153.

Jones, Ronald W. (1971). A three factor model in theory, trade and history. In Bhagwati, Jagdish N., et al. (eds.). *Trade, Growth and the Balance of Payments: Essays in Honor of C. B. Kindleberger* (Amsterdam: North-Holland).

Long, Ngo Van, and Vousden, Neil (1991). Protectionist responses and declining indus-tries. *Journal of International Economics* 30: 87-103.

Magee, Stephen P., Brock, William A., and Young, Leslie (1989). *Black Hole Tariffs and Endogenous Policy Formation* (Cambridge: Cambridge University Press).

Magelby, David B., and Nelson, Candice J. (1990). *The Money Chase: Congressional Campaign Finance Reform* (Washington, D.C.: The Brookings Institution).

Mayer, Wolfgang (1981). Theoretical considerations on negotiated tariff adjustments. *Oxford Economic Papers* 33:135-153.

———. (1984). Endogenous tariff formation. *American Economic Re-*

view 74:970-985.

Mayer, Wolfgang, and Li, Jun (1994). Interest groups, electoral competition, and probabilistic voting for trade policies. *Economics and Politics* 6:59-77.

Olson, Mancur (1965). *The Logic of Collective Action* (Cambridge, Mass: Harvard University Press).

Peltzman, Sam (1976). Toward a more general theory of regulation. *Journal of Law and Economics* 19:211-240.

Putnam, Robert (1988). Diplomacy and domestic politics: The logic of two-level games. *International Organization* 42:427-460.

Rodrik, Dani (1986). Tariffs, subsidies, and welfare with endogenous policy. *Journal of International Economics* 21:285-296.

———. (1995). Political economy of trade policy. In Grossman, Gene M., and Rogoff, Kenneth (des.). *Handbook of International Economics*, vol. III (Amsterdam: North-Holland.)

Shepsle, Kenneth A. (1990). *Models of Multiparty Electoral Competition* (Chur: Harwood).

Stigler, George (1971). The theory of economic regulation. *Bell Journal of Economics* 2:3-21.

第7章 自由贸易协定的政治学[*]

最近以来，政府经常举行会议讨论它们建立双边或者地区贸易安排的可能性。美国已经与以色列、加拿大和墨西哥达成了双边协定，并且将寻求与智利并且大概还有其他拉美国家进行对话。欧盟将其成员扩展到包括希腊、葡萄牙和西班牙，并且已经与中东欧国家讨论了最惠国安排问

---

[*] 本文由格罗斯曼和赫尔普曼共同完成。最初发表在《美国经济评论》（*American Economic Review*）第105卷（1995年9月号），667~690页。版权归美国经济学会（1995）所有。这里重印得到了允许。国家科学基金会、美—以两国科学基金会和CEPR提供了财政支持。格罗斯曼还对John S.Guggenheim纪念基金会、住友银行基金、大和银行基金和普林斯顿大学国际研究中心表示感谢。我们感谢Raquel Fernandez, Paul Krugman, Torsten Persson, Dani Rodrik和匿名评阅人的有益评论。

题。一些东盟成员国已经在为建立太平洋自由贸易区竞相奔走,并且,阿根廷、巴西、巴拉圭和乌拉圭已经签署协议要建立南方共同市场(MERCOSUR)。

这些贸易谈判从来都不容易,并且通常并不成功。人们只需要在最近美国关于 NAFTA 的争论或欧洲关于加入欧盟的争论中就可以看出由预期的贸易协定引发的政治摩擦。在这篇文章中,我们试图分析某些政治压力,这些是当一个政府考虑是否加入一个新的贸易协定时所受到的。特别是,我们要研究下面的问题。假定两个国家存在谈判自由贸易协定的机会。这些国家间的自由贸易协定在政治上可行吗?如果可行,协定将采取什么形式?

这些问题把我们带到了国际关系现实中。在政治学和经济学中,对国际关系的传统研究运用"国家主义的"分析模式[关于这一点的讨论见 Peter F.Cowhey(1990)]。在这种方法中,国家被看作为统一的、追求某些定义良好目标的理性行为者。例如,在经济分析中,通常假定国家寻求最大化总体国家福利。那么,这些分析集中于政府间博弈的性质。就像罗伯特·帕特纳姆(1988),我们将国际关系看作包括两个截然不同阶段的策略性相互行动。首先,存在一个初始阶段。在这个阶段,每个国家不同利益之间的政治竞争决定了政府的政策偏好。然后,存在一个相互妥协的阶段,这决定了国际均衡。而且,我们认为,没有一个阶段不考虑另一个就能够得到恰当的分析。不可避免地,国际相互依赖为国内政治竞争设定了参数,而国内政治环境又限制了政府能够在国际上采取的行动。在这里和在一篇检验对非歧视关税水平进行多边谈判的论文中,我们通过将两阶段策略性相互行动融入单一序贯博弈而采用了这种观点。

在处理一个国家竞争性利益集团之间的斗争时,我们运用了在格罗斯曼和赫尔普曼(1994a)中发展出的分析框架。这个框架强调了代表产业特殊利益的游说集团与执政政府之间的相互关系。在我们的模型中,游说集团向政治家提供政策导向的运动捐献,而政治家要做出服务于其政治目的的决策。在这种情况下，一个国家的政策立场反映了组织起来的特殊利益集团的相对政治力量，并且反映了政府对一般选民福利关心的程度。

本文是这样组织的。第 1 部分发展了一个分析框架，描述经济和政治相互关系以及 FTA 对不同主体福利的影响。在第 2 部分，我们集中于"最初阶段"，并且要问，什么时候一个国家的政府才可能愿意认可一个要求所有双边贸易都完全并立即自由化的协定。两个国家双边谈判的结果形成了我们第 3 部分讨论的基础。在第 4 部分，我们考虑了 FTA 可能将某些特别敏感的部门排除在外的可能性，或者它可能考虑了某些调整的延长时期。我们表明，对容许 FTAs 类型的 GATT 规则更自由的解释如何提高政治可行性，并检验了在该协定下哪种产业获得豁免权的决定因素的政治学。结论部分概述我们的发现。

7.1 分析框架

我们分析两个相互联系并与其他国家也相互联系的小国的贸易政策。这些国家生产和交易多种产品，所有产品的国际价格都标准化为 1。最初，每个国家为了遵守 GATT 的最惠国条款，不考虑产品的来源，对所有商品的进口都征收相同的关税。现在，两个国家有机会讨论 FTA。我们的目标是确定两个国家的政治和经济条件，这些条件将使两个政治上有意向的政府达成该合约。

我们假定，存在在每个国家都不征税的单位商品 0 和 n 种其他商品。在最初均衡中，这些商品中的某些部分是由一个或两个小国进口的，而其他商品都可能是被出口的。我们承认 GATT 规则，排除国家对本国商品出口补贴的可能性。我们也忽视出口税，出口税在美国是违反宪法的，并且在其他国家也很少使用。这样，我们假定，每个国家中出口的任何商品的国内最初价格为1。对于进口品,这可能受制于武断的进口关税。我们让 τ_j^i 表示1加上 j 国 i 产品的最初关税率,其中,j = A,B。由于我们已经将国内价格标准化,这些也是 j 国进口品的国内价格。[1]

GATT 的 XXIV 条款允许存在最惠国原则的特定例外。如果它们取消相互间对"实际上全部贸易"的"关税和其他商业限制",国家可能进入双边或地区协定。GATT 规则也考虑了关税同盟——成员国对与其他国家发生的交易征收共同的外部关税——和*自由贸易区*——国家保持独立的外部关税,并对它们实施原产地规则。在这篇文章中,我们只研究后一种类型的协定。GATT 规则进一步规定,强加的外部关税必须不高于此前征收的关税。当这个要求的可操作含义存在疑问时〔见 John McMillan(1993)〕,我们要求对这样一个假定放松解释,这个假定为,在可能形成的任何 FTA 中,最初关税 τ_j^i 继续适用于从世界其他国家的进口。[2]

在 GATT 条款 XXIV 中,短语"实际上全部贸易"已经被解释为在构建贸易协定时允许某个范围。很典型的情况为,地区和双边贸易协定排除少数在政治上敏感的部门,并且详细阐明了对其他一些国家的延长时间。首先,我们将忽略这种有限的弹性程度,并且将 GATT 规则解释为要求所有商品必须在协定各方之间自由贸易。但是,后面我们将会放松这个假定,并且假定国家可能从协定中排除某些部门。然后,我们将继续对 A、B 两国排除在外的商品贸易征收最初的最惠国关税。

7.1.1 经济和政治主体的目标

两个小国经济的定性特征是相同的。我们描述了其中一个国家的结构,但暂时忽略了每个国家隐含地与每个函数和变量相联系的特征。

国家有选民规模为1的人口。在国家内部,个人有相同的偏好

$u(\mathbf{c}) = c_0 + \sum_{i=1}^{n} u_i(c_i)$，其中，$c_i$ 表示对商品 i 的消费，$u_i(\cdot)$ 是一个单调递增的凹函数。这些偏好表明了每个人对商品 $i = 1, \cdots, n$ 的需求 $D_i(q_i)$，对商品 0 的需求为 $y - \sum_{i=1}^{n} q_i D_i(q_i)$，其中，$q_i$ 表示商品的国内消费价格，y 表示个人支出。同样的需求函数也适用于总体情况，只是要用对产品 0 需求的总支出替代个人支出。

商品 0 的生产只使用劳动一种要素，每单位劳动生产一单位产出。其他商品中的每一种都是按照劳动和部门专用要素的不变规模收益生产出来的。既然商品 0 的国内价格被标准化为 1，在这种产品生产的任何均衡中，竞争性工资必定等于 1。那么，产业 i 中使用的专用要素将获取收益 $\prod_i(p_i)$，其中，p_i 表示国内生产价格。产品 i 的总需求为 $X_i(p_i) = \prod_i'(p_i) > 0 (i = 1, \cdots, n)$。

我们假定，专用要素的所有权在全部人口中是高度集中的。事实上，我们考虑了一种极端情况，这些要素的所有者只占全部选民人口中可以忽略不计的一部分。这种特定要素的所有者在为他们生产的产品设定较高的国内价格上有共同利益，因此支持免受国外竞争的保护。我们假定，大概因为政治家们在数量上非常少，可以克服曼瑟尔·奥尔森（1965）所描述的"集体行动问题"，并且会为了共同的政治目标一起工作。在部门 i 中使用的要素的所有者形成一个特殊利益集团，他们积极参与最大化联合福利的政治行动。[3]

就像在格罗斯曼和赫尔普曼（1994a，1995）中一样，我们假定，当权政府处于制定贸易政策的地位，这一点意味着它要么为自由贸易协定工作，要么终止讨论。政治家可能会从不同利益集团那里接受捐献，而这些利益集团希望影响决定。政治家对这些捐献作出估价——因为这些捐献可能有助于他们再次当选或为了其他目的——但是他们也考虑一般选民的福利。每个人的福利将进入当权政府的目标函数，比如说，如果某些选民对贸易政策的影响有充分的信息，并且他们将自己的选票部分建立在生活标准上。我们假定，政府的目标采取简单的线性形式，$G \equiv \sum_i C_i + aW$，其中，C_i 是代表产业 i 的游说集团的运动捐献，W 是总（和每个人的）福利，a 是反映政府相对于自身对运动捐献偏好而言的、对一般选民福利敏感性的指数（可能为零）。[4]

每个人都从消费产品 i 中得到剩余 $S_i(q_i) \equiv u_i[D_i(q_i)] - q_i D_i(q_i)$，其中 $i = 1, \cdots, n$。他或她也从政府那里得到一次性总付的转移支付，它表示以平等、每个人为基础向公众发放的总关税收益份额。选民的总福利由下式给定：

$$W = L + \sum_{i=1}^{n} \prod_i (p_i) + \sum_{i=1}^{n} (\tau_i - 1) M_i + \sum_{i=1}^{n} S_i(q_i) \quad (1)$$

式中，L 是总劳动供给量，因此，（1）式右边表示劳动收入、利润、关税收益和总消费者剩余的和。在最惠国关税的最初情况下，$p_i = q_i = \tau_i$ 并且 $M_i = D_i - X_i$，因此，当对所有的 i 而言，τ_i 等于 1 时，W 实现最大化。就像通常情况，无论什么时候出现小国对自由贸易的背离，它们都会遭受总体福利损失。

在经济中，产业 i 使用的专用要素的少数所有者获得的消费者剩余可以忽略不计，得到的下发的关税收益部分也可以忽略不计。这样，这些要素所有者的目标可以近似等于 $\prod_i (p_i) - C_i$，这是其政治捐献的收益净值。我们用 $\prod_{iN}$ 表示没有协定达成、产品继续按照 $p_i = \tau_i$ 的价格销售时的总体产业利润，同样，我们让 $\prod_{iF}$ 表示 FTA 下的产业利润，当然，它依赖于在签署协定时采用的生产者价格。接下来，我们将讨论这些界定必定是什么。但是，我们首先描述政治博弈的性质。

7.1.2 政治博弈

利益集团在政治博弈中采取行动。它们向本国当权的政治家提供财政支持，将捐献与政府关于贸易协定采取的行动联系起来。[5]这遵循格罗斯曼和赫尔普曼（1994a）。在那里，我们运用了B·道格拉斯·贝纳姆和米契尔·D·惠斯顿关于关税形成问题的菜单拍卖观念。在我们以前的论文中，我们让利益集团设定关税安排。在这些捐献安排中，每个运动捐献都是政府选择的贸易税向量的函数。在这里，政府只有两个选择：签署协定或者不签署。因此，与政策相关的捐献安排只需要包含两个数字：C_{iF}和C_{iN}，它们分别是与FTA的实现和当前连续性相关的捐献。

事实上，对利益集团而言，对这两个政策结果许诺正的捐献都不是最优的，因为如果不影响政府决策的话，它本来可以等额地削减这些捐献。当然，利益集团不希望给政府额外激励以选择与其利益相反的结果。这样，每个利益集团只需要提供一个数字，它表示其偏好的结果被选择时的捐献。我们将每个利益集团的捐献限制在不超过政府如果遵循其偏好所能够获得的收益。[6]

利益集团非合作地制定捐献（尽管我们一度允许它们相互沟通）。那么，由于面对一系列捐献，政府按照贸易情况采取自己的立场。当且仅当$\sum_i C_{iF} + aW_F \geqslant \sum_i C_{iN} + aW_N$（其中，$W_R$是体制为$R$时的总福利，$R=F, N$）时，政府签署FTA。

7.1.3 FTA下的经济均衡

在接下来表明这种政治博弈结果的特征之前，我们先讨论FTA将会对每个国家的选民和特殊利益集团产生什么影响。我们的经济分析建立在马丁·理查森（Martin Richardson，1992）的基础上。

我们集中于讨论一种特定的商品i。在最初的均衡中，如果两个国家都恰好出口这种商品，那么每个国家的国内价格都等于1，并且FTA将不会对产量、利润和消费水平产生影响。当至少一个国家最初按照正的最惠国关税进口这种商品时，更有趣的情况将会出现。在不失去一般性的前提下，我们考虑一个 $\tau_i^A > \tau_i^B \geqslant 1$ 的产业。

图7—1表明了A国的进口需求和B国三条总供给曲线的位置。假定B国的专用要素禀赋相对较少，比如为 $X_i^B[1]$，以便那个国家在价格为 τ_i^A 时的总供给量不能满足A国的进口。那么，在FTA下，A国必须继续从世界上其他国家进口，其国内价格必须保持在 τ_i^A。B国的生产者宁愿在A国市场上以更高的价格 τ_i^A 而不是以国内市场上的更低价格 τ_i^B（如果这种产品最初就是出口品，那么其值将等于1）销售产品。在FTA达成之后，这些生产者将把所有产品都出口到A国，并且B国的消费者通过从世界其他国家进口产品满足所有需求。FTA对A国的生产者和消费者价格没有影响，或者对B国的消费者价格没有影响。它只会提高支付给低关税国家生产者的价格，而事实上这些生产者可以获得高关税国家的保护［相关观点见Anne O. Krueger (1993)］。我们将把这一点看作提高保护的情况。

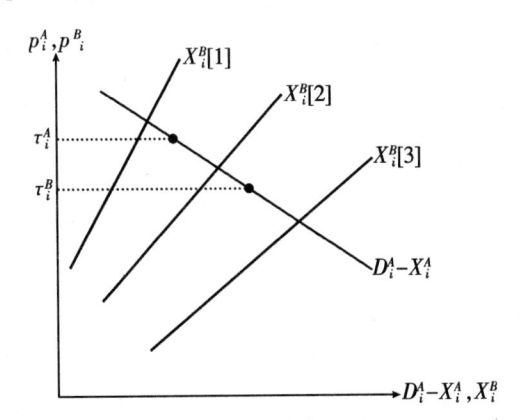

图7—1 FTA的产业影响

在相反的极端情况下，B国专用要素的禀赋可能如此巨大以至于这个国家的生产能够以更低的价格 τ_i^B 满足A国的进口需求。在这种情况下，即图中的 $X_i^B[3]$ 所表示的，A国的国内价格将下降到 τ_i^B。现在，B国将成为A国所有进口的来源，并且B国的生产者也会在本国市场上销售产品。B国的消费者将按照协定签署前的价格进行支付，并且生产者继续获得这个数额的支付。但是，A 国的生产者将比以前得到的更少。这就是降低保护的情况。

最后，曲线 $X_i^B[2]$ 代表了一种中间情况，B 国的供给曲线与 A 国的进口需求曲线在价格 τ_i^A 和 τ_i^B 之间相交。在这种情况下，当 B 国生产者将产品出口到价格更高的市场上时，这种产品将恰好足以满足该价格下的进口需求，从而本国居民不会需求从世界其他国家的进口。B 国的生产者在 A 国市场上得到均衡价格，它高于 τ_i^B 但低于 τ_i^A。B 国消费者从世界其他国家进口，支付的价格与协定签署之前相同，都为 τ_i^B。

这里的主要一点是，依靠 B 国潜在的生产规模，B 国生产的边际产品可能在 A 国受保护的市场上销售，在 B 国不受保护的市场上销售，甚至可能在世界市场上销售。B 国生产者得到的价格和 A 国所有主体面对的价格将因此而变动。表 7—1 简要表明了这些观点。

表 7—1　　　　　FTA 下的结果（$\tau_i^A > \tau_i^B$）

结果	提高保护	中间情况	降低保护
A 国从世界其他地方进口？	是	否	否
B 国消费本国的产品？	否	否	是
A 国的生产价格 A 国的消费价格 B 国的生产价格	τ_i^A	$> \tau_i^B$ $< \tau_i^A$	τ_i^B
B 国的消费价格	τ_i^B	τ_i^B	τ_i^B

7.1.4　FTA 对经济利益的影响

现在，我们准备描述 FTA 对每个国家专用要素所有者的利润和一般选民福利的影响。我们继续集中于一种单一产业，其中 $\tau_i^A > \tau_i^B \geqslant 1$。当然，协定对总福利的影响反映了其在不同产业影响之和，包括 $\tau_i^B > \tau_i^A \geqslant 1$ 的产业。

首先，考虑一个拥有提高保护的产业。B 国的生产者从他们优先

第 7 章 自由贸易协定的政治学

进入 A 国高度受保护市场中获益。他们的收益等于 $\Delta \prod_i^B = \prod_i^B(\tau_i^A) - \prod_i^B(\tau_i^B)$。既然 A 国国内价格不变,其生产者不受影响。对于福利,A 国的惟一影响是关税收益损失。这个对最惠国关税条件下该产业的所有进口征收关税的国家,在 FTA 下就不能够从对伙伴国的进口 $X_i^B(\tau_i^A)$ 中征收任何关税。A 国的福利变化等于

$$\Delta W_i^A = -(\tau_i^A - 1) X_i^B(\tau_i^A)$$

当然,这个福利损失相当于**贸易转移**——这在关税同盟文献中非常普遍——的逆效应。

在 B 国,正被考虑的产业对总福利的贡献是上升的。这个收益由两部分组成。首先,就像我们已经提到的,产业中的利润上升。其次,该国从世界其他国家进口产品替代了前面提到的国内生产者的销售。假定 $\tau_i^B > 1$,该国从这些新进口的产品中取得附加税收益。福利的变化等于 $\Delta W_i^B = \Delta \prod_i^B + (\tau_i^B - 1) X_i^B(\tau_i^B)$。我们注意到,A 国的福利损失超过 B 国的福利收益,反映了与贸易转移有关的全球效率成本。

对每一个经历了已经降低保护的产业而言,低关税国家生产者得到的价格不会改变。这些出口者没有从协定的签署中获得收益,然而 A 国的生产者遭受了不断加剧的进口竞争。利润变化的表达式为 $\Delta \prod_i^A = \prod_i^A(\tau_i^B) - \prod_i^A(\tau_i^A) < 0$。在 A 国,因为现在所有的进口都来自伙伴国,该产业的关税收益下降到零。但是,选民们作为消费者能够从这种产品国内价格的下降中获益。该产业对总福利变化的贡献为 $\Delta \prod_i^A = \Delta \prod_i^A - (\tau_i^A - 1) M_i^A(\tau_i^A) + S_i^A(\tau_i^B) - S_i^A(\tau_i^A)$,该值可能为正,也可能为负,这要看从贸易创造中得到收益和从贸易转移中遭受损失的相对规模。在这种情况下,B 国只能够得到额外关税收益

$[\Delta W_i^B = (\tau_i^B - 1) M_i^A(\tau_i^B)]$，但两国的联合福利收益是确定的。

中间情况包含了其他两种情况的要素。生产者在 B 国受益，在 A 国受损。总福利在 B 国上升而在 A 国下降。对两个国家联合福利的影响是模糊的。由于在这种情况下，没有新内容，我们不再详细讨论。

总之，FTA 对与特定产业利益相关的经济主体而言有几种不同的联合影响。在 FTA 下向伙伴国出口产品的国家的生产者有时受益，但从不受损。这些生产者构成了从政治上支持这个协定的一个潜在根源。另一方面，在该协定下从伙伴国进口产品的国家的生产者从来不会受益，而且有时候要遭受损失。这里，我们发现了潜在的一致性。在 FTA 中公众的利益更说不清楚。如果大多数商品出口到伙伴国，总福利必定增加，出口国的消费者剩余从来不会下降，而关税收益一般会上升。如果大多数商品进口，总福利影响依赖于贸易创造和贸易转移力量的相对强度，这一点在歧视关税理论中众所周知。

7.2 单边情形

我们准备开始对均衡结果进行研究。我们首先集中于一个国家内部的政治关系。这决定了国家的单边姿态，即如果政府相信其决定采取的立场将会决定协定的命运时所采取的姿态。我们的目标是描述这样一种政策立场，它可以作为政府对国家利益集团均衡行为的最优反应而受到支持。为了实现这个目的，我们采用如下定义。

定义 1：选择体制 $R \in \{N, F\}$ 是一个单边姿态，如果存在一系列政治捐献 $\{C_{iN}, C_{iF}\}$，游说集团 i 选择其中一个，以便：

(a) $C_{iK} \geqslant 0$，$K = N, F$，并且是对所有的 i；

(b) $C_{iK} \leqslant \max(0, \prod_{iK} - \prod_{iJ})$，$J = N, F; K = N, F; J \neq K$；

第 7 章 自由贸易协定的政治学

(c) $\sum_i C_{iR} + aW_R \geqslant \sum_i C_{iK} + aW_K, K = N, F$；

(d) 对所有的游说集团 i，不存在捐献 $\hat{C}_{iN} \geqslant 0$ 和 $\hat{C}_{iF} \geqslant 0$ 以及体制 $\hat{R}_i \in \{N, F\}$，使得：

（ⅰ） $\hat{C}_{i\hat{R}} + \sum_{j \neq i} C_{j\hat{R}_i} + aW_{\hat{R}_i} \geqslant \hat{C}_{iK} + \sum_{j \neq i} C_{jK} + aW_K,$
$$K = N, F$$

和

（ⅱ） $\prod_{i\hat{R}_i} - \hat{C}_{i\hat{R}_i} > \prod_{iR} - C_{iR}$

这个定义规定，支持单边姿态的政治捐献必须非负，并且不超过某个利益集团在其偏好体制下能够得到的收益。为了实现自己的政治目标，利益集团捐献诱使政府采取立场 R 而不是相反，并且对任何游说集团而言，不存在可以替代的捐献，使得在给定其他游说集团捐献安排和政治家预期最优的情况下，能够使游说集团获得更高的净收益。

我们发现，对于给定系列的参数值而言，存在两类一般的单边姿态。我们将一种看作是不受压力影响的。在这种情况下，尽管不存在任何激励政府这样做的捐献提供，它都给出了自己已经选择的立场。相反，受到压力的姿态是这样的，政府采取立场是作为对利益集团支持的反应。现在，我们得出下列结果：

结果1：存在一种不受压力的姿态支持体制 R，当且仅当

$$a(W_R - W_{\tilde{R}}) \geqslant \max[0, \max_i(\prod_{i\tilde{R}} - \prod_{iR})] \qquad (2)$$

式中，$\tilde{R}$ 是 R 的可替代选择。

这个结果说明，在没有压力集团的情况下，政府站在公共福利的角度宁愿选择体制 R，而不是选择另一个体制。而且，不存在支持另一种政策的游说集团。在体制 R 下，该集团遭受的损失如此巨大，以至于从考虑普通选民利益的角度看，它会让政府左右摇摆。

证明过程是直接的。首先，假定所有的捐献提供都为零（即，对所有 i 而言，$C_{iR} = C_{i\tilde{R}} = 0$）。然后，政府选择社会偏好的立场，并且，如果（2）得到满足，没有一个游说集团发现，在另一个集团捐献为零时，诱使政府改变立场有利可图。这可以得出，对于没有压力集团的情况而言，对于选择体制 R，（2）就是充分条件。对于必要性，很明显，在没有任何支持那个立场的捐献时，如果政府选择体制 R，我们必须有 $W_R - W_{\tilde{R}} \geq 0$，并且如果对任何 i 而言，有 $a(W_R - W_{\tilde{R}}) < \prod_{i\tilde{R}} - \prod_{iR}$，那么游说集团 i 能够通过捐献多于 $a(W_R - W_{\tilde{R}})$ 但少于 $\prod_{i\tilde{R}} - \prod_{iR}$ 的资金进行可以获利的偏离，从而诱使政府选择体制 $\tilde{R}$。

接下来，我们检验以已选择体制的预期收益人给定运动捐献为特征的政策立场。当对至少一个游说集团 i 而言，存在 $C_{iR} > 0$ 时，政府必须在两种政策选择之间无差异（即，$\sum_i C_{iR} + aW_R = \sum_i C_{i\tilde{R}} + aW_{\tilde{R}}$）。否则，为支持体制 R 而提供正捐献的一个游说集团将会减少其捐献，而不影响最终结果，从而提高其净收入。我们一旦知道了政府是无差异的，也就知道了受损方的每个游说集团（即那些宁愿支持 $\tilde{R}$ 而不支持 R 的游说集团）为支持 $\tilde{R}$ 进行捐献，捐献额将为在 $\tilde{R}$ 下遭受损失的总额；否则，一个这样的游说集团将会发现为支持 R 而稍微提高其捐献有利可图，因而倾向于实现政策平衡。当然，得利方也没有一个游说集团的捐献额超过其在 R 下得到的超额利润，并且如果政府可选择的预期利益相反，没有一个游说集团会捐献。将这些考虑合并在一起，就得出了我们的第二个结果。

结果 2：如果存在一个支持体制 R 的压力集团，那么

$$\sum_i \prod_{iR} + aW_R \geq \sum_i \prod_{i\tilde{R}} + aW_{\tilde{R}} \tag{3}$$

条件（3）表明，在受到压力集团影响的情况下，得到支持的体制最大化总利润和 a 倍平均福利的加权和。接下来，如果这种情况

存在，它选择的政策结果就是（一般地）惟一的。存在性要求

$$aW_R < aW_{\tilde{R}} + \sum_{i \in S_{\tilde{R}}} (\prod_{i\tilde{R}} - \prod_{iR})$$

式中，$S_{\tilde{R}}$ 是偏好体制 $\tilde{R}$ 的游说集团集合，R 是满足（3）的体制。换句话说，当体制 R 的每一个反对者为另一种立场进行最大限度的支付时，无论什么时候体制 R 支持者的正捐献对诱使政府选择这个立场是必需的，受到压力的立场都存在。当这个不等式不能满足时，R 的支持者将不会提供任何捐献，以确保政府仍然选择他们偏好的立场。

对某些指数值而言，受到压力和不受压力的立场同时存在是可能的。在那种情况下，两种立场可能选择同样的政策结果。但是这不一定是事实。然而，没有受到压力的立场通常支持社会偏好的体制，而受到压力的立场可能会选择伤害一般选民的体制。在相对于体制 $\tilde{R}$ 能够从 R 中获得的总利润超过社会福利损失 a 倍时，这种情况可能会发生。

在受到压力和不受压力的情况都存在，并且支持不同的政策立场时，可能存在强有力的原因主要讨论受到压力的情况。在这些情况下，当我们允许游说集团之间的有限合作度时，不受压力的情况作为均衡将不存在。特别是，考虑避免联合的均衡概念，就像贝纳姆等（1987）所讨论的。这个对纳什均衡的修正拒绝任何结果。对这些结果而言，存在一系列博弈者联合起来的行动以便：（ⅰ）在给定联合集团非成员行动的情况下，联合集团中的每个成员都能够获得与纳什均衡一样高或更高的支付；（ⅱ）每个联合集团成员支持的行动都是对其他成员支持或给定行动的最优反应。这一个修正最好运用于博弈者可以相互交流但不能够达成联合协定的情况。交流可用于清楚说明联合集团成员所支持行动的全部，以便每种交流都能够实现，它能够从跟随提议者的过程中获益，并且它和其他人没有欺骗的动机，假定所有成员都像提议的那样做。

无论什么时候它选择了不同于受压力情况的体制,不受压力的立场都不能够避免联合。为了理解为什么,假定对于 R 而言,(2) 满足;对于 $\tilde{R}$ 而言,(3) 满足。在不受压力的情况下,R 的所有支持者都什么也不捐献。受 R 伤害的产业可能支持所有这些产业支持的联合。它可以提议,成员们的捐献足以使得捐献仅仅克服政府对选民反对的敏感性,因为没有要求成员们的捐献超过其收益。那么,给定这个联盟非成员的捐献为零,政府将被诱致选择体制 $\tilde{R}$。每个集团成员将会从这种偏离中获益,并且每个成员都将自己看作最关键者,并且也没有欺骗的动机。既然我们已经假定对于 $\tilde{R}$ 而言,(3) 得到满足,联盟成员的集体收益就足够大到允许这种提议被设计出来。很明显,在这些情况下,不受压力的情况依赖于这种已经选择体制的反对者在调和它们的政治行动中的无能为力。

贝纳姆和惠斯顿(1986)已经表明,在菜单拍卖中,所有避免联合的均衡在最大化委托人和代理人联合福利的行动集合中选择行动,并且这个集合中的许多元素可能作为避免联合的均衡得到支持。这里,政府作为许多利益集团的代理人行动,并且条件(3)表示联合福利最大化的要求。因为通常存在最大化联合福利的体制,我们证明下面的情况。

结果 3:避免联合的情况通常会存在。当且仅当(3)得到满足时,这种情况支持体制 R。

结果 2 和 3 直接意味着,*所有受到压力的情况都是避免联合的*。这完成了我们单一政体下均衡关系的讨论。总之,通常存在至少一种单边立场的情况。这种立场可能受到压力,也可能不受压力。但存在受到压力的情况时,它通常支持最大化游说集团和政治家联合福利的(一般地)单一体制。当不受压力的情况存在时,它支持让一般选民受益的体制。当两种情况都存在时,它们可能支持或者可能不支持相同的结果。如果它们不支持,那么只有一种受到压力的情况会是避免联合的。在这种情况下,对于游说集团联合而言,通过最低限度地协调它们的政治行动而扰乱不受压力的情况是可能的。

7.3 均衡协定

现在，我们转向国际谈判。我们避免例外的使两国政府只有很小的谈判空间。原则上，它们可能对在潜在协议条款下，从一个国库到另一个国库的补偿支付进行谈判。在许多地区贸易协定中，这种补偿安排起重要作用，就像欧洲共同市场。但是，转移仍然像例外而不是规则（例如，它们没有包括在 NAFTA 的条款中），而且即使它们被使用，在范围上也是有限的。当我们可以把（有限的或全部的）补偿机会包括在我们对 FTAs 的分析中时，我们选择集中于这种情况，即这种情况对避免麻烦的分类不起作用。

不存在转移时，FTA 要求两国政府的单方支持。如果每国的游说集团预期其他国家的政府遵循这个协定，它们会期望本国的政治考虑决定其命运。然后，它们将恰好像第 2 部分我们对单边情况的分析中描述的那样行事。[7] 在子博弈精炼纳什均衡中，对其他政府行为的所有预期都可以实现。这证明了下面的定义。

定义 2：当且仅当 $R = F$ 是两个国家的单边情况时，FTA 是均衡协定。

在这一部分，我们的目标是表明两个国家经济和政治条件的特征。在这些条件下，FTA 是作为均衡结果达成的。

在我们的分析中，将出现中心观点。我们认为，FTA 的政治可行性要求在协定双方的潜在贸易中充分"平衡"。为了激发这个观点，从一种极端情况开始是有益的。假定在当前情况下，A 国出口的所有产品也是 B 国的出口产品，并且 A 国在所有的进口竞争部门存在更高的最惠国关税。那么，在协定条款下，A 国完全不向 B 国出口。这意味着，A 国没有一个游说集团支持该协定。如果大多数产业经历着已经提高的保护，那么 A 国的福利将可能下降。在这种情况下，在 A 国可能不存在支持 FTA 的单边情况。另一方面，如果大多数产业经历着下降的保护，那么来自特殊利益集团的对协定的潜在反对将是巨大的。对 FTA 而言，在潜在贸易的极端不平衡情况下，这种惟一的机会将是，如果协定碰巧提高福利，并且相对立的利益集团不能够联合协调它们的游说行动，或者它们不能够召集足够的反对力量阻止这个协定。在甚至最后这种情况也不可能之后，最初的最惠国关税也是政治过程的结果。[8]

为了更精确地讨论平衡意味着什么，并且理解产业条件如何影响政治结果，我们转向特殊函数形式的特殊情况（但不是极端情况）。现在，我们假定两个国家的家庭具有相同的效用函数，其中，所有的非单位商品对称进入，并且每个 $u_i(\cdot)$ 都是二次方程。那么，j 国对任何商品 i 的总需求具有线性形式：

$$D_i^j(q_i^j) = D - bq_i^j \quad \text{其中}, i = 1, 2, \cdots, n \quad \text{并且} j = A, B \quad (4)$$

同样，每种商品的世界总供给是相同的，并且每个国家的供给没有弹性。我们假定，在产业的 s 部分，$X_i^A = \theta X$ 并且 $X_i^B = (1-\theta)X$，而在其他 $1-s$ 部分，$X_i^A = (1-\theta)X$ 并且 $X_i^B = \theta X$。换句话说，所有的产业是镜面对称的，A 国在某些产业有较大的供给，而 B 国在其他产业有较大的供给。这里，s 衡量潜在出口产业数目的不平衡性，θ 衡量任何一个部门产量的不平衡性。不考虑进一步失去的一般性，我们让 $\theta > 1/2$ 和 $s \geq 1/2$。

当然，FTA 的可行性也依赖于最初最惠国关税的结构。至此，我们一直将这些看作给定。但是，假定它们也是政治过程的均衡结果是有道理的。为了我们直观举例的目的，我们现在假定，每个国家最初保护进口竞争产业的最惠国关税是与这里描述的情况类似的捐献博弈结果。假定两个国家的政治家在其目标函数中都赋予总福利相同的权数 a，在格罗斯曼和赫尔普曼（1994a）中，假定 1 的应用给出了

$$\tau_i^j = 1 + \frac{X_i^j}{ab} \quad (j=A,B) \tag{5}$$

这是对在最初均衡中，所有有正进口的部门 i 而言的。

在这个例子中，不同类型结果的出现依赖于指数值的分配。我们将会考察三组不同的指数限制。当这些可能性没有包括所有的指数空间时，它们表明了所有可能起作用的不同因素。

限制 1：

$$\frac{D-b}{X} > 1 + \frac{\theta}{a}$$

由于对参数的这个限制，当（5）式中给定的最惠国关税应用时，在最初均衡中，在两个国家，所有的非单位商品都进口。国家 A 在其供给为 θX 的 s 部分产业中，有更高的进口关税，而 B 国在其他的 $1-s$ 部分产业中有更高的关税。这是因为在两个国家中政治过程是相同的，并且每个国家的特殊利益集团在最初支持最惠国保护中愿意捐献得更多，因为它们有更高的产量利益相关。

在所有的 FTA 下，每个国家将从伙伴国进口所有的那些商品，对这些商品征收的最惠国关税更高。这意味着，A 国将从 B 国进口 s 部分的非单位商品，并且 B 国将从 A 国进口 $1-s$ 部分的这些商品。而且，在限制 1 下，按照高关税国家协定签署前的国内价格，低关税国家的产量不能满足高关税国家的进口需求。因此，回想一下表 7—1，所有的产业都在提议的 FTA 下经历提高的保护。运用 7.1.4 小节的方程，可以直接计算部门 i 对总福利改变的贡献。我们发现

$$\Delta W_i^j = \begin{cases} -\dfrac{\theta(1-\theta)X^2}{ab} & \text{如果 } X_i^j = \theta X \\ \dfrac{\theta(1-\theta)X^2}{ab} & \text{如果 } X_i^j = (1-\theta)X \end{cases} \tag{6}$$

式中，$j=A,B$。注意，一个国家在总福利中得到的，就是另一个国家失去的。[9]

我们也能够计算 FTA 导致的利润变化。由于所有产业都经历了上升的保护，高关税部门中的不同进口竞争利益不会遭受任何利润损失。同时，在该协定下出口产业的要素所有者将全部获益。我们有

$$\Delta \prod_i^j = \begin{cases} 0 & \text{如果 } X_i^j = \theta X \\ \dfrac{(2\theta-1)(1-\theta)X^2}{ab} & \text{如果 } X_i^j = (1-\theta)X \end{cases} \tag{7}$$

式中，$j =$ A，B。

现在，我们打算检验单边情况。从 (6) 中，我们看到，在 A 国，不受压力的情形可能支持 FTA，仅当 $s = 1/2$ 时（也就是说，每个国家潜在出口产业的数量恰好相等时）。如果 $s = 1/2$，FTA 就是福利中性的，A 国的政府可能（在边缘上）支持一个协定，因为没有任何一个游说集团代表其利益。但是，如果 $s > 1/2$，从 A 国 s 部分的高关税产业受到的福利损失将超过从 $1 - s$ 部分的低关税产业获得的福利收益。对 FTA 而言，某些关于受益人部分的政治行动对物质化是必要的。

对于受到压力的情形，将会发生什么呢？运用 (6) 和 (7)，我们发现条件 (3) 表明对所有的 $s \geqslant 1/2$ 而言，B 国存在对协定的施压性支持，并且 A 国政府将被诱使支持协定，当且仅当

$$s \leqslant \frac{1}{2} + \frac{\theta - \frac{1}{2}}{2\theta - 1 + 2a\theta} < 1 \tag{8}$$

当 s 充分接近 1/2 时，(8) 中的不等式得到满足。那么，$1 - s$ 部分专用要素的所有者获得的潜在利润收益在总体上将足够大到超过一般选民的成本。另一方面，如果 s 接近于 1，那么从一般选民受到的预期伤害看，协定支持者的捐献将不足以使政府发生摇摆。对于给定的 s 值而言，政府赋予总福利的权数 a 越小，A 国受到压力的情形越可能支持 FTA，既然 A 国的福利在该协定下肯定下降。最后，在代表性产业中，潜在协定的政治可行性随供给不平衡程度的扩大而递

增，因为对出口者而言，在进口部门中，潜在的利润收益比社会福利损失随 θ 递增得更快。

限制2：

$$1+\frac{1-\theta}{a}>\frac{D-b}{X}>\theta+\frac{\theta}{a}$$

当这个限制满足的时候，在协定签署前的均衡中，所有的非单位商品又被两个国家进口。但是，现在运用关税方程（5），我们发现，在每个产业中，在低关税国家的价格水平上，低关税国家的产量足以满足其他国家的所有需求。这意味着，在该协定下，所有的产业都将经历下降的保护。

我们再计算每个国家中每个部门对总福利改变的捐献。我们发现，对于高关税部门，当存在贸易创造和贸易转移的相互抵消性影响时，答案依赖于参数值。[10] 同时，当所有这些低关税部门都成为出口部门时，每个国家的低关税部门对社会福利的贡献在 FTA 下上升。

加总所有这些产业，我们发现，FTA 将提高或降低 A 国的总福利。如果潜在出口产业均匀分布（$s=1/2$），总福利必定上升。那么，只要没有一个进口竞争产业有足够理由阻止它，在两个国家中不受压力的情形都将支持 FTA。对于这一点，专用要素的总数量超过 4 就足够了。另一方面，如果 $s=1$，仅当进口竞争部门贸易创造的收入效应足够大时，A 国的总福利上升。这样，即便在 FTA 下受到伤害的特殊利益也不能够结合成一个（非合作性的）联盟，协定的命运仍然悬而未决。

如果特殊利益集团在关于 FTA 的政治斗争中的确相当积极，那么会出现什么情况？在减少保护的情况下，每个国家在政治上最有实力的生产者（即那些在最初的政治均衡中成功确保高壁垒的生产者）将受到协定的伤害。而且，潜在出口者将一无所获。当我们计算进口竞争产业的利润损失时，我们发现，对于 $s=1/2$ 而言，高关税产业 $n/2$ 的总利润损失超过总福利收益的 a 倍。因此，每个国家的受压力情形拒绝 FTA。随着 s 的递增，A 国的 FTA 产业反对者增长，而从协定中得到的潜在社会收益可能上升，也可能下降。但是，即使它上升，随着 s 的上升，利润损失也比福利收益的 a 倍更快。接下来，A 国受到压力的情形拒绝 FTA，不仅仅当产业在国家之间平均分布时，而且当所有的 $s \in [1/2, 1]$ 时。如果 A 国的特殊利益引起了避免联盟的情形，国际结果必定是现状的延续。

限制 3:

$$\theta > \frac{D-b}{X} > (1-\theta)\left(1+\frac{1}{a}\right)$$

在这种情况下，在最初的均衡中，每个国家产量为 θX 的生产者出口它们的产品。既然我们将出口补贴排除在外，它们只得到产品的国际价格。同时，当关税由 (5) 式给出时，在包含关税的国内价格水平上，产量为 $(1-\theta)X$ 的生产者不能够满足国内需求。在最初均衡上，这些部门受到保护。可以表明，在 FTA 下，所有产业都经历降低的保护，以便在贸易协定中，国际价格在所有部门实行。

出口部门再一次从 FTA 中一无所获。但是这次，这些部门对总福利的变化毫无贡献，就像没有关税收益可以在替代转向销售的进口中征收。在这种协定下，进口竞争部门的要素所有者将牺牲利润，然而这些部门对总福利的贡献扩大了。我们必须像往常一样估计 $\Delta \Pi_i^j$ 和 $a \Delta W_i^j$ 的总和，但是现在，总和只需要被 j 国的进口竞争产业替代。在每个这种产业中，关税收益由于贸易转移而降低，并且政治上受到激励的关税将被取消。既然 (5) 中的最惠国关税自身被设定为最大化政治目标函数，它们的消除必将缩减游说集团和政府的联合福利。接下来，在两个国家受到压力的情形下将拒绝协定。

让我们概括一下从这个例子中学到了什么，并且说明一下这个教训如何扩展到更一般的情况。首先，我们发现 FTA 的政治可行性要求 s 接近 $1/2$。这是一种判断，其中，国家之间的潜在贸易必定平衡：

第7章 自由贸易协定的政治学

每个国家必定存在足够数量的潜在出口者，它们通过游说支持协定，或者存在足够数量的部门能够确保获得福利收益；能够抵消掉贸易转移的潜在损失。这个结果不依赖于我们案例的特殊性。任何时候，FTA在一个方向上都有大量的贸易流量，进口国家的政治可行性将很可能悬而未决。可行性要求面临降低保护的产业占据优势，并且在数量上贸易创造将超过贸易转移，以便总收益是由该协定产生的。而且，既然降低的保护意味着进口竞争产业的损失，它必然要求希望阻止该协定的游说集团之间的协调失败。例如，贸易不平衡可能解释为什么美国在与几个亚洲贸易伙伴达成贸易协定时，要比其同北美的贸易伙伴达成协定困难得多。

其次，这个例子说明，政治可行性要求，与面对降低保护的数目相比，足够数量的产业经历提高的保护。在这个例子中，对某些满足限制1的参数而言，而不是对任何满足限制2或3的参数，FTA可以作为避免联盟的均衡出现。在这些情况的第一个中，提升的保护对所有的产业一直存在着，但是将来的出口者代表了支持该协定的潜在源泉。在第二和第三种情况下，进口竞争产业面对降低保护的预期，并且将会进行捐献以阻止它。回想一下提升的保护通常意味着作为贸易转移结果的联合福利损失（尽管这些损失在完全无弹性供给的例子中没有出现），然而降低的保护通常意味着源于贸易创造的联合福利收益。这样，这个例子表明更进一步得出的结论：为FTA的政治可行性必需的条件可能与确保其社会愿望的条件相矛盾。[11]

这个例子十分完整地传达了这个信息。甚至在我们的模型中，如果需求曲线是非线性的，可能存在提高效率的、通过政治集合的协定，并且我们的模型忽视了某些联合福利收益的其他源泉，这不一定意味着不存在对出口者的额外收益。例如，我们假定，所有的市场是全球一体的，并且国际价格先于任何协定设定了贸易条件。相反，如果我们让某些产品有较高的运输成本（或者在世界其他地方有更高的贸易壁垒），A国和B国的市场在最初就可能从外国的这些市场中分离开来。那么，一个国家的出口者将会从单边关税缩减中获益，即使对其他国家的消费者而言，价格下降了［见 Paul Wonnacott and Ronald Wonnacott (1981)］。同样，如果产品由于原产国有差别，进口国可能实现福利收益，而出口国会看着它们的收益上升。这里仍然存在一个一般的重要教训。无论什么时候贸易协定引发了贸易转移，都可能存在满足私人收益的狭隘利益，然而成本由所有纳税人承担。在政治过程中，在产业利益能够比纳税人利益得到更好代表的程度上，贸易转移对两个伙伴国资源低效率配置起作用的同时，将会提高政治可行性。

7.4 产业例外

正在考虑自由贸易协定的政府有能力制定合乎相对利益的协定。它们可以通过向某些部门提供较长的调整期，并将其他部门完全排除在协定之外的方式做到这一点。然而，国家的政府注定会在某些例外问题上存在冲突，因为每一方都寻求继续保护某些政治上强大的产业，而每一方都尽力从所有潜在出口者的市场准入中获益。均衡协定是这样一个协定，它反映了每个国家的政府受到的政治压力，也反映了讨价还价过程中的妥协。

在这一部分中，我们将表明产业例外如何使其他情况下不可能的 FTA 在政治上可行。我们也考察了数量的决定因素和某些例外部门的特征。我们这里使用"例外"不仅表示对协定的持续例外承认，而且是作为长期的一个隐喻。这种例外的数量不应该大到违反 FTA 必须使"实际上全部贸易"自由化的 GATT 详细条款。

7.4.1 单边情形

就像前面一样，我们从集中考虑单一国家的政治关系开始。我们考察了政府为了应对国内政治压力,将会选择哪种类型的协定(如果可能的话),前提是假定它说明了其FTA伙伴国的条件。当然,均衡协定不需要考虑类似单边情形的任何事情,但是在转向两国的讨价还价问题前,它有助于理解一个国家的政治过程。

现在,游说集团的捐献安排必须反映其政府可能采取的不同立场。一国政府可以选择完全拒绝一个协定,也可以遵循要求特定部门例外的协定,或者它可以寻求完全自由双边贸易的协定。原则上,游说集团可以将捐献与例外部门列表中所有条目的特征联系起来。然而,在我们的模型中,专用要素的所有者只关心自己产业的命运。预期来自伙伴国进口竞争加剧的产业,宁愿对它的保护尽可能长地保持下去,而希望发现新的或扩展出口市场的产业,将不希望看到它们的产品被排除在协定之外。我们假定,没有一般性损失,特殊利益只在影响其利润的结果中区分了捐献提供。每个游说集团 i 都恰好详细说明了三个数字,分别记做 C_{iN}、C_{iE} 和 C_{iI},它们分别代表了政府拒绝FTA时、达成FTA但产业 i 被排除在协定之外时和达成FTA并且产业 i 包含在协定中时的运动捐献。[12] 一旦FTA实施,例外部门仍然保持它们的最惠国关税。

我们按照与第3部分相同的方式定义单边情形。特别地,单边情形支持某种体制;政府要么完全拒绝协定 ($R = N$),要么在存在例外部门的特定集合(也许为空)时支持协定 ($R = F$)。在均衡情形下,比在满足GATT例外条款的任何可选择体制中,政府可以得到更大的政治福利 G。另外,在给定其他游说集团的捐献和政治家的预期最优时,没有一个游说集团能够以提高捐献利润净值的方式重新设计其捐献三角。

就像麦卡米兰(McMillan, 1993)所认为的,GATT关于自由贸易协定准入的规则一点也不清楚。协定必须自由化"实际上全部贸易"的要求可以被解释为,对协定例外产业的数量施加了一个限制,对排除在外的双边贸易部分施加了一个限制,或者也许对其他事情施加了限制。我们可以通过将该规则表示为 $\int_{i\in \mathcal{E}} T_i di \leqslant T$，来包含所有可能的情况，其中，$\mathcal{E}$ 表示例外产业集合，T_i 表示根据明显指标的部门 i 的规模，T 是约束强加的外生限制。例如，如果规则限制例外产业的数目，那么 T_i 是协定之前总贸易中产业 i 的份额。通过将规则写成积分形式，我们当然假定部门连续。这让我们避免了"整数问题"，它使得不进一步理解时的详细说明变得复杂。[13]

在描述作为对政治压力均衡政府反应而出现的单边情形时，参考政治上最优的例外集合 $\mathcal{E}(T)$，被证明是方便的。我们按照下面的方式定义这个集合。首先，我们对这些产业进行排序，以便 $i \in [0, n]$，并且 $g_i \equiv (\Delta \prod_i + a\Delta W_i)/T_i$ 随 i 递增。其次，我们给指数最低的部门指定标签 i_0，以便 $g_i = 0$。如果对所有的 i 而言，$g_i > 0$，那么 $i_0 = 0$。最后，我们定义 $\hat{i}$，使得

$$\int_0^{\hat{i}} T_i di = T$$

定义 3：政治上最优的例外集合 $\mathcal{E}(T)$ 是部门 i 的集合，其中 $i \in [0, \min(i_0, \hat{i})]$。

这个定义要求，对集合 $E(T)$ 中的任何产业而言，政府和要素所有者从自由化产品 i 的双边贸易中得到的联合收益必定非正，并且事实上比不在该集合中的部门更可能为负（当根据部门"规模"标准化时）。

我们的第一个结果考虑了避免联合的情形。

结果 4：$R = F$ 时，存在一个避免联合的情形，当且仅当

$$\int_{i\in E(T)} (\prod_{iN} + aW_{iN}) di + \int_{i\notin E(T)} (\prod_{iF} + aW_{iF}) di \geq \int_i (\prod_{iN} + aW_{iN}) di \tag{9}$$

在这种情形下,部门 $i \in E(T)$ 被排除在协定之外。

(9) 式的左边部分给出了在具有例外部门 $E(T)$ 的 FTA 下,所有游说集团和政府的联合福利,而右边部分给出了当前各方的联合福利。这个结果源自贝纳姆和惠斯顿 (1986) 的定理 3。该定理认为,在菜单拍卖中,每个避免联合的均衡都从最大化委托人和代理人联合福利的行动中选择一种。[14] 在避免联合的单边情形中,对例外集合规模的限制是固定的,当且仅当存在不只一个对产业的衡量 T 时 (这是以相关方式衡量的,比如数目、贸易量等等)。其中,要素所有者在协定达成所获利润中的损失超过一般选民能够得到收益的 a 倍。例外产业是那些在政治上最敏感的产业,这是在这样一个意义上说的,即如果它们被包括在内,将给专用要素所有者和政治家作为一个整体强加最大的成本。

避免联盟的情形可以得到"信任捐献"的支持,其中:(i) 每个游说集团对于被排除在外提供的捐献,与协定直接被拒绝提供的捐献相同 (对所有的 i,都有 $C_{iE} = C_{iN} \geqslant 0$);(ii) 所有 $j \notin E(T)$ 的产业都为排除在外提供捐献,其数量恰好等于它们被包括在协定之内就会遭受的损失 (如果可能的话);(iii) 所有 $i \in E(T)$ 的产业都为排除在协定之外进行捐献,其数量最多等于从保持贸易壁垒中获得的收益,并且恰好等于确保它们被排除在外所必需的。在至少某些从 FTA 中获益的产业代表自己的利益而积极捐献的意义上讲,这种情形可能受到了压力 (即,对某些 i 而言,$C_{il} > 0$)。然后,这些 (出口) 产业的联合捐献恰好足以克服该协定的政治持续性。

即使当 $R = F$,不等式 (4) 不满足的时候,不等式 (9) 也可能满足。也就是说,在没有例外协定就会失败的情况下,避免联盟的情形可能对具有例外条款的 FTA 进行捐献。例外允许政府避免与 FTA 相关的最大政治成本,并且一旦这些特别明显的部门受到协定的保护,政治收益的净值就可能为正。

当不等式 (9) 确实不满足时,可以形成产业联盟阻碍提出的任何FTA。而且，阻碍给定提议的捐献，要求不受管理（它们是最优反应），并且让这些联盟成员得到的福利至少与在协定下同样好。然而，就像以前，反对FTA的利益不能够达到协调要求的程度。在这种情况下，政治学可能引起支持FTA的单边情形，尽管能够从协定中获取的利益不会对进一步的原因捐献任何东西。我们将这种所有 $C_{iI}=0$ 的情况定义为不受压力。[15]下一个结果给出了这种情形存在的充分必要条件。

结果5：对于 $R=F$，存在一种不受压力的情形，当且仅当

$$\int_{i \in E(T)} aW_{iN}di + \int_{i \notin E(T)} aW_{iF}di + C \geqslant \int_i aW_{iN}di \tag{10}$$

式中，$C = \int_{i \in E(T)} \max[0, a(W_{iF} - W_{iN}) + \max_{j \notin E(T)}(-T_j g_j)]di$。在这种情形下，部门 $i \in E(T)$ 被排除在协定之外。

根据要求，作者对这个结果的证明是有效的。[16]直观上看，C 表示，当每个这种游说集团给出了确保其被列入排除在外名单之中的最低捐献时（给定其他游说集团的均衡捐献），所有被排除在协定之外的游说集团的捐献总额。每个被排除在外的游说集团，必须对由于其被列入排除在外的名单而引起总福利损失的政治成本补偿政府。这反映在术语 $a(W_{iF} - W_{iN})$ 上。它也必须提供足够多的捐献以对抗那些不能确保列入例外名单的那些游说集团的捐献。每个不能包括进 $E(T)$ 的游说集团 j 为潜在的例外捐献 $C_{jE} = \prod_{jN} - \prod_{jF}$，因此，$-T_j g_j$ 反映了政府将游说集团 j 列入名单之外的机会成本。如果对于游说集团 i 来说，$a(W_{iF} - W_{iN}) + \max_{j \notin E(T)}(-T_j g_j) < 0$，那么政府即使没有任何积极的诱因——在这种情况下，游说集团什么也不捐献（也就是说，$C_{iE}=0$）——也希望将这个游说集团列为例外。

结果5类似于结果1。在每种情况下，支持 F 的不受压力的情形可能存在，因为该协定的反对者不能够将其政治行动与共同原因协调

起来。当每个游说集团期望其他游说集团为完全拒绝该协定捐献很少或什么也不捐献时,确定包括在内的游说集团没有一个有足够高的利益来保证其单边行动。当然,在结果 5 的情况中,任何单个游说集团的利益都被假定非常小,因此,无论什么时候与例外部门最小捐献相关的协定符合政治家的口味,不受压力的情形都存在。

从结果 4 和 5,我们看到所有支持 FTA 的单边情形都享受同样的(政治上最优的)例外条款。可以很容易地看出为什么。相反,假定许多 $i \in E(T)$ 的部门没有例外,而其他的许多部门 $j \notin E(T)$ 很可能例外。首先,如果不存在这种部门 j,那么每个这种部门 i 为了确保这种例外都希望捐献达到 $\prod_{iN} - \prod_{iF}$。如果捐献足够高到补偿政治成本 $a(W_{iF} - W_{iN})$,那么政府将把 i 增加到例外部门中。但是,根据 $E(T)$ 的定义,我们必须有 $\prod_{iN} - \prod_{iF} \geqslant a(W_{iF} - W_{iN})$,因为对所有的 $i \in E(T)$,$g_i < 0$。其次,如果在例外名单中有一些部门 j 替代部门 i,选择某些 i 和 j 的子集(分别记为 $\tilde{I}$ 和 $\tilde{J}$)使得 $\int_{i \in \tilde{I}} T_i di = \int_{j \in \tilde{J}} T_j dj$。在 $\tilde{J}$ 中,将会为其列入例外名单最多捐献 $\int_{j \in \tilde{J}} (\prod_{jN} - \prod_{jF}) dj$。$E(T)$ 的定义也确保游说集团 $i \in \tilde{I}$ 会捐献比其潜在获益更少的东西,这将足以诱使政府将这些部门而不是 $\tilde{J}$ 中的部门排除在外。

7.4.2 对产业例外的讨价还价

现在,我们转向可能将某些产业排除在外的 FTA 的国际谈判。首先,我们认为,颁发某些例外特权的能力能够挽救否则在政治上就不可行的 FTA。[17] 然后,我们讨论决定例外部门数量和特征的因素。

例外可能挽救 FTA 的事实几乎直接来自于前一部分的分析。我们已经看到,当政府对颁发例外特权存在弹性时,支持 FTA 单边情形的预期提高了。例外可以让政府在赢得能够从协定中获益的出口者（很可能是选民）支持的同时，获得某些潜在受损者的支持。当然，在谈判的情形下，没有一个国家可能处于命令协定条款的地位。然而，我们讨论的逻辑继续使用。一个成功的谈判要求某些协定必须具有的特征是，两国政府宁愿选择政治背景也不选择现状。例外提高了这种预期，因为它们可以出售给某些强大的进口竞争产业，以换取其支持。

在均衡协定中，哪些部门将被排除在外？答案依赖于谈判过程的特殊性。这里，为了阐明某些起作用的因素，我们使用简单的、众所周知的纳什讨价还价解。[18]

假定，均衡协定被设计出来是为了最大化两个谈判政府"剩余"的几何加权平均数。而且，让游说集团在做出捐献时可以预期到这种讨价还价的结果。既然政府通常有从谈判桌走开的机会，其剩余可以参照设定 $R=N$ 时得到的政治福利计算出来。更正式的表述，均衡协定可以通过一系列参数变量 α_i 来表示，其中，$\alpha_i = 0$ 意味着部门 i 被包含在 FTA 中（$i \in I$），$\alpha_i = 1$ 意味着部门 i 被排除在协定之外（$i \in E$）。纳什讨价还价方法解表达式（11）如下：

$$\max_{\{\alpha_i\}} \sum_{J=A,B} \beta^J \log \left\{ \int_i [(1-\alpha_i)(a^J W_{iF}^J + C_{iI}^J) + \alpha_i (a^J W_{iN}^J + C_{iE}^J)] di - \bar{G}^J \right\} \tag{11}$$

限制条件为 $\int \alpha_i T_i di \leqslant T$，其中，$\beta^J$ 是与政府 J 的剩余相关的纳什权重，$\bar{G}^J \equiv \int (a^J W_{iN}^J + C_{iN}^J) di$ 是政府 J 如果选择保持现状，将会自然得到的政治福利。

为了找到这个问题的解，我们暂时将 $\alpha_i s$ 看作它们在 0 和 1 之间连续变动。那么，最大化（11）的一阶条件意味着

第 7 章 自由贸易协定的政治学

$$\sum_{J=A,B} \frac{\beta^J}{G^J - \overline{G}^J} \left[\frac{(a^J W_{iF}^J + C_{iI}^J) - (a^J W_{iN}^J + C_{iE}^J)}{T_i} \right]$$

$$\geqslant -\lambda, \quad 当 \alpha_i = 0 时$$

$$\sum_{J=A,B} \frac{\beta^J}{G^J - \overline{G}^J} \left[\frac{(a^J W_{iF}^J + C_{iI}^J) - (a^J W_{iN}^J + C_{iE}^J)}{T_i} \right]$$

$$\leqslant -\lambda, \quad 当 \alpha_i = 1 时$$

$\lambda \geqslant 0$，式中 $\overline{G}^J \equiv \int_{i \in E}(a^J W_{iN}^J + C_{iE}^J) di + \int_{i \in I}(a^J W_{iF}^J + C_{iI}^J) di$ 是在纳什讨价还价中政府 J 的均衡政治福利，λ 是与有限例外限制有关的拉格朗日乘子。接下来，如果产业根据前两个不等式的左边部分的项排序，那么纳什协定将排出那些指数小于或等于某些重要交点值的部门。

这些条件从产业专用捐献的角度给出了决策规则。更有意思的是，存在仅依靠不同产业总条件和供给与需求条件的排序。至此，我们得出下面的结果。

结果 6：让产业进行排序以便 $\omega^A g_i^A + \omega^B g_i^B$ 随 i 递增，其中，$\omega^J \equiv \beta^J/(G^J - \overline{G}^J)$ 并且 $g_i^J \equiv (\Delta \prod_i^J + a \Delta W_i^J)/T_i$。那么，求解纳什讨价还价问题的 FTA 将所有的产业 $i \in [0, i^*]$ 排除在外，其中某些 $i^* \geqslant 0$。

证明依赖于这样一个事实，即每个小游说集团在构建其捐献安排时，将 G^J 和 $\overline{G}^J$ 看作恒定。如果每个产业的捐献和其他国家相同产业的捐献满足

$$\sum_{J=A,B} \omega^J [a^J(W_{iF}^J - W_{iN}^J) + C_{iI}^J - C_{iE}^J]/T_i < -\lambda 时$$

每个产业都期望被包括在 FTA 中；如果不等号的方向相反，那么这些产业都期望例外。存在几种需要考虑的情况。

首先，考虑一个例外产业（$j \in E$），其中进口国家（为了具体，

即 A 国）的特殊利益为了确保例外进行正的捐献（$C_{jE}^{A}>0$）。我们知道，这些捐献必定被降低到这样一点，在该点，谈判者恰好在边际上排除该部门，也就是说，在该点，满足

$$\sum_{J=A,B}\omega^{J}[a^{J}(W_{jF}^{J} - W_{jN}^{J}) + C_{jI}^{J} - C_{iE}^{J}]/T_{j} = -\lambda$$

产业的支付不会超过其获利差，即 $C_{jE}^{A} \leqslant \prod_{jN}^{A} - \prod_{jF}^{A}$。我们也知道，不愿看到其产品被列入例外名单的 B 国的出口利益集团，必定使其捐献达到避免这种结果出现的全部利润差（$C_{jI}^{B} = \prod_{jF}^{B} - \prod_{jN}^{B}$）。否则，其捐献的稍微上升都会对这个游说集团有利。联合考虑这些因素，对这个例外产业，我们有 $\omega^{A}g_{j}^{A} + \omega^{B}g_{j}^{B} \leqslant -\lambda$。

其次，考虑一个被包括在内的产业（$k \in I$），其中，出口国（为具体化，同样设为 A 国）的特殊利益为确保产品不被列入例外也会进行正的捐献（$C_{kI}^{A}>0$）。同样，谈判者们必定在包括这个部门和不包括这个部门之间无差异。这时，我们必定有 $C_{kI}^{A} \leqslant \prod_{kF}^{A} - \prod_{kN}^{A}$（与前面的讨论相同）和 $C_{kE}^{B} = \prod_{kN}^{B} - \prod_{kF}^{B}$。因此，现在我们发现，对这个被包括在内的部门，存在 $\omega^{A}g_{k}^{A} + \omega^{B}g_{k}^{B} \geqslant -\lambda$。

再次，考虑一个被排除在外的产业 ℓ，其中（比如说）A 国的进口竞争利益不做任何捐献，$C_{\ell E}^{A} = 0$。既然这是一个进口竞争产业，我们必定有 $\prod_{\ell N}^{A} - \prod_{\ell F}^{A} \geqslant 0$。我们也知道，B 国的出口产业没有发现，捐献可以确保其产品不包括在例外中的数量是有利可图的。也就是说，捐献 $C_{\ell I}^{B}$ 可以使得

$$\omega^{B}C_{\ell I}^{B} + \sum_{J=A,B}\omega^{J}a^{J}(W_{\ell F}^{J} - W_{\ell N}^{J}) = -\lambda T_{\ell}$$

超过 $\prod_{\ell F}^{B} - \prod_{\ell N}^{B}$。这些事实再一次意味着，对这个被排除在外的产业

第 7 章 自由贸易协定的政治学

而言，$\omega^A g^A \ell + \omega^B g_\ell^B \leqslant -\lambda$。

最后，关于其出口利益集团不做任何正捐献的、被包括在协定之内的产业的讨论类似于前一个产业。因此，在每种情况下，如果 $\omega^A g_i^A + \omega^B g_i^B$ 超过 $-\lambda$，产业就包括在 FTA 中，而如果该值小于 $-\lambda$，那么该产业就出现在例外中。结果 6 立刻就能得出。

这个结果表明，在一个国家反映政治上最优例外集合的相同因素，也进入纳什讨价还价例外集合的决定因素中。在每个国家中，一个部门的政治"影响"依赖于 FTA 对利润和 a 倍总福利的加权和，标准化为部门规模（用 T_i 衡量）。如果这个数量（用 g_i^J 表示）为正，它意味着，对于 J 国而言，把部门包括在任何自由贸易协定中都存在潜在的政治收益。如果该值为负，那么，它在政治上就希望将该部门排除在外。在单边情形中，政府只排除那些其一旦包含其中就将在政治上受损的部门，并且在那些部门中，这些部门将产生最大的政治伤害。另一方面，在纳什讨价还价中，两个国家的政治学必须被考虑在内。

纳什均衡考虑对于两个国家而言政治成本/收益的加权和。同样的权重适用于比较所有的不同产业。它们反映了两组谈判者的相对讨价还价能力（在纳什框架中，这是采用权重指数 β^A 和 β^B 表示的），以及两国政府在 FTA 下和当前状况相比能够得到的相对剩余。与通常一样，具有相对强大威胁点（较高的 $\bar{G}^J$）的政府发现，在最终的讨价还价中，其利益的权重较大。因此，例如，FTA 可能给 A 国某些进口竞争产业带来的伤害将得到较多的考虑，而出口者从进入 B 国的市场扩大中得到的收益只受到较少的考虑，$\bar{G}^A$ 越大，$\bar{G}^B$ 越小。$\bar{G}^J$ 的数值依次反映 J 国在没有 FTA 的现状下得到的总福利，以及政府完全拒绝该协定时将会从进口竞争部门中得到的捐献。例如，如果 $\bar{G}^A$ 非常大，那么 ω^A 将会很大，只有 A 国的进口竞争产业（可能有 $g_i^A < 0$）可能成为例外的候选者。对于 β^A 很大的情况，同样的结果也是正确的。

当两国政府的讨价还价地位相对对称（$\omega^A \cong \omega^B$）时，那么协定将比较，一个国家把一个出口部门包括在内能够得到的政治收益和其他国家用失去的利润和消失的关税收益表示的可能成本。例如，如果该部门经历了提高的保护，对出口产业的潜在利润可能很大，而进口竞争产业将不遭受任何损失。这样一个部门很可能发现不了被列入例外的途径，除非对进口国而言，从贸易转移中遭受的预期福利损失格外大。相比较而言，经历了降低保护的部门可能被考虑进例外名单，特别是如果进口国的预期消费者剩余收益非常适中时。那么，出口国能够从包含该部门中得到的政治收益非常小（因为出口产业得不到额外利润），而落在进口竞争生产者身上的附带损失却可能很大。最后，注意，只有 $\omega^A g_i^A + \omega^B g_i^B < 0$ 的产业可以成为例外的候选部门，并且仅当存在足够多（大致衡量的）的这种部门时，对例外集合规模的限制才是固定的。

7.5 结　论

我们已经检验了自由贸易协定作为有政治意识的政府之间讨价还价均衡结果出现的条件。我们想像，两国政府对产业特殊利益的政治压力做出的反应，同时也注意一般选民的状况。

如果 FTA 必须完全使伙伴国之间的贸易自由化，一个特定的政府将在两种情况下支持该协定。第一种是当 FTA 对一般选民产生了很大的福利收益，而受到相反影响的利益集团不能够联合起它们的努力打败这种协定。第二种是当协定对实际的和潜在的出口者创造的利润收益超过进口竞争产业遭受的损失，加上可能给一般选民造成福利伤害的政治成本。

自由贸易协定要求两国政府的一致同意。我们已经发现，当伙伴国之间的潜在贸易存在相对平衡并且协定给大多数部门提供更高的保护而不是更低保护时，这个结果最可能出现。由于提高的保护，出口国能够从伙伴国较高的国内价格中赚取收益。由于降低的保护，进口竞争产业将国内价格下降看作是从伙伴国免税进口的结果。降低的保护可能引起某些贸易创造，而提高的保护只会引起贸易转移。这样，提高潜在协定可行性的条件也会提高协定降低总社会福利的可能性。

如果某些产业可以被排除在 FTA 之外，那么协定的预期将会改进。每个政府都希望将那些一旦卷入就将强加最大政治成本的部门排除在外。政治成本既反映了进口竞争利益的强烈反对，又反映了面对无效率贸易转移的一般选民将受到的伤害。通过将某些敏感的部门排除在外，政府可能会消除对 FTA 的反对。

在讨价还价情况下，均衡协定反映了谈判双方政府感受到的政治压力。我们检验了纳什讨价还价解，并且发现，例外可以给予这样一些产业，对它们而言，出口国市场准入的政治收益和进口国更加严重的进口竞争的（可能的）政治成本之加权和最可能为负数。政治收益和政治成本是通过由现状转变到单边自由贸易时产业利润改变和选民福利改变的加权和衡量出来的。一个国家收益和另一个国家成本的权重反映了两国政府的谈判能力（即"纳什权重"），以及两国政府完全拒绝该协定将会给它们带来的政治福利。

我们的所有分析都是在严格的假定下做出的，即政府不能够提供直接的、国库到国库之间的转移支付作为与该协定相关政治成本的补偿。在这种转移可行的情形下，重新进行我们的分析是一件简单的事情。在国际关系政治经济学中更令人感兴趣也更加复杂的问题，是补偿支付在大多数贸易谈判中只起有限作用的原因。

附　录

对外国政府的捐献

在正文中，我们坚持这样一个假定，即利益集团只对本国政府提供捐献。现在，我们放松这个假定，并且允许每个国家的游说集团试图影响其他国家的政策。我们讨论了没有例外的 FTA 作为均衡结果出现的条件，并且我们与严禁政治家从国外接受这种捐献时该类协定的范围进行比较。

作为均衡结果，FTA 可以下面三种方式中的一种出现。首先，两国政府可能作为不受压力的情形支持该协定；其次，两国政府可能作为受压力的情形支持该协定；再次，一国政府可能作为不受压力的情形而另一国政府作为受压力的情形支持该协定。我们依次讨论这几种可能性。

FTA 可以作为两国都不受压力的情形，当且仅当

$$a^J(W_F^J - W_N^J) \geqslant \max[0, \max_i(\prod_{iN}^A - \prod_{iF}^A),$$
$$\max_i(\prod_{iN}^B - \prod_{iF}^B)], \quad \text{其中 } J = A \text{ 或 } J = B \quad (A1)$$

简单说，FTA 必须给两国选民提供总福利收益；在每个国家可能都不存在一个进口竞争产业，它们遭受如此大的损失以至于通过向一个或另一个政府提供捐献以阻止这种协定是有利可图的。很明显，这个条件比不存在跨国捐献情形下的类似条件受到更多限制（与（2）相比）。当不存在外国捐献时，我们只要求，对任何游说集团来说，求助于本国政府反对该协定是无利可图的。现在，进口竞争产业通过给外国政治家提供足够大的一笔捐献，可能会在政治上取得成功，即使它不愿意支付为赢得本国政府而进行的捐献。

如果 FTA 在两个国家都作为受到压力的情形出现，那么两国政府对该协定都将是无差异的。在该协定下受到损失的每个游说集团将给每个保持现状以耗散获益潜力的政府提供捐献。这是因为，每个这种游说集团都通过摇摆两国政府中的一个以阻止该协定，并且没有游说集团对需要在两国政府确实要保证 $R = F$ 情况下进行捐献时的捐献下赌注。最后，从该协定中获益的游说集团对两国政府的捐献之和

不会超过它在 FTA 下的收益。联合三个等式和不等式，我们发现，在两个支持体制 F 的国家，受压力情形下的均衡结果要求

$$a^A W_F^A + a^B W_F^B + \sum_{i,j} \prod_{iF}^J$$
$$\geqslant a^A W_N^A + a^B W_N^B + \sum_{i,j} \prod_{iN}^J + \sum_{i \in S_N, J} \left(\prod_{iN}^J - \prod_{iF}^J \right) \quad (A2)$$

当把这个条件与前面应用的类似条件相比较时，存在起作用的抵消性考虑。一方面，每个国家的出口利益可能参与外国的政治战，并可能帮助联盟克服对后者不能自己打败的协定的抵制。即使对 $J=A$ 和 $J=B$ 而言，(3) 不能单独成立，这种力量可能也不被注意到，然而 (A2) 左边可能超过右边前三项之和。另一方面，每个国家的进口竞争利益有机会在两个国家表达反对意见。这样，即使对 $J=A$ 和 $J=B$ 而言 (3) 成立，条件 (A2) 也可能由于存在右边的第 4 项而不能成立。简言之，在比较不同的政治情形时，这种含糊不清就出现了：外国捐献的存在可能使本来不可行的 FTA 在政治上可行，但它也可能使不存在外国影响时作为政治均衡出现的协定变得不可行。

最后一种要考虑的结果是，政府 J 支持作为不受压力情形的协定，而政府 K 支持作为政治压力结果的协定。在国家 J，类似 (A1) 的条件必须得到满足：FTA 必须提高那个国家的福利；在每个国家中，应该没有一个代表进口竞争产业的游说集团能够扭转政府不受压力的情形。这个条件，比起没有外国捐献时使用的相应条件，略微有些严格。在国家 K，政府是无差异的，在两个国家中，进口竞争利益集团为阻止该协定捐献全部的收益差，而出口利益集团最多提供它们能够得到的。这些要求意味着

$$a^K W_F^K + \sum_{i,J} \prod_{iF}^J \geqslant a^K W_N^K + \sum_{i,J} \prod_{iN}^J \quad (A3)$$

这个条件，比起不存在外国捐献的相应条件来，或多或少要严格一

些。例如，假定政府 A 支持不受压力情形下的协定，并且考虑 B 国政治竞争的结果。如果 $\sum_i \prod_{iF}^A \geq \sum_i \prod_{iN}^A$，就允许外国捐献提高 $R^B = F$ 时受压力情形的预期，否则就降低。跨国捐献使得外国利益在 B 国的政治斗争中发挥作用，这将加强一方或另一方的力量，具体要依赖于 A 国的哪种利益在决策中更加利益攸关。

【注释】

[1] 我们使用约定俗成的做法，即对单位商品 0 和最初均衡中由国家 j 出口的任何商品，$c_i^j = 1$。

[2] 我们认识到，这个假定不是没有错误。例如，马丁·理查森（Martin Richardson, 1993）已经表明，国家在履行贸易协定后有理由降低外部关税。一个更一般的分析——在 FTA 问题解决后，它考虑关税设定的其他阶段——必定是需要的，但是超出了本文讨论的范围。

[3] 在 Grossman and Helpman (1994a, 1995) 中，我们考虑了某些部门不能组织起来采取政治行动的可能性，尽管我们在分析中，将组织起来的游说集团集合看作外生。这里，为了简化，我们假定所有的部门都组织起来。

[4] 作为替代，我们使用中间选民福利，而不是平均选民福利，作为政府目标函数的讨论。这种差别是，中间选民不拥有任何一种产业的专用要素。除了在（1）中限定 W 并排除总利润外，这种分析将同样进行下去。对政府目标函数的进一步讨论，见 Grossman and Helpman (1994a)。

[5] 在正文中，我们选择忽视了利益集团向外国政府提供捐献的可能性。尽管这种捐献有时会出现，但利益集团影响外国政府讨论的范围通常是十分有限的。这可能是因为政治家将外国捐献看作赃钱，因此在它们的政治目标函数中将选民的价值置于其上。在附录中，我们讨论了任何情况下，利益集团给两国政府提供捐献时可能出现的差别。

[6] 对每个游说集团来说，当其捐献超过从偏好的机制中能够获得的收益时，对所有结果的捐献额都为零的策略将弱占优。我们的假定排除了弱占优战略。

[7] 如果纳什均衡使当前状况的连续性成为必需，那么至少一个国家的游

说集团必定期望其他政府在国际谈判中反对这个 FTA。这些游说集团将不会捐献任何东西阻止该协定，因为它们相信在任何情况下这都是注定的。这意味着，反对 FTA 的、受到压力的情况在最多一个国家的国际均衡中可以观察到。

[8] 我们将会看到，如果最惠国关税是政治过程的结果，这与 FTA 谈判的进程相同，那么政府和利益集团的联合福利在任何进口竞争产业中必定下降，在这些产业中关税税率降低。这意味着，如果在 FTA 下所有的产业都是进口竞争的并且都经历了下降的保护，那么没有一个受到压力的情况支持 FTA。

[9] 两个国家的联合社会福利没有改变，因为每个国家的产量是固定的，并且消费价格也不变化，因此需求也不变化。由于每个国家的资源配置固定，只有产业剩余的分配可能受 FTA 的影响。

[10] 关于这个问题的细节和接下来的一系列计算可以参见 Grossman and Helpman（1994b）。

[11] 阿尔伯特·O·赫希曼（Albert O. Hirschman, 1981）在对欧洲共同体动态的预见性讨论中得出了相同的观点。

[12] 在有差异产品和两个方向贸易的情况中，我们需要考虑协定消除一个国家而不是其他国家对产品 i 进口壁垒的可能性。这里，任何一种产品的贸易都是单方向的，进口将从低关税国家流向高关税国家。在这种情况下，产业例外意味着高关税国家继续保留对来自 FTA 伙伴国进口的壁垒。

[13] 可能会出现整数问题，因为部门必须被全部排除在外或者一个也不被排除在外。由于存在许多大的部门，根据它们的（依据规模来调整的）政治捐献对产业的排序不能完全决定排除在外者的名单，因为对该名单的某些潜在的"最后"进入可能使得限制被违反，而其他（更小）的部门则不会。

[14] 注意，在所有具有 $\int_{i \in \widetilde{E}} T_i di \leqslant T$ 的集合 $\widetilde{E}$ 中，$E(T)$ 最大化 $\int_{i \in E} (\prod_{iN} + aW_{iN}) di + \int_{i \notin E} (\prod_{iF} + aW_{iF}) di$。

[15] 在政府遵循协议决定不会导致从受益人那里得到任何捐献的意义上讲，这是不存在压力的。然而，政府可能从某些或全部从例外条款中获得利益的产业那里得到捐献。

[16] 在 Grossman and Helpman（1994b）中，我们证明了有限数量部门情况下的同样结果。在这些部门中，GATT 规则被认为隐含着对例外部门集合中要

素数量的限制。由于部门的规模有限，我们必须考虑单个部门即使不与其他部门协调政治行动也可以阻止协定的可能性。

[17] 例如，好像的情况是，NAFTA 在最后一分钟的妥协中得到挽救。这种妥协就是，保证美国糖类生产者和柑橘种植业者被排除在协定之外。

[18] 在 Grossman and Helpman (1994b) 中，我们使用了具有替代性捐献的讨价还价模型得出两个假说。首先，我们表明，即使当例外被禁止、惟一的均衡保证是对现状的持续时，有例外部门的 FTA 也可能成为直接讨价还价模型的均衡结果。其次，所有例外可以应用于单个国家的进口，如果那个国家的政府是惟一一个拒绝所有部门都被包括在 FTA 中的政府。

参考文献

Bernheim, B. Douglas, Peleg, Bezalel, and Whinston, Michael D. (1987). Coalition-proof Nash equilibria I: Concepts. *Journal of Economic Theory* 42(1)(June):1–212.

Bernheim. B. Douglas, and Whinston, Michael D. (1986). Menu auctions, resource allocation, and economic influence. *Quarlerly journal of Economics* 101(1)(February):1–31.

Cowhey, Peter (1990). "States" and "politics" in American foreign economic policy. In J. S. Odell and T. D. Willett (eds.). *International Trade Policies: Gains from Exchange Between Economics and Political Science* (Ann Arbor: University of Michigan Press), 225–251.

Grossman, Gene M., and Helpman, Elhanan (1994a). Protection for sale. *American Economic Review* 4(84)(September):833–850.

——. (1994b). The politics of free trade agreements. Discussion Paper in Economics No. 166, Woodrow Wilson School of Public and International Affairs, Princeton University.

——. (1995). Trade wars and trade talks. *Journal of Political*

Economy 103(4)(August):675-708.

Hirschman, Albert O. (1981). *Essays in Trespassing. Economics to Politics and Beyond* (Cambridge: Cambridge University Press).

Krueger. Anne O. (1993). Free trade agreements as protectionist devices: Rules of origin. Working paper No.4352, National Bureau of Economic Research.

McMillan, John (1993). Does regional integration foster open trade? Economic theory and GATT's article XXIV. In K. Anderson and R. Blackhurst (eds.). *Regional Integration and the Global Trading System* (London: Harvester Wheatsheaf), 292-310.

Olson, Mancur (1965). *The Logic of Collective Action* (Cambridge, Mass: Harvard University Press).

Putnam, Robert (1988). Diplomacy and domestic politics: The logic of two level games. *International Organization* 43(3)(summer): 427-460.

Richardson. Martin (1992). Some implications of internal trade in a free trade area. Working Paper No.92-101, Georgetown University.

―――. (1993). Endogenous protection and trade diversion. *Journal of International Economics* 34(3-4)(May): 309-324.

Wonnacott, Paul. and Wonnacott, Ronald (1981). Is unilateral tariff reduction preferable to a customs union? The curious case of the missing foreign tariffs. *American Economic Review* 71(3)(June): 704-714.

第8章 内生保护下的对外投资[*]

8.1 引　言

贾格迪什·巴格瓦蒂（Jagdish Bhagwati）创造了术语"替代性对外投资"来描述在贸易政策预期下或很可能是为了消

---

[*] 本文由格罗斯曼和赫尔普曼共同完成。最初发表在罗伯特·C·芬斯特拉、G.M.格罗斯曼和 D.A. 艾文（Robert C.Feenstra, Gene M.Grossman and Douglas A.Irwin）主编的《贸易政策的政治经济学》(*The Political Economy of Trade Policy*) 中，199~223 页。版权归 The MIT Press (1996) 所有。这里得到许可重印。我们感谢芬斯特拉和翁卡优（Kar-yiu Wong）的有益评论以及国家科学基金和美—以两国科学基金的财政支持。格罗斯曼还感谢 John S.Guggenheim 纪念基金、Sumitomo 银行基金、Daiwa 银行基金和普林斯顿大学国际研究中心。本文的部分稿件是我们在访问米兰的 Innocenzo Gasparini 经济研究所（IGIER）和格罗斯曼访问位于法国 Aix-en-Provence 的 Laboratoire d'Economie Quantitative Aix Marsailles（LEQAM）时完成的。需要指出的是，这些地方都提供了非常舒适的研究环境。

散保护威胁而进行的投资。在从巴格瓦蒂（1987）开始的一系列论文中，他与几位同事以及以前的许多学生探讨了，这种对外直接投资（DFI）在形成关税、配额、自愿出口限制等贸易政策中所起的作用。[1]作为特色，这些作者都假定未来保护的可能性依赖于进口渗透的程度和DFI的存量，并且他们都将DFI作为资本从一个国家向另一个国家转移。在这些相关研究中，由于考虑到自己的投资决定对随后政策形成的影响，企业转移资本并限制出口以最大化利润的预期现值。通常假定外国政府协调投资决策，尽管偶尔假定外国寡头独立运用它们行动的领土间差别［例如，见Dinopoulos（1989）］。本文——很大程度上受日本企业20世纪80年代前期和中期行为的刺激——得出了许多有意义的观点，并且丰富了关于对外投资和贸易政策形成的联系的理解。

在这篇文章中，我们的目标是扩展巴格瓦蒂关于几种情况下预期投资的概念：（1）DFI最好被看作是跨国公司子公司的开放；（2）贸易政策代表了政治家对特殊利益集团压力的最优反应。我们沿着马库森（Markusen, 1984）和赫尔普曼（Helpman, 1984）的研究，将跨国投资模型化为一个企业高成本地建立分厂，并且这个企业具有生产某种特定产品的独占权力或独占能力。这种无形资产的外国所有者面对着建立新的子公司并承担成本和在现有的母国工厂生产之间的选择。在做出这个选择时，他们认识到，出口努力将会受到母国贸易壁垒的限制。我们将这个对DFI的看法与在格罗斯曼和赫尔普曼（1994a）发展出来的政策形成方法联系起来。我们假定，当权政府收到与其最终政策行动（至少是隐性地）相联系的运动捐献。在制定政策时，政府在可能与保护干预相关的额外捐献与随后出现的选民福利损失之间进行权衡。首先，我们假定只存在一个组织起来的、试图影响政策的利益集团，也就是说，该游说集团代表了具有DFI产业的国内企业。随后，我们考虑代表具有该产业专用技能的国内工人的游说集团的捐献。

未来的跨国公司预期,当做出对外投资决定时,政府政策制定的机制。我们将 DFI 看作一个分散的过程,其中,每个外国公司将其他公司的投资决策看作超出了自己的控制。给定其他公司 DFI 的程度,每个公司形成关于母国最终贸易政策的预期,并据此评价自己潜在投资的可获利性。如果一个企业建立子公司能够赚取的扣除投资成本的净收益超过它在母公司生产后出口赚取的收益的话,它将会建立子公司。最后,均衡给出 DFI 的水平和保护率,以便政治过程支持特定的保护率作为阶段博弈的结果,以及外国企业制定投资政策时遵守的保护程度预期得到实施[2]。

在第 2 部分,我们发展了一个基本模型;在第 3 部分,分析了决定均衡关税和 DFI 水平的因素。我们表明,如果开放一家子公司的成本很小,而政治家恰好将较高的权重赋予一般选民福利,那么两个稳定的均衡可能共同存在。在其中一个均衡中没有跨国投资,而在另一个均衡中,所有的外国企业都建立了离岸生产工厂。对于所有其他的参数设定,存在惟一一个稳定的均衡。在这个均衡中,很典型的特征是,某些外国企业将选择在母国建立工厂。在这种情况下,外国投资固定成本的上升降低了跨国公司的数目,而本国政府对一般选民利益关注的下降扩大了跨国公司的存在。我们也发现,当政治家对选民的关注很高,而 DFI 的成本很低时,与一般选民福利相关的权重上升将导致更高的保护率。

在第 4 部分,我们考察了对外直接投资是否服务于母国一般选民的利益。当母国的生产成本恰好高于外国时,这个问题特别有意义。外国跨国公司的进入将生产从低成本地区转移到高成本地区,并且如果贸易政策固定,这会降低母国福利。但是,跨国公司的存在也改变了政治环境,以至于特殊利益发现游说保护更加困难。当政治反应被包括在内时,DFI 实际上可能使一般选民受益。

在第 5 部分,我们将该模型扩展到考虑 DFI 部门专用技能的工人组成特殊利益集团的情况。我们表明,在贸易保护问题上,这些工人的利益将很紧密地与国内生产者的利益联系在一起。给定 DFI 水平,工资收入者和利润收入者将从关税上升中获益。然而,在关于外国跨国公司的政策问题上,两个利益集团必然存在冲突。国内生产者肯定从对 DFI 的限制中获益,而具有专用人力资本的工人注定受到这种限制的伤害。如果当选官员能够管制跨国公司的进入,那么均衡中 DFI 的程度将依赖于两个竞争性利益集团的相对政治力量。我们检验了这种情况下"政治力量"的决定因素。

8.2 基本模型

母国生产只用非技能劳动力的标准产品,一单位产品要求一单位劳动。这样,均衡工资等于 1。母国也生产不同品牌的有差异产品。每个品牌要求每单位产品使用固定数量的非技能劳动力。我们暂时假定不需要其他要素。国内产品的数量和种类始终看作给定。

有差异产品的国内生产者与固定系列的外国品牌进行竞争。每个外国供给者都面对一个选择。它可以在母国已经存在的工厂中组装产品,或者在母国建立(或购买)新的生产设备。出口和对外投资的选择是根据预期收益的比较做出的,而潜在子公司的利润是计算的获得设备的固定成本净值。这些成本,必定是在母国最终设定其贸易政策之前要承担的,不可能在工厂还未使用时得到补偿。这样,每个外国公司必定形成了关于某国政治过程可能结果的预期。[3] 我们集中于自我实施预期的均衡。

在外国投资发生后,母国政府制定进口各种有差异产品的关税。关税的高度反映了它所面对的相互冲突的政治压力。一方面,政府关注一般选民的福利,因为其对再当选的预期依赖于它提供的生活标准;另一方面,它要评价能够从特殊利益集团那里收到的运动捐献。我们假定,国内游说集团——一开始,只形成了一个代表国内不同品牌有差别产品生产者的利益集团——提供根据政府征收的关税确定的捐献。假定，尽管利益集团以其选择的任意方式设计捐献安排，更高关税将会引起国内产业的更高捐献。当面对捐献安排时，政府制定最大化其自身政治目标函数的政策。我们将后者看作总运动捐献和一般选民福利的简单加权和。[4] 在外国公司做出进入决定时，所有这些都可以得到很好的理解。

现在，我们更详细地描述国内经济。

8.2.1 消费与生产

母国的人口是一个个人闭联集，总数标准化为 1。每个人的效用函数由下式给定

$$U = x_0 + \frac{\theta}{\theta-1} x^{(\theta-1)/\theta}, \quad \theta > 1 \tag{1}$$

式中，x_0 表示对标准产品的消费，x 是对有差异产品的消费指数。消费指数采用的形式为

$$x = \left[\int_{j \in N_h} x(j)^{(\epsilon-1)/\epsilon} dj + \int_{j \in N_f} x(j)^{(\epsilon-1)/\epsilon} dj \right]^{\epsilon/(\epsilon-1)}, \quad \epsilon > 1$$

式中，$x(j)$ 表示对品牌 j 产品的消费，N_h 和 N_f 分别是本国和外国企业生产的品牌集合（后者要么是本国工厂，要么是位于母国的子工厂）。

众所周知，这种偏好结构产生了每种品牌的不变弹性需求函数，其中 ϵ 表示需求弹性。事实上，给定两层偏好结构，对任何品牌 j 的需求可以表示为：

$$x(j) = p(j)^{-\epsilon} q^{\epsilon-\theta}$$

式中，$p(j)$ 是品牌 j 的价格，q 是所有不同产品的价格指数。我们假定 $\epsilon > \theta$，这意味着，不同品牌产品之间的相互替代要比它们与标

准产品之间的替代更密切。这个假定确保了需求交叉弹性为正。[5]

每个品牌有差别产品的生产者通过使边际收益等于边际成本最大化利润。在这样做时；企业将价格指数 q 看作不可控制。在母国工厂生产的外国企业面临着不变的边际成本 c_f。在母国，生产一单位任意品牌的有差别产品需要 c_h 单位的劳动。这意味着对母国企业和外国子公司而言，既然工资率等于 1，边际成本也为 c_h。然后，标志性价格规则隐含着

$$p(j) = \begin{cases} p_h \equiv \dfrac{\varepsilon}{\varepsilon-1} c_h & \text{对在母国生产的产品 } j \text{ 而言} \\ p_f \equiv \dfrac{\varepsilon}{\varepsilon-1} c_f \tau & \text{对在外国生产的产品 } j \text{ 而言} \end{cases} \quad (2)$$

式中 p_i，$i=h,f$，表示在 i 国生产的多种产品的消费价格，τ 表示 1 加上从价关税率。我们用 n_h 表示母国企业拥有的品牌数量（用集合 N_h 衡量），用 n_f 表示外国企业拥有的品牌数量（用集合 N_f 衡量）。另外，我们让 m 表示在母国已经建立生产设备的外国企业控制的品牌数目。然后，x 的价格指数可以写成

$$q = [(n_h + m) p_h^{1-\varepsilon} + (n_f - m) p_f^{1-\varepsilon}]^{1/(1-\varepsilon)} \quad (3)$$

假定在母国拥有子公司的所有外国企业确实都运用这些设备生产产品。[6] 最后，我们计算在每个地方生产产品企业的产量水平和营业利润（即，收益减去生产成本），它给出了

$$x_i = p_i^{-\varepsilon} q^{\varepsilon-\theta}, \quad i = h, f \quad (4)$$

$$\pi_i = \frac{1}{\varepsilon \tau_i} p_i^{1-\varepsilon} q^{\varepsilon-\theta}, \quad i = h, f \quad (5)$$

在这里，π_i 表示源自一种品牌的营业利润，并且我们使用符号惯例，即 $\tau_h = 1$，$\tau_f = \tau$。

我们暂时假定关税是政府可以使用的惟一政策工具。政府按人将

关税收益平均分配给选民。现在，我们可以用（1）把母国每个市民的平均（总）福利表示为关税率和跨国公司的子公司供给产品之数目的函数。我们有

$$W(\tau;m) = L + n_h\pi_h + \frac{\tau-1}{\tau}(n_f - m)p_f x_f + \frac{1}{\theta-1}q^{-(\theta-1)} \quad (6)$$

式中，L 是在假定的无弹性供给和工资率等于1情况下的平均劳动收入。右边部分的其他各项分别表示平均利润收入、平均关税折扣和从多种有差别产品的消费中得到的平均剩余。W 对 τ 和 m 的完全函数依赖程度是通过将等式（2）—（5）代入（6）得出的。

8.2.2 特殊利益集团与政府

政府选择保护率 τ 以最大化其政治目标函数，我们将其看作政治捐献和选民平均福利的线性联合。在选择贸易政策时，政府面对由国内游说集团提出的捐献安排 $C(\tau) \geqslant 0$。我们将政府的目标函数写成

$$G = C(\tau) + aW(\tau;m) \quad (7)$$

式中，$a > 0$ 是政府相对于政治捐献赋予（总体）选民福利的权数。

游说集团代表了母国全部有差别产品的生产者。不知何故，它们克服了曼瑟尔·奥尔森所说的"集体行动"问题［见 Olson (1965)］，并将它们的努力协调起来以影响政策。在母国有子公司的跨国公司不参与保护游说。为了简化，我们假定，在生产各种品牌有差别产品的公司中拥有股票的选民集合为空集。在这种情况下，母国公司的所有者教导它们的游说集团设计最大化运动捐献联合收益净值的捐献。简言之，我们将游说集团的目标看作是最大化 $n_h\pi_h - C$。[7]

游说集团的领导知道，一旦捐献安排被提出给政治家，后者将制定最大化（7）的政策。而且，他们知道，他们不能够使政治家的福利低于后者取消所有捐献能够得到的福利水平。政府的保留福利水平

第8章 内生保护下的对外投资

由 $aW^*(m)$ 给出，其中

$$W^*(m) = \max_{\tau} W(\tau;m) \tag{8}$$

图8—1中的曲线 G^*G^* 表示给政府产生的G值等于 $aW^*(m)$ 的捐献和关税水平的联合。G^*G^* 上面的曲线表示政府更高福利水平的无差异曲线。如果游说集团设计了位于 G^*G^* 下面任意位置的捐献安排，政府将选择确保其保留福利的 τ^*。从这一点看来，游说集团的最好做法就是引导政府选择点A。在该点，游说集团自己的无差异曲线与政府的无差异曲线相切。很明显，存在许多产生这个结果的捐献安排；一个例子是这样一种捐献安排，它与 L^*L^* 最低点左边的横轴一致，并且与该点右边的 L^*L^* 一致。

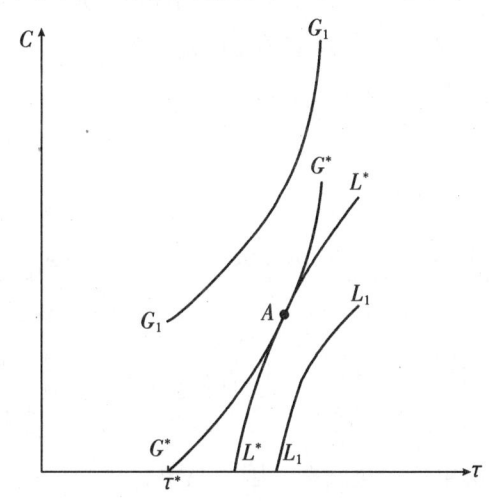

图8—1 均衡游说

我们的观点表明，游说集团隐含地解决问题

$$\max_{\tau,C} n_h \pi_h - C$$
$$\text{s.t.} C + aW(\tau;m) \geqslant aW^*(m) \text{ 且 } C \geqslant 0$$

这样，政治均衡就是这样刻画的：最大化游说集团和政府联合福利的关税（即，$\tau^p = \arg\max_{\tau}[n_h\pi_h + aW\{\tau;m\}]$）与满足参与约束等式的捐献水平（即，$C^p = a[W^*\{m\} - W\{\tau^p; m\}]$）。

运用（6），我们可以将均衡关税表示为

$$\tau^p = \operatorname{argmax}\left[(1+a)n_h\pi_h + a\frac{\tau-1}{\tau}(n_f - m)p_f x_f \right.$$
$$\left. + a\frac{1}{\theta-1}q^{-(\theta-1)}\right] \qquad (9)$$

当用这种方式写出时，我们看到政治关税最大化利润、关税收益和消费者剩余的加权和。尽管这些项从仁慈的社会计划者那里得到相等的权重，然而政治过程赋予利润更大的权重，因为利润是组织起来的利益集团得到的，而赋予关税收益和消费者剩余相对较低的权重，因为这两项是针对公众的。接下来，我们可以使用（9）的一阶条件，与（2）—（5）一起，得出均衡关税的隐含方程，即

$$\frac{\tau^p - 1}{\tau^p} = \frac{1+a}{a\varepsilon}\frac{(\varepsilon - \theta)n_h}{\varepsilon(n_h + m) + \theta(n_f - m)(\tau^p c_f/c_h)^{1-\varepsilon}} \qquad (10)$$

假如 $m < n_f$，并且只要等式有 $\tau^p > (c_h/c_f)^{(\varepsilon-1)/\varepsilon}$ 的解，这个方程就适用。后面一个条件确保，已经在子公司投资的外国跨国公司将使用这些设备服务于母国市场。否则，跨国公司将让它们的子公司无事可做，并且母国政府制定关税 $\tau^p = (c_h/c_f)^{(\varepsilon-1)/\varepsilon}$。最后，当所有的外国公司都在母国建立了子公司时（即，$m = n_f$），任何关税水平 $\tau^p \geqslant (c_h/c_f)^{(\varepsilon-1)/\varepsilon}$ 都解出最大化问题，因为只要关税足够高到使跨国公司利用离岸生产设备，关税税率的变化就没有任何实际影响。[8]

8.2.3 跨国公司

现在，当每个外国公司都必须决定是否建立外国子公司时，我们转向博弈的第一阶段。我们将假定，进入过程是分散的，即每个企业将所有其他公司的决定看作给定后，自己做出决定。给定其关于 DFI 总值的信念，每个企业运用（9）形成关于关税税率的预期。[9]接着，

它计算出从运营子公司中得到的预期利润和从出口中得到的预期利润之差。最后,它将这个差与建立离岸设备的固定成本 ϕ 进行比较。

运用(2)—(5),我们可以计算出作为关税水平和子公司数目函数的营运利润。结果为

$$\pi_h - \pi_f \equiv \delta(\tau;m)$$
$$= \frac{B(c_h^{1-\varepsilon} - \tau^{-\varepsilon} c_f^{1-\varepsilon})}{[(n_h+m)c_h^{1-\varepsilon} + (n_f-m)(\tau c_f)^{1-\varepsilon}]^{(\varepsilon-\theta)/(\varepsilon-1)}} \quad (11)$$

式中,$B = \varepsilon^{-\theta}(\varepsilon-1)^{\theta-1} > 0$。外国公司预期关税率为 τ,并且观察到在母国建立子公司的外国企业的数目 m,如果 $\delta(\tau;m) > \phi$,该公司自己就会投资;如果 $\delta(\tau;m) < \phi$,该公司当然不会开设分厂;如果两者相等,该公司在两种选择之间无差异。

我们详细说明的一个替代是允许外国跨国公司的协调进入。如果外国公司做出投资决定时可以合谋,或者如果外国政府倾向于管制 DFI,那么这将会是恰当的。在这两种情况的任何一种中,一旦认识到内生关税率对 m 选择的依赖——通过(9),m 将会被选择以最大化 $(\delta-\phi)m + n_f \pi_f$。这种可以替代的安排更接近于巴格瓦蒂(1987)中提出并在巴格瓦蒂等(1987)中明确分析的简单表述的精神。这里,我们不再进一步分析这一点。

8.3 DFI 和保护

我们试图说明完美—有远见均衡的特征。在接下来的部分,我们假定母国的生产成本更高,即 $c_h > c_f$。

8.3.1 关税反应曲线

图 8—2 刻画了两条关税反应曲线。对于特定系列参数值,每条

都将政治关税描述为 m 的函数。这些曲线是从（9）中得出的。[10] 容易证明，所有位于 $\hat{\tau} = (c_h/c_f)(\theta/\varepsilon)^{1/(\varepsilon-1)}$ 水平线之上的曲线都向下倾斜，所有位于该水平线之下但位于 $\underline{\tau} = (c_h/c_f)^{(\varepsilon-1)/\varepsilon}$ 水平线之上的曲线都向上倾斜。[11] 位于 $\underline{\tau}$ 之下的关税反应曲线都是水平的，因为关税水平如此低，以至于在任何情况下，任何恰好在母国拥有子公司的跨国公司都不会使用当地工厂来供应母国市场。我们将注意力限制在给出至少与 $\underline{\tau}$ 一样高政治关税的参数。注意，这个图形是在假定 $\hat{\tau} > \underline{\tau}$ 下画出来的，但这未必一定符合事实。如果 $\hat{\tau} < \underline{\tau}$，那么所有的关税反应曲线都向下倾斜。最后，回想一下紧接着等式（10）的讨论。当时，我们认为，在 $m = n_f$ 的有限情况下（即，当所有外国公司都在母国建有子公司时），政治关税可以采取最小与 $\underline{\tau}$ 相等的任何值，因为所有这些关税都是（9）的解，并且所有关税都导致同样的资源配置。

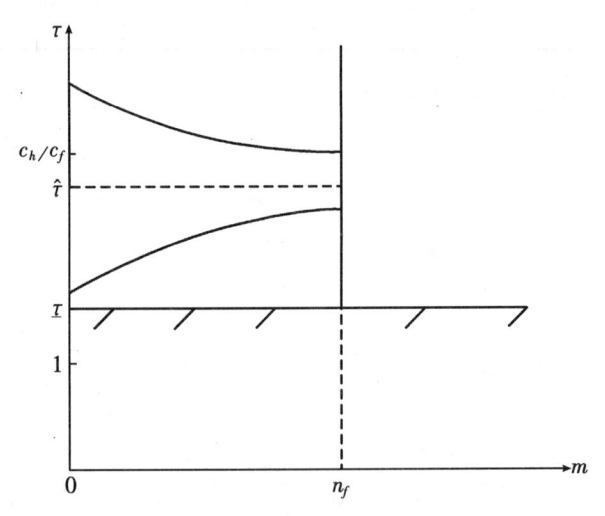

图 8—2 政治关税反应曲线

对于后一个观点，我们注意到，当参数 a 上升时，关税反应曲线向下移动。换句话说，如果政治气候按照使政府赋予每个人福利相对更高权重的方式变化，那么对于任何（给定）程度的跨国公司存在，均衡关税将更低。

8.3.2 利润差异曲线

在图8—3中，我们画出了5条利润差异曲线，就像（11）描述的一样，每一条曲线都表示在母国生产和在外国生产的企业营业利润之差。更高的曲线对应着更高的利润差。当1加关税率等于成本比率 c_h/c_f 时，利润差不依赖于跨国公司 m 的数目（即，曲线是水平线）。对于比这个关税更高的关税而言，曲线向上倾斜；而对更低的关税，曲线向下倾斜。即使对 m 的许多正数值存在无穷高关税，$m=0$ 时可能出现的较大差异也不可能。这反映在我们图中描述的最高一条曲线中。

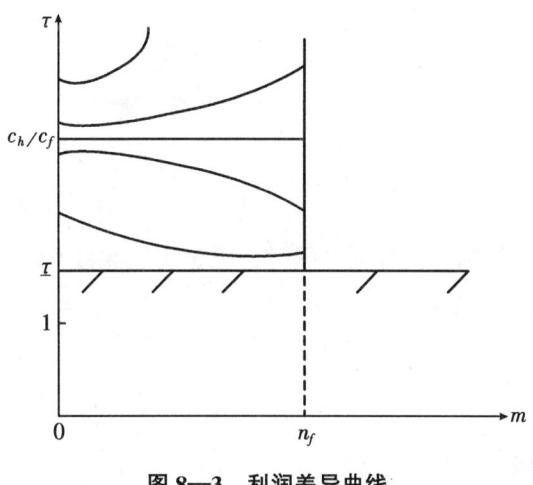

图8—3 利润差异曲线

8.3.3 进入

每个外国公司在形成关于最终关税的预期之后，都会比较利润差与固定成本 ϕ。让 $\tau^e(m)$ 描述（1加上）外国公司预期的、当跨国公司数目等于 m 时的关税率。那么，存在三个可能的均衡结构：

（ⅰ）$m=0$ 并且 $\delta[\tau^e(0),0] \leqslant \phi$；

(ⅱ) $0 < m < n_f$ 并且 $\delta[\tau^e(m), m] = \phi$;

(ⅲ) $m = n_f$ 并且 $\delta[\tau^e(n_f), n_f] \geqslant \phi$。

在第一种情况下，没有 DFI 出现，没有企业发现自己进入有利可图。在第二种情况下，某些跨国公司形成，并且某些企业无论建立子公司与否获取的净利润都相同。在第三种情况下，所有的外国企业都建立子公司，并且能够获取的净利润，至少与其禁止在母国投资时惟一一家企业获取的利润一样高。

就像我们立刻就能看到的，对于给定的参数值，这些类型的均衡偶尔不只一种存在。当这种情况出现时，我们以稳定性标准为基础在它们之间进行选择。我们采用下面的（专门，但不直观）调整过程

$$m^* = M(\delta[\tau^e(m), m] - \phi), \quad 其中 \ 0 < m < n_f \qquad (12)$$

式中，$M(0) = 0$，并且 $M(\cdot)$ 在任何情况下都是递增函数。这个过程假定，无论什么时候，不管子公司的数目为多少，对于任何一个企业而言，投资都有利可图时，子公司的数目上升；而无论什么时候，任何一个企业限制投资有利可图时，子公司的数目下降。当然，这种"调整"在现实中不会发生；因为购买子公司的投资一旦发生，它就会成为沉淀成本。

8.3.4 均衡 DFI 和保护

现在，为了刻画这种稳定、完美而有远见均衡的特征，我们将这些因素联合起来。图 8—4 描述了进入的较高固定成本为 ϕ、a 值较低的情况。后一点意味着，政府主要关心集中运动捐献。作为这些参数限制的结果，与 ϕ 值对应的关税反应曲线和利润差异曲线都位于成本比率 c_h/c_f 之上，这对于所有 m 的相关值都如此。这意味着，关税反应曲线 TT 向下倾斜，而相关的利润差异线 $\prod\prod$ 向上倾斜。

第8章 内生保护下的对外投资

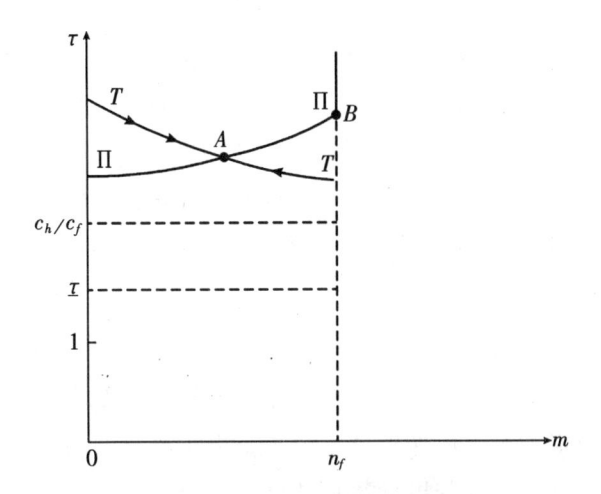

图 8—4 均衡 DFI 和保护

图 8—4 中的点 A 表示一个完美—有远见的均衡。B 点上面垂线上的点也如此。在前一种情况下，外国跨国公司的进入仅是部分的，在母国投资的企业获得的净利润与服务于母国出口市场的企业相同。在后一种情况下，所有的外国企业都建立子公司，并且随后的政治关税将不会引起它们中的任何一个企业后悔。然而，注意，后面的这些均衡都是不稳定的。例如，如果跨国公司的数目稍微少于 n_f 时，那么预期关税将位于 B 点之下的关税反应曲线上，这引起跨国公司数目的减少、预期关税上升等，直到经济收敛于（按照箭头）A 点的均衡。

为了阐明不稳定的根源，按照下面的方式思考可能是有帮助的。每个外国企业都知道，如果所有其他企业都建立了子公司，母国政府在所有高于 τ 的关税中是无差异的。结果，政府的确愿意选择高于 B 点关税的关税水平，这将支撑那里的均衡。但是，企业也知道，如果一家其他的外国企业愿意限制在母国投资，政治关税将低于 B 点的关税。如果这种情况发生，企业将会非常后悔任何投资决定。因此，它可能决定不冒险。如果所有的企业都这样考虑，它们都将预期 A 点的关税，并据此做出它们的投资决定。

现在，我们检验重要参数值稍微变化的影响。我们集中于进入的成本和政府关心一般选民的程度。首先，考虑参数 a。政府赋予每个人的福利权重越低（a 越小），关税反应曲线越高，利润无差异曲线上的点 A 越高。结果是，更高的保护率和更多的外国跨国公司。现在考虑进入的成本。当 ϕ 很低时，相关的利润无差异曲线和关税反应曲线上点 A 的位置越低。接下来，外国进入的成本越低，DFI 越高，保护越低。

图 8—5 描述了另一种可能的情况，这是当政府更加关注福利、进入成本较低、并且 $\hat{\tau}<\underline{\tau}$ 时出现的。[12] 在这种情况下，点 A 也表示惟一的稳定均衡（就像前面，箭头指出了调整的路径）。在这里，更低的进入成本意味着更大数目的外国子公司和更低的保护率。但是，不像前面的情况，现在如果政府更多地关注捐献而更少地关注每个人的福利，那么关税率将下降。

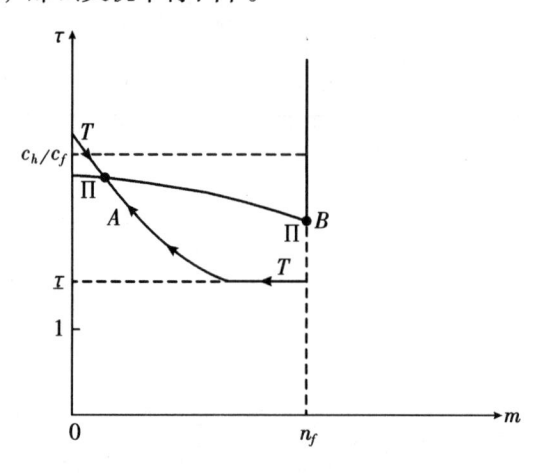

图 8—5　可以替代的均衡结构

比较图 8—4 和图 8—5 描述的两种情况，表明政府在迎合特殊利益的意愿和最终获得的保护程度之间，不存在明确的关系。原因在于，外国企业预期政策形成从而做出投资决策，而它们的决策可能改变关税最终形成的政治气候。在这两种情况下，（给定 m）a 下降的直接效应，造成预期关税的最初上升；在这两种情况下，这又引起更多的外国企业进入;并且在这两种情况下,意识到这种进入将会引起关税上升的预期趋于缓和。在图8—4描述的情况中,跨国公司的进入不会引起关税下降到低于最初水平。但是在图8—5描述的情况中,假定的调整过程实际上引起这一点发生。

图8—6仍然描述了另一种可能性。当政治家赋予选民福利的权重较高,建立子公司的固定成本较低时,这种情况可能出现。这也要求 $\hat{\tau} > \underline{\tau}$。这里,存在两种稳定的完美—有远见均衡,点$A$和$C$(而点$B$的均衡是不稳定的)。如果所有的外国企业都禁止投资时,就像点A所表示的,政治关税将相当低。那么,预期到这种低关税的企业就会非常高兴选择了从母国工厂出口。另一方面,如果所有的外国企业都建立了子公司,就像点C,那么政治关税将很高,企业将非常愿意在受保护的市场上拥有生产设备。

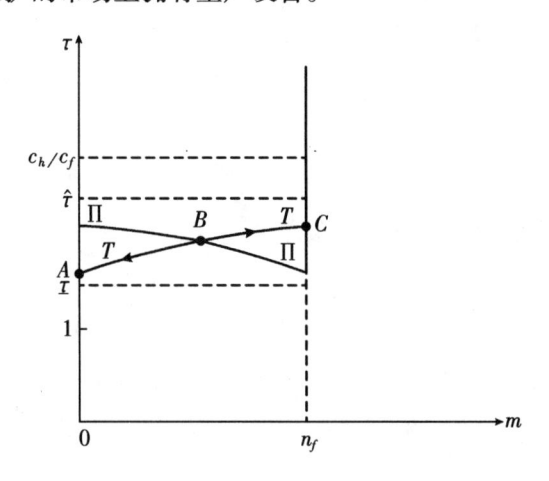

图8—6 多个稳定均衡

这种情况下的比较静态非常简单。政府效用权重的微小变化和进入固定成本的微小变化,都不会对两种极端均衡的存在产生任何影响。然而,如果a非常非常低,TT曲线位于$\prod\prod$曲线之上的某个地方,那么,对预期到更高关税的企业(根本上为m)而言,惟一的均衡就是完全进入。同样,如果ϕ非常非常低,$\prod\prod$位于TT下面,那么所有的企业都将进入。最后，如果 a 或者 ϕ 都比图中描述的值高得多，那么惟一的均衡将是低关税或者禁止性的进入成本，并且在两种情况下都没有跨国公司。

8.4 DFI 对一般选民有利吗？

我们的分析已经集中于，在国内公司游说保护时，对外直接投资和保护率的共同决定因素。当然，由此得出的均衡具有一般选民福利的含义。存在与我们的模型相关的许多福利问题。在这一部分，我们集中于可能是特别有意思的一个问题。也就是说，我们考虑对外投资是否服务于一般选民的利益。

在我们的模型中，不存在这种投资的效率基础。毕竟，外国企业必须要承担在母国开设工厂的额外（固定）成本，而且生产成本在母国也比在外国高。外国企业 DFI 的动机完全来自于对母国市场的预期保护；通过在母国开设子公司，这些企业能够"跳过"最终的关税壁垒。当布莱彻和迪亚茨－阿莱詹德洛（Brecher and Díaz-Alejandro, 1977）研究从固定关税引起的 DFI 的含义（将其看作国际资本流动）时，他们发现，这些投资通常会降低东道国的总福利。这样，对外国投资进入有保护市场的限制将是他们希望的。但是，在这里，这同样的一点未必正确，因为保护率可能随着跨国公司存在的程度而内生地变化。

为了阐明限制 DFI 可能伤害一般选民的可能性，我们考虑了一种政府赋予公众利益很小权重并且建立子公司的固定成本相对较低的情况。在这种情况下，容许 DFI 时的惟一稳定均衡是所有外国企业都进入（$m = n_f$），并且关税足够高到确保所有这些企业都积极利用子公司。而且，一旦所有外国企业都在母国建立了工厂，一般选民的总福利都不依赖于关税率（给定 $\tau > c_h/c_f$）。这意味着，如果没有来自利益集团的捐献，政府将非常高兴地提供均衡保护。然后，净福利（等于总福利减去任何的政治捐献）将等于总福利，运用（2）—（6），可以依次表示为：

$$\widetilde{W}(q) \equiv L + \frac{n_h}{\varepsilon} p_h^{1-\varepsilon} q^{\varepsilon-\theta} + \frac{1}{\theta-1} q^{-(\theta-1)}$$

$$\text{其中} \quad q = (n_h + n_f)^{1/(1-\varepsilon)} p_h \quad (13)$$

现在，将这个结果与外国投资被禁止时得到的结果进行比较。很少关注公众福利的政府将准备迎合利益集团。选择最大化国内利润的关税是利益集团诱致的，在这种情况下，关税是禁止关税。而且，要提供这种保护，它只需要很少的捐献。接下来，净福利收益将等于总福利，后者也由（13）给出，但是这次 $q = n_h^{1/(1-\varepsilon)} p_h$。这样，我们的比较就根据 $\widetilde{W}[(n_h + n_f)^{1/(1-\varepsilon)} p_h]$ 是否超过 $\widetilde{W}(n_h^{1/(1-\varepsilon)} p_n)$ 而变化。

容易表明，函数 $\widetilde{W}(q)$ 在任何情况下都随 q 递减。[13]这样，既然价格指数 q 随 n_f 递减，当政府高度受到利益集团的压力时，对外国投资的禁止必定伤害一般选民。福利损失的根源在于这种情况的政治经济学。然而，预期的外国投资让国内消费者享受某些外国产品多样性产生的剩余，在没有 DFI 的均衡中，它们意识不到这种均衡。在这种情况下，政府被引致树立非常高的贸易壁垒。

8.5 工人与资本家

DFI 可能给一般选民产生收益的事实当然不意味着，在政治均衡中，外国企业能够自由进入。国内产业具有相同的激励游说投资壁垒，就像游说限制贸易一样。因此，我们可能预期，政治学阻碍了作为替代的外国投资，就像它限制潜在获益的贸易一样。然而，我们的基本阐述忽视了保护政治学和投资壁垒政治学之间的重要差别。因为我们已经模型化了这样一种经济，技能一般化、劳动可以自由流动、工人的利益与其就业的部门无关。在现实中，工人通常需要该产业专用的技能。然后，这些工人在影响它们产业的政策中获得利益。我们经常将组织起来的劳动力看作一个游说政府的明确利益集团。并且，尽管工资赚取者的利益与利润赚取者的利益在保护问题上紧密相关，这可能不是关于 DFI 的政策被考虑的情况。

为了更详细地探讨这一点，我们提出了一个对我们模型的简单修正。现在，我们假定，有差异的产品是用"有技能"（或者专用性的）和"无技能"（或者一般的）劳动制造的，并且技能对标准产品的生产无用。在标准产品部门，产品仍然只采用无技能劳动生产，并且单位选择使这些工人的均衡工资等于 1。在其他部门，有差异产品用无技能和有技能劳动联合生产，并采用不变规模收益技术。存在有技能工人的固定供给 S。并且，在制造不同品种的产品时，使用的要素比例与建造生产这些产品必需的工厂时相同。因此，我们将母国生产单位某种品牌的有差异产品的边际成本记为 $c_h(w)$，与 DFI 相关的固定成本记为 $\phi c_h(w)$，其中，w 是支付给有技能工人的工资。

在转向政治经济学以前，让我们注意对有技能劳动力市场上均衡的需求。每个在母国生产有差别产品的企业都为每单位产品雇用 $s(w)$ 单位的有技能工人，其中，$s(w) \equiv dc_h(w)/dw$。每个外国跨国公司为建立子公司，也雇佣 $\phi s(w)$ 单位的有技能劳动力。对有技能劳动力的总需求就等于制造业者的需要和外国企业为建立工厂的使用之和。最后，市场出清要求总需求等于无弹性供给或者

$$(n_h + m)x_h s(w) + m\phi s(w) = S \tag{14}$$

现在，我们用 $c_h(w)$ 代替（2）中的 c_h，并联合（2）～（4）与（14）将均衡工资表示为外国子公司数目和保护率的函数；我们将这个关系记为 $w(\tau; m)$。注意，w 随 τ 递增，因为高关税意味着对当地生产的多种产品的需求，并产生对部门专用劳动的更大的引致需求。[14]对于跨国公司数目与有技能劳动力工资之间的关系，我们从

(14)看出，存在正的直接效应：每个额外的跨国公司都需要某些有技能的劳动力建立工厂并生产产品。也存在通过 x_h 的诱致变化起作用的间接效应。如果国内生产产品的消费者价格超过进口价格（如果 $\tau c_f < c_h$，事实就如此），那么，m 的上升将提高有差别产品的价格指数，并因此提高每种当地生产产品的需求。在这种情况下，对工资的间接效应也为正，工资率必定随跨国公司数目的扩大而提高。另一方面，如果国内产品比进口便宜，那么 q 随 m 下降，x_h 也如此。然后，DFI 将对有技能劳动力的需求有相反的、间接效应。但是，直接效应通常占主导地位，并且当外国子公司的数目上升时，有技能劳动力的工资通常会上升。[15]

现在，让我们回到这种情况的政治学。给定外国跨国公司 m 的数目，π_h 和 w 都随 τ 递增。因此，如果资本家和工人都已经在政治上组织起来，那么两者都有激励游说保护。相比较而言，尽管国内利润肯定随 m 的上升而下降，但是作为对外国企业流入的反应，有技能劳动力的工资将上升。因此，国内企业和产业工人将发现它们在关于跨国公司的政策上存在冲突。

这种冲突将如何解决呢？为了得到对这个问题的某些洞见，我们集中于 a 接近于零的极端情况。在这种情况下，政府不给消费者剩余或关税收益任何权重，并因此同意工人和企业对禁止性关税的需求。国内利益集团为了确保完全受保护的市场，的确只需要支付很少的政治捐献。无论跨国公司存在的程度如何，外国企业都应该预期无穷大的关税。[16] 据此，我们知道，给定 $\pi_h > \phi c_h(w)$，当 $m = 0$ 时，某些外国企业希望建立子公司。仍然只能够看到的是，能够设置投资壁垒的政府是否会选择限制这种外国投资。

假定游说集团在影响政府关于跨国公司的政策上相互竞争。让每个集团都提出联系政治捐献与允许进入外国企业数目的捐献安排。我们集中于纳什均衡，即给定其他集团的捐献安排，每个集团的捐献安排是最优的——并且，在这些均衡中，这个均衡是两个游说集团控制的非帕累托最优均衡。事实上，在我们已经描述的情况下，存在惟一一种帕累托非最优的纳什均衡；也就是说，游说集团诱致政府选择 m 以最大化有技能工人工资和国内利润之和。[17]

在随后的政治均衡中，关于投资限制，这告诉了我们什么？为了回答这个问题，我们定义 $J \equiv n_h \pi_h + wS$，并且计算出，当关税是禁止性的时候，

$$J = \varepsilon^{-\theta}(\varepsilon-1)^{\theta-1} n_h (n_h + m)^{(\varepsilon-\theta)/(1-\varepsilon)} c_h(w)^{1-\theta} + wS$$

(14) 还可以简化为

$$s(w)[\varepsilon^{-\theta}(\varepsilon-1)^{\theta}(n_h+m)^{(\theta-1)/(\varepsilon-1)} c_h(w)^{-\theta} + m\phi] = S$$

当 $\tau \to \infty$ 时。从这两个等式，我们能够评估出，利益集团的联合（总）福利受外国企业进入的影响。我们发现

$$\frac{dJ}{dm}\frac{m}{J} = -\frac{(1-\omega)m(\varepsilon-\theta)}{(n_h+m)(\varepsilon-1)} + [\omega - (1-\omega)(\theta-1)\beta_s]$$
$$\times \frac{(1-l_x)+l_x[m(\theta-1)/(n_h+m)(\varepsilon-1)]}{\sigma_s + \theta\beta_s l_x} \quad (15)$$

式中，$\omega = wS/J$ 是两个利益集团成员总收入中有技能工人的工资份额。

对（15）的仔细观察揭示出，当 ω 接近于零时，联合收入下降。在这种情况下，政治均衡对所有外国投资实行完全限制。直观上看，当 $\omega \cong 0$ 时，在关于跨国公司的政策中，部门专用要素只有适当的利益。同时，国内企业的所有者受到 DFI 的影响更加严重。因此，在竞争政府的支持时，企业游说集团的出价高于工人游说集团。当然，这种情况仅是 ω 接近于 1 时的一种相反情况。然后，跨国公司的流入提高有技能工人的收入，并且这些工人赢得政治斗争，所有的外国企业自由进入。最后，如果 ω 不这么极端，政治竞争可能会引起妥

协。可以通过最大化关于 m 的 J,发现对外国进入的政治限制。这个数越大,与国内产业的利润相比,有技能工人的工资越高(大 ω),企业对有技能劳动力的需求越没有弹性(小 σ_s),建立工厂设备的固定成本越大(大 ϕ,意味着对于给定的 m,较小的 l_x)。

8.6 结 论

我们已经发展了一个关于预期对外投资的模型,这个模型在某些方面与巴格瓦蒂(1987)描述的替代性对外投资类似。在这个模型中,对外投资被假定是不可撤销的,而贸易政策是多少可以改变的。因此,外国企业必须将其投资决策建立在它们对于随后政策形成的预期上。企业承担建立子公司的额外成本,因为它们害怕母国最终强加进口壁垒。

在我们的模型中,跨国公司的数目和政治决定的关税率不存在简单关系。在内生贸易政策但不存在对 DFI 限制的均衡中,对外投资的存量随国内政府对运动捐献的偏好递增,随进入的固定成本下降。但是,更愿意迎合特殊利益的政府,在均衡时,不一定提供更高的保护率;这依赖于许多外国企业如何通过将生产再转移到母国,对更具保护倾向政府的预期做出反应。

我们已经表明,DFI 可以提高福利,即便国内制造成本超过外国成本,以致"跳过关税"是投资的惟一动机。这个结论与文献中的流行观点存在一定程度的不一致 [例如,见 Brecher and Díaz-Alejandro (1977)]。从假定的保护内生性来看,我们的结果与以前的文献一致,也就是说,对于给定的关税率,DFI 可能有害,但如果它引致了更自由的贸易结果,就仍可能有益。

最后,我们已经检验了母国政府管制外国投资流入的可能性。当关于 DFI 的政策内生时,政治学可能在希望投资限制的国内企业与希望跨国公司自由进入的产业专用技能工人之间产生冲突。对这个冲突的解依赖于产业对有技能劳动力的需求,有技能劳动力的工资与产业利润的比率,以及建立跨国工厂设备的固定成本规模。

【注释】

[1] 例如,参见 Bhagwati et al. (1987)、Dinopoulos (1989, 1992)、Wong (1989) 和 Bhagwati 等 (1992)。

[2] 霍斯特曼和马库森 (Horstmann and Markusen, 1992) 已经研究了母国贸易政策外生给定假定下,保护如何影响均衡的 DFI 水平。希尔曼和厄斯普恩格 (Hillman and Ursprung, 1993) 检验了给定本国和跨国公司数目时,跨国投资的程度如何影响贸易政策的决定因素。我们分析的著名特征是,将跨国投资和贸易政策看作是内生(并且联合)决定的。

[3] 为了强调对工厂及设备的投资通常是不可撤销的,我们选择这个博弈顺序,然而政策可能由政府根据意愿进行改变。在这种背景下,外国企业肯定意识到,长期的贸易政策将反映所有关于 DFI 的决策做出后存在的政治条件。

[4] 这个政治目标函数可以作为博弈的简化形式得出来。在这个博弈中,当权政府与反对方在选举中进行竞争。见 Grossman and Helpman (1994b)。

[5] 竞争性品牌价格的上升通常引起从这些品牌到另一种品牌 j 的替代。同时,它将提高价格指数 q,这引起消费者用标准商品替代这整个一组有差别的产品。当 $\varepsilon > \theta$ 时,前一种效应起主导作用,对产品 j 的需求上升。

[6] 如果这一点不是事实,那么(3)中的 m 应该用跨国公司的数目替代,这些跨国公司给国内市场供应它们子公司生产的产品。当然,在实现预期的均衡中,所有在外国工厂中进行有成本投资的企业都使用这些工厂来生产。

[7] 如果在全部选民人口中,股东集合是不可忽视的,那么游说集团成员将收到在分配关税收益中不可忽视的份额,并享受总消费者剩余不可忽视的份额。在这种情况下,它们将分担关税政策引起的任何无谓损失。在 Grossman and Helpman (1994a) 中,我们表明了这些因素如何(轻微地)影响均衡关税方程。

[8] 在本文中,我们的讨论忽视了最后一种可能性。可能碰巧发生的是,给定 m,$\tau^p < (c_h/c_f)^{(\varepsilon-1)/\varepsilon}$ 的选择——它足够低以至于形成了对国内市场的跨国出口——比起任何 $\tau^p > (c_h/c_f)^{(\varepsilon-1)/\varepsilon}$ 的政策来,都给游说集团和政府提供了更高

的联合福利。然而，这种情况不可能在均衡中出现，因为如果外国企业预期到了这种较低的关税，它们就不愿承担 DFI 的正成本。

[9] 由于企业组成的连续集合，DFI 的总量独立于任何一个企业的决策。

[10] 等式（10）通常不给出作为 m 函数的 τ^p 的惟一解。例如，当 $m=0$，$a=0.217$，$\varepsilon=2$，$\theta=1.1$，$c_h=5$，$c_f=1$，$n_h=1$ 并且 $n_f=1$ 时，就存在两个解。在这两个解都不是（9）的解时，作为替代，（9）的解为无穷高关税。然而，等式（10）可以求反函数，将 m 表示为 τ^p 的函数。

[11] 我们应该强调关税反应函数斜率的模糊性。大多数跟随巴格瓦蒂的文献都演绎假定，跨国公司数目的上升会降低预期保护率。

[12] 这要求 $c_h/c_f < (\varepsilon/\theta)^{\varepsilon/(\varepsilon-1)}$。

[13] 我们计算出，$\widetilde{W}'(q)$ 与下面的表达式具有相同的符号

$$\left[\left(\frac{\varepsilon-\theta}{\varepsilon}\right)\left(\frac{n_h}{n_h+n_f}\right)-1\right]$$

这意味着 $\widetilde{W}'(q)<0$。

[14] 简单的比较静态分析表明，$w(\cdot)$ 关于 τ 的偏导数为

$$w_\tau = \frac{w}{\tau}\frac{(1-\eta)(\varepsilon-\theta)l_x}{\sigma_s+\beta_s l_x[\eta\theta+(1-\eta)\varepsilon]}>0$$

式中，$\eta \equiv (n_h+m)p_h^{1-\varepsilon}/[(n_h+m)p_h^{1-\varepsilon}+(n_f-m)p_f^{1-\varepsilon}]$ 和 $l_x \equiv (n_h+m)x_h/[(n_h+m)x_h+m\phi]$ 介于 0 和 1 之间，$\sigma_s \equiv -s'w/s > 0$ 是在每种用途中对有技能劳动力的需求弹性，$\beta_s \equiv sw/c_h$ 是生产有差别产品和建立子公司的总成本中有技能劳动力工资的份额。

[15] 我们计算出

$$w_m = \frac{w}{m}\frac{\left(1-\frac{n_h}{n_h+m}l_x\right)+\eta\frac{\varepsilon-\theta}{\varepsilon-1}\frac{m}{n_h+m}\left(\frac{p_f^{1-\varepsilon}-p_h^{1-\varepsilon}}{p_h^{1-\varepsilon}}\right)l_x}{\sigma_s+\beta_s l_x[\eta\theta+(1-\eta)\varepsilon]}$$

它为非负，因为 $l_x \leqslant 1$，并且在第二部分的分子中，乘以 l_x 的项加起来小于或等于 1。

[16] 无穷小捐献时无穷大的关税是两个利益集团单独设定其捐献安排时的惟一纳什均衡。如果只有一个集团游说保护时，结果也如此。

[17] 这个结论源于 Bernheim and Whinston（1986）的引理 2。它们已经表

明，在菜单拍卖博弈中，所有避免联盟的均衡都最大化委托人和代理人的联合福利。这里，政府是代理人，其福利恰好是当 $a=0$ 时从委托人那里的转移。因此，在任何避免联盟的均衡中，m 必须最大化 $n_h\pi_h + wS$。最后，当只有两个为影响进行捐献的委托人时，避免联盟的均衡集合与对委托人非占优的帕累托均衡集合是一致的。

参考文献

Bernheim, B. Douglas, and Whinston, Michael D. (1986). Menu auctions, resource allocation, and economic influence. *Quarterly Journal of Economics* 101:1–31.

Bhagwati, Jagdish N. (1987). Quid pro quo DFI and VIEs: A political-economy-theoretic analysis. *International Economic Journal* 1:1–14.

Bhagwati, Jagdish N., Brecher, Richard A., Dinopoulos, Elias, and Srinivasan, T. N. (1987). Quid pro quo foreign investment and welfare: A political-economy-theoretic model. *Journal of Development Economics* 27:127–138.

Bhagwati, Jagdish N., Dinopoulos, Elias, and Wong, Kar-yiu (1992). Quid pro quo foreign investment. *American Economic Review* 82:186–190.

Brecher, Richard A., and Díaz-Alejandro, Carlos F. (1977). Tariffs, foreign capital, and immiserizing growth. *Journal of International Economics* 7:317–322.

Dinopoulos, Elias (1989). Quid pro quo foreign investment. *Economics and Politics* 1:145–160.

Dinopoulos, Elias (1992). Quid pro quo foreign investmentand VERs: A Nash bargaining approach. *Economics and Politics* 4:43–60.

Grossman, Gene M., and Helpman, Elhanan (1994a). Protection for sale. *American Economic Review* 84:833-850.

Grossman, Gene M., and Helpman, Elhanan (1994b). Electoral competition and special interest politics. Woodrow Wilson School Discussion Paper in Economics 174. Princeton University.

Helpman, Elhanan (1984). A simple theory of multinational corporations. *Journal of Political Economy* 92:451-471.

Hillman, Arye L., and Ursprung, Heinrich W. (1993). Multinational firms, political competition, and international trade policy. *International Economic Review* 34:347-363.

Horstmann, Ignatius, and Markusen, James R. (1992). Endogenous market structures in international trade. *Journal of International Economics* 32:109-129.

Markusen, James R. (1984). Multinationals, multi-plant economies, and the gains from trade. *Journal of International Economics* 16:205-226.

Olson, Mancur (1965). *The Logic of Collective Action* (Cambridge, Mass: Harvard University Press).

Wong, Kar-yiu (1989). Optimal threat of trade restriction and quid pro quo foreign investment. *Economics and Politics* 1:277-300.

索引[*]

页码后面有"fn"表示在注释中；有"f"表示在图形中；有"t"表示在表格中。

A

Abramowitz, A.I., 阿布拉莫维茨, A.I., 75fn

Advertising, political, 广告，政治的, 1; campaign, 运动, 49fn

Agenda setter, 议程制定者, 6

Aggregate Welfare, 总福利, 9, 11, 12, 13, 14, 15, 16, 18, 19, 35, 36, 37, 63, 85, 92fn, 96 - 98, 99, 113, 115, 119, 126, 134, 136, 179, 180, 187, 192, 195, 207, 208, 215, 217

Alternating-offer bargaining model, 具有替代性捐献的讨价还价模型, 225fn

Anderson, K, 安德森, K, 126fn

Aranson, P., 阿兰森, P., 49fn

Austen-Smith, D., 奥斯汀－史密斯

---

[*] 人名和术语后面的页码均表示原书中的页码；本索引中个别条目的页码原书可能有误。——译者注

D., 47

B

Baldwin, R.E., 鲍德温, R.E., 126fn, 168, 169

Ball, R., 鲍尔, R., 78

Bandyopadhyay, U., 班迪帕迪埃, U., 18-19

Baron, D.P., 巴伦, D.P., 47, 49fn, 55, 58fn, 77

Bayes'rule, 贝叶斯法则, 83, 87-88, 93

Bayesian equilibrium (PBE), 贝叶斯法则, 82

Becker, G.S., 贝克尔, G.S., 40, 154fn

Benthamite social welfare function, 边沁社会福利函数, 26

Berg, L., 伯格, L., 74

Bernheim, B.D., 贝纳姆, B.D., 7, 26, 46, 62fn, 116, 119, 122, 150, 161, 189, 204, 222, 254fn

Bhagwati, J.N., 巴格瓦蒂, J.N., 16, 181fn, 184, 233, 234fn, 242, 244fn, 255

Binmore, K., 宾莫尔, K., 165

Bohara, A.K., 伯哈拉, A.K., 20

Branstetter, L., 布兰斯泰特, L., 20

Brecher, R.A., 布莱彻, R.A., 242, 250

Brock, W.A., 布洛克, W.A., 13, 15, 47fn, 112, 141, 142, 184

C

Cameron, C.M., 卡梅伦, C.M., 78

Campaign contributions, 运动捐献, 4, 5, 9, 11, 18, 19, 35, 37, 44, 46, 47, 51-53, 52fn, 55-56, 59, 67, 68, 71fn, 112, 113, 114, 115, 116, 118, 119, 126-132, 134, 135, 184, 185, 194, 234, 237, 239, 246; importance, 重要性, 77; influence-driven, 影响驱动, 186-191; with only an influence motive, 只有一种影响动机, 56-59; by PACs, 通过PACs, 1; schedule, 进程, 142-143

Campaign spending, 运动支出, 6, 8, 9, 47, 49, 50fn, 54, 59, 68

Campbell, A.A., 坎贝尔, A.A., 74

Coalition-proof equilibrium, 避免联盟的均衡, 195, 211, 218

Coalition-proof stance, 避免联盟的情势, 212, 221

Coate, S., 科特, S., 41fn

Common agency, 共同代理, 5, 7, 9, 11, 13, 25-40, 116, 132, 150, 164; application to government policy making, 运用于政府政策制定, 35-40; no unified party in power,

· 297 ·

未统一起来的执政党，6

"Compensating" payment schedule，"补偿性"支付进程，8

Contribution schedule, 捐献安排，6, 9, 12, 30, 45, 52–54, 62, 64, 65, 70, 116, 119, 120, 125, 126, 143, 145, 146, 147, 148, 149, 204; designed by lobbies, 由游说集团设计，240; differentiable, 可微的，52, 63, 121, 122, 123, 125, 126, 150–151, 159, 160, 161, 162, 170, 209, 240, 253; linking political gifts to, 将政治赠品与之联系起来，253; lobbies, 游说集团，220; locally truthful, 局部真实，38, 121, 122, 122f, 123, 124, 127, 129, 131fn

Contributions to foreign governments, 对外国政府的捐献，7, 16, 17, 20, 142fn, 153fn10, 204fn, 229–231

Converse, P.E., 康弗斯, P.E., 74

Coughlin, P.J., 库格林, P.J., 49fn, 185

Cowhey, P.E., 考海伊, P.E., 140, 200

Crawford, V., 克劳福德, V., 98fn

Crémer, J., 克里默, J., 53fn

Customs unions, 关税同盟，202

D

Delegation game, 委托博弈，149

Denzau, A.T., 丹佐, A.T., 49fn

DFI (direct foreign investment), DFI (对外直接投资)，234–236, 245, 247, 253; welfare improving, 福利改进，20, 255. See also "quid pro quo" foreign investment., 又见"替代性"对外投资。

Diamond, P.A., 戴蒙德, P.A., 27, 37

Diaz-Alejandro, C.F., 迪亚茨-阿莱詹德洛, C.F., 250

Differential contribution schedules, 有差别的捐献安排，52, 63, 121, 122, 123, 125, 126, 150–151, 159, 160, 161, 162, 170, 209, 240, 253

Dinopoulos, E., 蒂诺珀勒斯, E., 234, 234fn, 242

Direct democracy, 直接民主制，175–178

Direct foreign investments. See DFI. 对外直接投资。见 DFI。

Dividing-line rules, 分割线规则，85–88, 87f, 93, 94

Dixit, A.K., 迪克西特, A.K., 7, 8, 40, 41fn, 46, 59fn

Donnelly, H., 杜纳利, H., 74–75, 75fn

E

Electoral competition: and special interest groups, 选举竞争：和特殊利益集团, 8-9, 43-71

Electoral motive, 选举动机, 6, 9, 44, 45, 56, 59-61, 66-68, 184, 186

Endogenous protection, 内生保护, 233-255

Endorsements, political: competition for, 赞同, 政治的：竞争, 74-106; effective, 有效的, 99; enhance political efficiency, 提高政治效率, 99; group members unaware, 集团成员未知的, 97-99; information from, 信息来自, 87f; labor unions and, 工会和, 74; literature on, 文献, 77-79; mechanical, 机制的, 86-92; neutral, 中性的, 84-85; parties not competing for, 政党不竞争, 98; process and political efficiency, 过程和政治效率, 96; role in election process, 在选举过程中的作用, 73-106; role in policy determination, 在政策决定中的作用, 88; role in referendum voting, 在公民投票中的作用, 78; simultaneous, 同时的, 99; special interest groups and policies, 特殊利益集团和政策, 94; strategic, 策略性的, 92-95; votes for party based on, 基于……投票支持政党, 9-11, 94

Enelow, J.M., 埃内罗, J.M., 46, 49fn

Enhanced protection, case of, 提高的保护, 案例, 206, 207, 207t

Equilibria, 均衡, 28-32; alternative configurations, 具有替代性的外部结构, 248f; coalition proof, 避免联盟, 195; electoral, 选举的, 83; with one lobby, 有一个游说集团, 54-61; perfect-foresight, 完全深谋远虑的, 243, 246; political, 政治的, 53-54; political contributions and policy, 政治捐献和政策, 119-126; with several lobbies, 有多个游说集团, 61-67; truthful, 真实的, 32-34; and lobbies, 和游说集团, 38-39

Equilibrium agreements, 均衡协定, 212-219

Equilibrium contributions, 均衡捐献, 128, 129f, 130, 131-132, 134; locally truthful schedules, 局部真实的安排, 162; voters represented as special interests, 作为特殊利益代表的选民, 130-131

Equilibrium DFI: protection and, 均衡DFI: 保护和, 246-249, 246f

Equilibrium rate of protection, 均衡保护率, 176

Equilibrium tariffs, 均衡关税, 240-

241; levels of DFI, DFI 的水平, 243-249

Equilibrium trade agreements, 均衡贸易协定, 160, 161, 163

Equilibrium trade policies, 均衡贸易政策, 125, 152, 192

Equilibrium vote shares, 均衡的选票份额, 105f

European Union (EU), 欧盟 (EU), 26, 199, 200

Evans, P., 埃文斯, P., 192

F

Feenstra, R.C., 芬恩斯特, R.C., 20, 181fn, 183-184

Fershtman, C., 菲舍曼, C., 149

Findlay, R., 芬德利, R., 13, 141fn, 181

Fixed positions, 固定情势, 3, 9, 76, 77, 79

Flam, H., 弗拉姆, H., 174

Foreign interest groups, 外国利益集团, 20, 153fn, 164, 231

Foreign investments: effect on formation of trade policy, 对外投资：对贸易政策形成的影响, 233-255

Foreign multinationals: and trade policy, 外国多国公司：和贸易政策, 235-236

Foreign subsidiaries, 外国补贴, 235, 242

Free trade, 自由贸易, 111, 114, 130

Free trade agreements (FTAs), 自由贸易协定（FTAs）, 14-20, 194-197; economic equilibrium under, 在……下的经济均衡, 205-207; effects on economic interests, 对经济利益的影响, 207-208; effects on the welfare of agents, 对主体福利的影响, 201-208; equilibrium agreement, 均衡协定, 212; as equilibrium outcome, 作为均衡结果, 230; industry effects of, ……的产业影响, 205-206, 206f; industry exclusions, 产业例外, 219-228; bargaining over, 对……讨价还价, 224-228; outcomes under, 在……下的结果, 207t; political viability 政治生存能力, 218; politics of, ……的政治学, 199-231; profit changes from, 源于……的利润改变, 215

Free trade areas, 自由贸易区, 202

Freeman, J., 弗里曼, J., 75, 75fn

Fremdreis, J.P, 弗雷姆德莱斯, J.P, 44

G

Garber, R M., 加伯, R M., 174

GATT (General Agreement on Tariff

索　引

and Trade），GATT（关税和贸易总协定），175，194，201，202，219，220

Gawande, K., 贾旺德, K., 17fn, 18-19, 20

Germond, J.W, 杰蒙德, J.W, 75

Goldberg, P.K., 戈德堡, P.K., 17-19

Goldenberg, E.N., 戈登堡, E.N., 116fn

Green, D.P., 格林, D.P., 115fn, 116fn

Grofman, B., 格罗夫曼, B., 77, 78

Grossman, G.M., 格罗斯曼, G.M., 26, 35, 40, 46, 59, 152, 186, 189-190, 191, 192, 195, 200, 203, 204, 234, 237fn

H

Hammond, P.J., 哈蒙德, P.J., 41fn

Helpman, E., 赫尔普曼, E., 26, 35, 40, 46, 59, 152, 186, 189-190, 191, 192, 195, 200, 203, 204, 234, 237fn

Hillman, A.L., 希尔曼, A.L., 13, 14, 112, 141fn, 142, 178, 235fn

Hinich, M., 希尼奇, M., 46, 49fn

Hirschman, A.O., 赫希曼, A.O., 218fn

Horstmann, I., 霍斯特曼, I., 235fn

I

Import-penetration ratio, 进口渗透率, 169

Impressionable voters. See voters, impressionable. 易受影响的选民。见选民，易受影响的。

Influence motive, 影响动机, 9, 44, 56-59, 66, 68, 186, 189

Informed voters. See voters, informed. 有信息的选民。见选民，有信息的。Insiders（voters），内部人（选民），80-81; and endorsements, 和赞同, 93; updating of beliefs, 信念的提升, 86, 87f; votes as function of party position, 作为政党地位函数的投票, 90f

Interest groups. See Special-interest groups. 利益集团。见特殊利益集团。

J

Jacobson, G.G., 杰克森, G.G., 115fn

Jacobson, H., 杰克森, H., 192

Johnson, H.G., 约翰逊, H.G., 136, 140, 152, 192

Johnson equilibrium, 约翰逊均衡,

152, 155f, 156, 156fn, 165
Jones, R.W., 琼斯, R.W., 181
Judd, K.L., 贾德, K.L., 149
Jung, J.P., 荣格, J.P., 78

K

Kats, A., 卡斯, A., 49fn
Katz, M.L., 卡茨, M.L., 149
Kau, J.B., 考, J.B., 44
Kennan, J., 坎南, J., 140
Kennedy, E., 肯尼迪, E., 75
Kornhauser, A., 柯恩豪泽, A., 74
Krasno, J.S., 克拉斯诺, J.S., 115fn, 116fn
Krishna, P., 克里什纳, P., 17fn, 20
Krueger, A.O., 克鲁格, A.O., 206
Kuga, K., 库加, K., 140
Kuklinski, J.H., 库克林斯基, J.H., 74

L

Lavergne, R.P., 拉维涅, R.P., 169, 170
LeRoy, M.H., 勒鲁伊, M.H., 74
Li, J., 李, J., 185
Lindbeck, A., 林德贝克, A., 46, 50fn, 69fn
Lobbies, 游说集团, 3-4, 27, 38-40, 47, 69, 113, 125fn, 127, 128, 131, 132-133, 134-135, 142, 159, 163-165, 185, 205, 209-210, 212, 223, 225, 230, 241f; antiprotectionist, 反保护主义者, 182-183; application to government policy making, 运用于政府政策制定, 36; attempting to influence policy, 尽力影响政策, 234; contributions, 捐献, 36-38; contribution schedules, 捐献安排, 70, 116, 125, 145-146, 148, 150, 160-161, 220, 237; contribution schedules and trade talks, 捐献安排和贸易谈判, 193-194; contributions to foreign governments, 对外国政府的捐献, 229-231; cooperation between, 之间的合作, 149; deviate, 偏离, 40; equilibria with one, 只有一个时的均衡, 54-61; equilibria with several, 具有几个时的均衡, 61-67; foreign, 外国的, 150, 154fn, 156; influence-driven contributions, 影响驱动的捐献, 186-191, 195; political contributions to set trade policy, 制定贸易政策的政治捐献, 114, 132-133; and pressured stances, 和受到压力下的立场, 210; proprotectionist, 支持保护主义者, 182-183; truthful contribution schedules, 真实的捐献安排,

索 引

127; and truthful equilibria, 和真实的均衡, 38－39, 130; and unpressured stances, 和不受压力下的立场, 209

Local truthfulness, 局部真实性, 62fn, 71, 121, 122f, 124, 151, 162

Londregan, J.B., 伦德里根, J.B., 41fn, 46, 59fn

Long, N.V., 朗, N.V., 123, 142, 180fn

Lupia, A., 卢皮亚, A., 74, 78, 84fn

M

Magee, S.P, 马吉, S.P, 13, 15, 47fn, 112, 141, 142, 184

Magelby, D.B., 麦戈比, D.B., 115, 168, 186

Maggi, G., 麦格, G., 17－19

Majority rule, 多数人规则, 69－71

Markusen, J.R., 马库森, J.R., 234, 235fn

Martinez, G., 马丁内斯, G., 75

Mayer, W., 迈耶, W., 13, 136, 140, 163fn, 175－176, 185

McCalman, P., 麦卡考曼, P., 19－20

McKelvey, R., 麦克尔韦, R., 77

McMillan, J., 麦克米兰, J., 202, 220

Median voters. See voters, median. 中间选民。见选民，中间的。

Menu auction, 菜单拍卖, 26, 46, 116, 119, 204, 211, 222, 254fn

MERCOSUR (Southern Common Market), MERCOSUR（南部共同市场）, 20, 200

MFN, See "most favored nation", MFN。见"最惠国"。

Mirrlees, J.A., 米尔利斯, J.A., 27, 37

Mitra, D., 米塔, D., 19

Mondale, W., 蒙代尔, W., 75

Morris, S., 莫里斯, S., 41fn

Morton, R., 默顿, R., 64fn

Moser, P, 默泽, P, 141fn

"Most favored nation" (MFN), "最惠国"(MFN), 201, 202, 213

Multilateral negotiations, 多国谈判, 13, 17, 200

Myerson, R., 迈尔森, R., 64fn

N

NAFTA, 139, 174, 196fn, 200, 212, 224fn

Nash bargaining problem, 纳什讨价还价问题, 226, 227

Nash bargaining solution, 纳什讨价还价解, 159, 225

Nash equilibrium, 纳什均衡, 82, 84,

· 303 ·

151, 181, 185, 211, 253; contributions, 捐献, 141; multiple subgame perfect, 多重子博弈完美, 32; Pareto-undominated, 帕累托非占优的, 253; platforms, 平台, 141; subgame-perfect, 子博弈完美, 52–53, 120, 212

Nelson, C.J., 尼尔森, C.J., 115, 168, 186

Nitzan, S.I., 尼赞, S.I., 49fn

Norrander, B., 诺兰德, B., 77, 78

North American Free Trade Agreement. See NAFTA. 北美自由贸易协定。见 NAFTA。

O

O'Brien, D.P, 奥布莱恩, D.P, 53fn

Olson, M., 奥尔森, M., 50, 118, 178, 203, 239

Ordeshook, P, 奥德舒克, P, 49fn, 77

Outsiders (voters), votes as function of party position, 外部人（选民），作为政党地位函数的投票, 81; 90f

P

PACs (political action committees), PACs (政治行动委员会), 18, 19, 115, 186; campaign contributions by, 运动捐献, 1

Particularistic policies, 同上主义政策, 55

Payment function, 支付函数, 29; truthful, 真实的, 32–33. See also Truthful contribution schedules. 又见真实捐献安排。

Peleg, B., 皮莱格, B., 211

Peltzman, S., 佩茨曼, S., 14, 142

Pliable policies, 易受影响的政策, 8, 9, 10, 44–45, 48, 49, 50, 51, 52fn, 54, 55, 57, 58, 66, 67, 68, 69, 80–81, 89, 92–93, 96, 97, 98, 104, 105–106

Pliable positions, 易受影响的地位, 76, 79, 82, 86, 91

Political Action Committees (PACs), 政治行动委员会 (PACs), 18, 19, 115, 186; campaign contributions by, 运动捐献, 1

Political endorsements. See Endorsements, political. 政治赞同。见赞同，政治的。

Political equilibria, 政治均衡, 52–54, 240; nature of, 性质, 143–147

Political-support function, 政治支持函数, 13–14, 112–113, 142; relation to choice of tariff rate, 与关税率选择的关系, 178–180

Political tariff response curves. See Tariff response curves. 政治关税反应曲

线。见关税反应曲线。

Politically optimal set of exclusions, 对于例外政治上的最优集合, 221

Pressured stances, 受到压力的立场. 209-212, 215, 216, 217, 222, 230

Probabilistic voting, 或然性投票, 46

Probabilistic voting theory, 或然性投票理论, 185

"Protection for sale", "保护待售", 11-12, 92, 111-138

Putnam, R.D., 帕特纳姆, R.D., 140, 175, 192, 200

Q

Quasi-linear prefrences, 准线性偏好, 34-35

Quasi-linearity, 准线性, 26-27

"Quid pro quo foreign investment," "替代性对外投资", 16-17, 233, 251, 255

R

Ramsey rule, modified, 拉姆齐法则, 修正的, 114

Rapoport, R.B., 拉波波特, R.B., 75fn

Reduced protection, case of, 提高的保护, 案例, 206, 207t, 208

Richardson, M., 理查森, M., 202fn, 205

Riedel, J.C., 里德尔 J.C., 169

Riezman, R, 里兹曼, R, 140

Riordan, M.H., 莱尔登, M.H., 53fn

Robbins, M., 罗宾斯, M., 20

Rodrik, D., 罗德里克, D., 132fn, 191

Rubinstein, A., 鲁宾斯坦, A., 165

Rubinstein bargaining model, 鲁宾斯坦讨价还价模型, 165

Rubin, R H., 鲁宾, R H., 44

S

Sanguinetti, P., 桑桂尼蒂, P., 20

Shaffer, G., 谢弗, G., 53fn

Shapiro, C., 夏皮罗, C., 49fn

Shepsle, K. A., 谢普斯, K.A., 175

Single-market program, 单一市场计划, 174

Snyder, J. M., 斯奈德, J.M., 49fn, 58, 168

Sobel, J., 索贝尔, J., 98fn

Social-welfare function, 社会福利函数, 9, 26, 35fn, 44, 55fn, 68, 123

Southern Common Market (MERCOSUR), 南部共同市场 (MERCOSUR), 20, 200

Special interest groups, 特殊利益集团, 1–6, 50–52, 58fn, 111; active in free trade agreements, 参与自由贸易协定, 217; competition between, 之间的竞争, 133; conditions for endorsements, 赞同的条件, 74; contribution schedules, 捐献安排, 204; effect on trade policies, 对贸易政策的影响, 174; and electoral competition, 和选举竞争, 43–71; gifts to influence government policy, 影响政府政策的捐献, 134; and government, 和政府, 239–242; government responses to equilibrium behavior, 政府对均衡行为做出反应, 208–210; incentives for giving during election campaign, 在选举运动中捐献的动机, 6; influencing policy, 影响政策, 140, 142; motivation for campaign contributions, 运动捐献的动机, 51–52, political competition among, 之间的政治竞争, 135; political contributions and influencing policy, 政治捐献和影响政策, 168; and trade policy formation, 和贸易政策形成, 141; and trade talk, 和贸易谈判, 139

Special Interest Politics, 特殊利益政治学, 2–6, 7, 8, 11

Special interest politics: and international trade relations, 特殊利益政治学: 和国际贸易关系, 139–170

Srinivasan, T.N., 斯利尼瓦桑, T.N., 242

Stackelberg leaders, 斯塔克尔伯格领导者, 141

Stigler, G.J., 斯蒂格勒, G.J., 14, 112, 142, 178

Stone, W.J., 斯通, W.J., 75fn

Subgame-perfect Nash equilibrium, 子博弈精炼纳什均衡, 120, 212

Sutton, J., 萨顿, J., 166

T

Tariff-formation function, 关税形成函数, 13–14, 141fn, 180–184

Tariff levels, 关税水平, 175, 234, 240–242; determined by direct voting, 由直接选举决定, 176–177; equilibrium in direct democracy, 在直接民主制下的均衡, 178. *See also* Trade taxes and subsidies. 又见贸易税和补贴。

Tariff response curves, 关税反应曲线, 243–244, 243f; 246, 247

Tariffs: equilibrium, 关税: 均衡, 240–241; MFN, 213; "optimal", "最优", 13; political response curves, 政治反应曲线, 243–244, 243f; theory of discriminatory, 差别

索 引

理论, 208. See also Trade taxes and subsidies. 又见贸易税和补贴。

Terms-of-trade motives, 贸易条件动机, 152

Textile Bill of 1985, 1985年纺织品法案, 168

Thomakos, D.D., 托马库斯, D.D., 19

Tosini, S.C., 托斯尼, S.C., 44, 168

Tower, E., 托尔, E., 44, 168

Trade Act of 1974, 1974年贸易法案, 168

Trade diversion, 贸易转移, 207, 219

Trade negotiations: predictions of outcome, 贸易谈判：结果预期, 169

Trade policies, 贸易政策, 111-136, 174, 184, 191, 193; efficiency properties, 效率特征, 173-174, electoral competition, 选举竞争, 184-186; instruments, 工具, 173; noncooperative equilibrium, 非合作均衡, 151, political economy approaches to formation, 形成的政治经济学方法, 175-191; political economy of, ……的政治经济学, 112; politics and, 政治学和, 173-197; role in income redistribution, 在收入再分配中的作用, 144; role of electoral motive for campaign contributions, 为运动捐献选举动机的作用, 185-186

Trade relations, 贸易关系, 139-170; between two countries, 两个国家之间的, 143

Trade talks, 贸易谈判, 193-194; between politically motivated governments, 具有政治动机的两个政府之间, 158-168

Trade taxes and subsidies, 贸易税和补贴, 26, 46, 113, 116, 117, 124, 126, 132, 143, 144, 145, 147, 159

Trade war equilibrium, 贸易战均衡, 155f, 165; two governments at bargaining table, 在谈判桌前的两国政府, 166-167

Trade wars, 贸易战, 12, 146, 147-157, 192-193

Trefler, D., 特雷弗勒, D., 169

Truthful contribution schedules, 真实捐献安排, 122, 123, 124, 127, 129

Truthful equilibria, 真实均衡, 32-35; and lobbies, 和游说集团, 38-40

Truthful Nash equilibrium (TNE), 真实纳什均衡 (TNE), 123, 127, 130, 133

Two-country policy games: international negotiations, 两国政策博弈：国际谈判, 148-168; non-cooperative policies, 非合作性政策, 147-157

· 307 ·

U

Ulubaşoglu, M.A., 乌卢巴苏鲁, M.A., 19

Unilateral stances, 单边情势, 208-212, 213, 219-224; definition, 定义, 209; pressured, 受到压力的, 209-212, 215, 216, 217, 222, 230; unpressured, 不受压力的, 209-212, 216, 222-223, 230

Uninformed voters. See voters, uninformed. 没有信息的选民。见选民，没有信息的。

Unpressured stances, 不受压力的情势, 209-212, 216, 222-223, 230

Ursprung, H.W, 厄斯普恩格, H.W, 112, 235fn

Uruguay Round, 乌拉圭回合, 139, 174, 175

V

Voters, 选民, 47-49; DFI serving interest of, 服务于选民利益的DFI, 249-251; impressionable, 不易受到影响的, 6, 8, 45, 48, 67, 77, 187fn; informed, 没有信息的, 47-48; insiders [see Insiders (voters)], 内部人 [见内部人（选民）]; median, 中间的, 13, 44, 57, 141, 176, 177, 178, 205fn; outsiders [see Outsiders (voters)], 外部人 [见外部人（选民）]; partisan, 党派, 3; uninformed, 没有信息的, 47-48, 49fn, 55fn, 58fn, 59, 62, 63, 67, 68, 74, 96, 98, 99, 187fn

Voting equilibrium, 投票均衡, 13

Vousden, N., 沃斯登, N., 123, 142, 180fn

W

Waterman, R.W., 沃特曼, R.W., 44

Weibull, J.W., 韦布尔, J.W., 46, 50fn, 69fn

Wellisz, S., 威利兹, S., 13, 141fn, 181

Whinston, M.D., 惠斯顿, M.D., 26, 46, 62fn, 116, 119, 122, 150, 161, 189, 204, 211, 254fn

Wilson, J.D., 威尔逊, J.D., 132fn

Wolinsky, A., 沃林斯基, A., 165

Wong, K., 胡, K., 234fn

Woonacott, P., 伍纳科特, P., 219

Woonacott, R., 伍纳科特, R., 219

Wotcover, J., 沃特科弗, J., 75

Y

Young, L., 杨, L., 13, 15, 47fn, 112, 141, 142, 184

当代世界学术名著·第一批书目

心灵与世界	[美]约翰·麦克道威尔
科学与文化	[美]约瑟夫·阿伽西
从逻辑的观点看	[美]W.V.O.蒯因
自然科学的哲学	[美]卡尔·G·亨普尔
单一的现代性	[美]F.R.詹姆逊
本然的观点	[美]托马斯·内格尔
宗教的意义与终结	[加]威尔弗雷德·坎特韦尔·史密斯
帝国与传播	[加]哈罗德·伊尼斯
传播的偏向	[加]哈罗德·伊尼斯
世界大战中的宣传技巧	[美]哈罗德·D·拉斯韦尔
一个自由而负责的新闻界	[美]新闻自由委员会
机器新娘——工业人的民俗	[加]马歇尔·麦克卢汉
报纸的良知——新闻事业的原则和问题案例讲义	[美]利昂·纳尔逊·弗林特
传播与社会影响	[法]加布里埃尔·塔尔德
模仿律	[法]加布里埃尔·塔尔德
传媒的四种理论	[美]威尔伯·施拉姆 等
传播学简史	[法]阿芒·马特拉 等
受众分析	丹尼斯·麦奎尔
写作的零度	[法]罗兰·巴尔特
符号学原理	[法]罗兰·巴尔特
符号学历险	[法]罗兰·巴尔特
人的自我寻求	[美]罗洛·梅
存在——精神病学和心理学的新方向	[美]罗洛·梅
存在心理学——一种整合的临床观	[美]罗洛·梅
个人形成论——我的心理治疗观	[美]卡尔·R·罗杰斯
当事人中心治疗——实践、运用和理论	[美]卡尔·R·罗杰斯

万物简史	[美]肯·威尔伯
动机与人格（第三版）	[美]亚伯拉罕·马斯洛
历史与意志：毛泽东思想的哲学透视	[美]魏斐德
中国的共产主义与毛泽东的崛起	[美]本杰明·I·史华慈
毛泽东的思想	[美]斯图尔特·R·施拉姆
仪式过程——结构与反结构	维克多·特纳
人类学、发展与后现代挑战	凯蒂·加德纳，大卫·刘易斯
结构人类学	[法]克洛德·列维-斯特劳斯
野性的思维	[法]克洛德·列维-斯特劳斯
面具之道	[法]克洛德·列维-斯特劳斯
嫉妒的制陶女	[法]克洛德·列维-斯特劳斯
社会科学方法论	[德]马克斯·韦伯
无快乐的经济——人类获得满足的心理学	[美]提勃尔·西托夫斯基
不确定状况下的判断：启发式和偏差	[美]丹尼尔·卡尼曼 等
话语和社会心理学——超越态度与行为	[英]乔纳森·波特 等
社会网络分析发展史——一项科学社会学的研究	[美]林顿·C·弗里曼
自由之声——19世纪法国公共知识界大观	[法]米歇尔·维诺克
官僚制内幕	[美]安东尼·唐斯
公共行政的语言——官僚制、现代性和后现代性	[美]戴维·约翰·法默尔
公共行政的精神	[美]乔治·弗雷德里克森
公共行政的合法性——一种话语分析	[美]O.C.麦克斯怀特
后现代公共行政——话语指向	[美]查尔斯·J·福克斯 等
政策悖论：政治决策中的艺术（修订版）	[美]德博拉·斯通
行政法的范围	[新西]迈克尔·塔格特
法国行政法（第五版）	[英]L·赖维乐·布朗，约翰·S·贝尔

宪法解释:文本含义、原初意图与司法审查	[美]基思·E·惠廷顿
英国与美国的公法与民主	[英]保罗·P·克雷格
行政法学的结构性变革	[日]大桥洋一
权利革命之后:重塑规制国	[美]凯斯·R·桑斯坦
规制:法律形式与经济学理论	[英]安东尼·奥格斯
阿蒂亚论事故、赔偿及法律(第六版)	[澳]波得·凯恩
意大利刑法学原理	[意]杜里奥·帕多瓦尼
刑法概说(总论、各论)(第三版)	[日]大塚仁
英国刑事诉讼程序	[英]约翰·斯普莱克
刑法总论、刑法各论(新版第2版)	[日]大谷实
日本刑法总论、日本刑法各论(第三版)	[日]西田典之
美国刑事法院诉讼程序	[美]爱伦·豪切斯泰勒·斯黛丽,南希·弗兰克
现代条约法与实践	[英]安托尼·奥斯特
刑事责任论	[英]维克托·塔德洛斯
刑罚、责任和正义——相关批判	[英]阿伦·洛雷
政治经济学:对经济政策的解释	T.佩尔森,G.塔贝里尼
共同价值拍卖与赢者灾难	约翰·H·凯格尔,丹·莱文
以自由看待发展	阿马蒂亚·森
美国的知识生产与分配	弗里茨·马克卢普
经济学中的经验建模——设定与评价	[英]克莱夫·W·J·格兰杰
产业组织经济学(第五版)	[美]威廉·G·谢泼德,乔安娜·M·谢泼德
经济政策的制定:交易成本政治学的视角	阿维纳什·K·迪克西特
博弈论经典	[美]哈罗德·W·库恩
行为博弈——对策略互动的实验研究	[美]科林·凯莫勒
博弈学习理论	[美]朱·弗登伯格,戴维·K·莱文
利益集团与贸易政策	G.M.格罗斯曼,E.赫尔普曼
市场波动	罗伯特·希勒
世界贸易体系经济学	[美]科依勒·贝格威尔,罗伯特·W·思泰格尔

税收经济学	伯纳德·萨拉尼
经济学是如何忘记历史的:社会科学中的历史特性问题	杰弗里·M·霍奇逊
通货膨胀、失业与货币政策	罗伯特·M·索洛 等
经济增长的决定因素:跨国经验研究	[美]罗伯特·J·巴罗
全球经济中的创新与增长	[美]G.M.格罗斯曼,E.赫尔普曼
美国产业结构(第十版)	[美]沃尔特·亚当斯, 詹姆斯·W·布罗克
制度与行为经济学	[美]阿兰·斯密德
企业文化——企业生活中的礼仪与仪式	特伦斯·E·迪尔 等
组织学习(第二版)	[美]克里斯·阿吉里斯
企业文化与经营业绩	[美]约翰·P·科特 等
系统思考——适于管理者的创造性整体论	[英]迈克尔·C·杰克逊
组织学习、绩效与变革——战略人力资源开发导论	杰里·W·吉雷 等
组织文化诊断与变革	金·S·卡梅隆 等
社会网络与组织	马汀·奇达夫 等
美国会计史	加里·约翰·普雷维茨 等
新企业文化——重获工作场所的活力	特伦斯·E·迪尔 等
文化与组织(第二版)	霍尔特·霍夫斯泰德 等
组织理论:理性、自然和开放的系统	理查德·斯科特 等
管理思想史(第五版)	丹尼尔·A·雷恩
后《萨班斯—奥克斯利法》时代的公司治理	扎比霍拉哈·瑞扎伊
实证会计理论	罗斯·瓦茨 等
财务呈报:会计革命	威廉·比弗
当代会计研究:综述与评论	科塔里 等
管理会计研究	克里斯托弗·查普曼 等
会计和审计中的判断与决策	罗伯特·阿斯顿 等
会计经济学	约翰·B·坎宁

Interest Groups and Trade Policy
Copyright © 2002 by Princeton University Press Simplified
Chinese copyright © 2005 by China Renmin University Press
ALL RIGHTS RESERVED

图书在版编目（CIP）数据

利益集团与贸易政策
格罗斯曼（Grossman G. M.），赫尔普曼（Helpman E.）著；李增刚译.
北京：中国人民大学出版社，2009
（当代世界学术名著）
ISBN 978-7-300-06574-8

Ⅰ. 利…
Ⅱ. ①格…②赫…③李…
Ⅲ. 政治集团-影响-国际贸易政策-研究
Ⅳ. F741

中国版本图书馆 CIP 数据核字（2008）第 171253 号

当代世界学术名著
利益集团与贸易政策
G. M. 格罗斯曼（Gene M. Grossman）   著
E. 赫尔普曼（Elhanan Helpman）
李增刚 译

出版发行	中国人民大学出版社		
社　　址	北京中关村大街 31 号	邮政编码	100080
电　　话	010 - 62511242（总编室）	010 - 62511398（质管部）	
	010 - 82501766（邮购部）	010 - 62514148（门市部）	
	010 - 62515195（发行公司）	010 - 62515275（盗版举报）	
网　　址	http://www.crup.com.cn		
	http://www.ttrnet.com（人大教研网）		
经　　销	新华书店		
印　　刷	河北三河市新世纪印务有限公司		
规　　格	155 mm×235 mm　16 开本	版　　次	2005 年 8 月第 1 版
印　　张	21 插页 2	印　　次	2009 年 1 月第 2 次印刷
字　　数	272 000	定　　价	39.00 元

版权所有　侵权必究　印装差错　负责调换